訴訟類型別

訴状審査をめぐる実務

編著　佐藤　裕義（大船渡簡裁判事 兼 気仙沼簡裁判事）

新日本法規

は　し　が　き

　訴状とは、いうまでもなく、訴訟を提起する場合に裁判所に提出する書面のことである。訴状は、誰と誰の間で、いかなる権利義務又は法律関係に関する争いがあり、それについて裁判所にどのような裁判を求めるのかを明らかにするものである。訴状の記載によって、裁判所の審判の範囲・対象が明示されるとともに被告の防御の対象が明示される。

　このように訴状は重要な意義と機能を有するものであるから、その記載事項や添付書類は、民事訴訟法及び民事訴訟規則によって規定されているし、裁判官（長）及び書記官は、訴状審査を行い、必要に応じて、補正を促したり補正命令を発する。

　訴状の記載事項が法律や規則に定められているとはいえ、民事訴訟事件は多種多様であり、記載内容も一律ではない。このような特質を持つ民事訴訟事件の訴状を適正迅速に作成することは容易なことでない。また、裁判所から補正や訂正を求められると、訴訟手続の進行に支障があるばかりでなく、紛争解決が遅滞し、得るべき利益を損なう事態を招来しかねない。

　そこで、民事訴訟に関して訴訟類型別に、訴状審査でチェックされるポイントや着眼点の概要及び訴状審査手続等をＱ＆Ａ方式で解説するとともに、訴状の記載例を豊富に紹介し、訴状作成を迅速適切に行うための手掛かりを提供しようと考え、本書を発行することとした。

　幸い執筆者には、実務の現場で訴状審査を行っている書記官・裁判官を得ることができ、所期の目的を達することができたものと考えている。

　本書が多くの法律実務家等に幅広く利用され、民事訴訟における訴状作成や民事訴訟手続の適正迅速な処理に少しでも役立つことができ

れば、編者としてこれに優る喜びはない。

　なお、執筆者各位には公務多忙のところ本書の執筆を快くお引き受けいただき、力作をお寄せいただいた。また、新日本法規出版株式会社企画渉外部の村田哲氏及び同社編集部の皆さまには、本書刊行のために熱心にご尽力いただいた。ここに記して感謝の意を表する次第である。

　平成30年10月

佐　藤　裕　義

編集者・執筆者一覧

《編集者》

佐藤　裕義（大船渡簡易裁判所判事 兼 気仙沼簡易裁判所判事）

《執筆者》（五十音順）

阿部　　彰（盛岡家庭裁判所主任書記官）

阿部　政志（宮古簡易裁判所判事）

小西　章子（仙台簡易裁判所書記官）

小西　友和（仙台地方裁判所古川支部主任書記官）

齋藤　由佳（最高裁判所事務総局秘書課主任（前気仙沼簡易裁判所書記官））

佐藤　直子（仙台家庭裁判所古川支部庶務課長（前仙台地方裁判所民事訟廷副管理官））

佐藤　裕義（大船渡簡易裁判所判事 兼 気仙沼簡易裁判所判事）

竹花　憲一（大船渡簡易裁判所庶務課長）

望月　崇志（仙台地方裁判所古川支部主任書記官（前仙台高等裁判所民事訟廷庶務係長））

略　語　表

＜法令の表記＞

根拠となる法令の略記例及び略語は次のとおりです。

民事訴訟法第133条第2項第1号＝民訴133②一

民訴	民事訴訟法	不登	不動産登記法
民訴規	民事訴訟規則	不登規	不動産登記規則
意匠	意匠法	法務大臣権限法	国の利害に関係のある訴訟についての法務大臣の権限等に関する法律
会社	会社法		
会更	会社更生法		
行訴	行政事件訴訟法	民	民法
公選	公職選挙法	民再	民事再生法
収用	土地収用法	民執	民事執行法
商	商法	民訴費	民事訴訟費用等に関する法律
商標	商標法		
新案	実用新案法	民訴費規	民事訴訟費用等に関する規則
人訴	人事訴訟法		
地税	地方税法	労基	労働基準法
道交	道路交通法	労契	労働契約法
特許	特許法		
破	破産法		

＜判例の表記＞

根拠となる判例の略記例及び出典の略称は次のとおりです。

最高裁判所平成27年9月18日判決、最高裁判所民事判例集69巻6号1729頁
＝最判平27・9・18民集69・6・1729

判時	判例時報	新聞	法律新聞	
判タ	判例タイムズ	東高時報	東京高等裁判所判決時報	
下民	下級裁判所民事裁判例集	民集	最高裁判所（大審院）民事判例集	
裁判集民	最高裁判所裁判集民事			
訟月	訟務月報	民録	大審院民事判決録	

＜通達・先例の表記＞

根拠となる通達・先例の略記例は次のとおりです。

昭和31年12月12日民事甲第412号民事局長通知
＝昭31・12・12民甲412民事局長通知

参考文献一覧

- 最高裁判所事務総局民事局監修『条解民事訴訟規則』（司法協会、平成9年）
- 司法研修所編『民事訴訟における要件事実　第2巻』（法曹会、平成4年）
- 司法研修所編『民事判決起案の手引（10訂）』（法曹会、平成18年）
- 司法研修所編『紛争類型別の要件事実（改訂）』（法曹会、平成18年）
- 司法研修所編『新問題研究要件事実』（法曹会、平成23年）
- 裁判所書記官研修所編『訴額算定に関する書記官事務の研究（補訂版）』（法曹会、平成14年）
- 裁判所職員総合研修所監修『民事実務講義案Ⅰ（五訂版）』（司法協会、平成28年）
- 岡口基一『要件事実マニュアル1（第5版）総論・民法1』（ぎょうせい、平成28年）
- 岡口基一『要件事実マニュアル2（第5版）民法2』（ぎょうせい、平成28年）
- 加藤新太郎・細野敦『要件事実の考え方と実務（第2版）』（民事法研究会、平成18年）
- 大島眞一『完全講義民事裁判実務の基礎（第2版）上巻』（民事法研究会、平成25年）
- 大島明『書式民事訴訟の実務（全訂10版）』（民事法研究会、平成29年）
- 加藤俊明『書式少額訴訟の実務（全訂4版）』（民事法研究会、平成21年）
- 幸良秋夫『設問解説判決による登記（改訂補訂版）』（日本加除出版、平成29年）
- 園部厚『一般民事事件論点整理ノート（紛争類型編）改訂版』（新日本法規出版、平成24年）
- 小川英明・宗宮英俊・佐藤裕義共編『事例からみる訴額算定の手引（3訂版）』（新日本法規出版、平成27年）
- 藤田耕三・小川英明編『不動産訴訟の実務（7訂版）』（新日本法規出版、平成22年）
- 青山正明編著『民事訴訟と不動産登記一問一答（新版）』（テイハン、平成16年）

目　次

はじめに　訴状審査と裁判官・書記官の役割

ページ
1　訴訟の開始と訴状審査……………………………………………3
2　訴状の記載事項 ……………………………………………………5
3　訴状審査と訴状審査票……………………………………………15
4　補正の促し……………………………………………………………23
5　補正命令………………………………………………………………24
6　訴状却下命令…………………………………………………………30

第1章　訴状の記載事項と訴状審査

第1　訴状の記載事項と訴状審査の方法

【1】　訴状審査における「当事者」の確認は……………………35
【2】　訴状審査における「住所・登記記録上の住所」の確認
　　　は…………………………………………………………………39
【3】　訴状審査における「送達場所」の確認は……………………45
【4】　訴状審査における「法定代理人・訴訟代理人」の確認
　　　は…………………………………………………………………49
【5】　訴状審査における「委任状・資格証明書」の確認は…………54
【6】　訴状審査における「管轄」の確認は……………………………60
【7】　訴状審査における「訴訟物の価額・評価証明書・印紙」
　　　の確認は…………………………………………………………66

2　　　目　　次

【8】　訴状審査における「請求の趣旨・請求の原因」の確認
　　　は………………………………………………………………71
【9】　訴状審査における「附帯請求」の確認は………………………78
【10】　訴状審査における「重要な間接事実等の記載・事実と
　　　証拠との対応関係の記載」の確認は……………………………82
【11】　訴状審査における「引用した書証の写しの添付等」の
　　　確認は………………………………………………………………86
【12】　訴状審査における「原告又はその代理人の郵便番号及
　　　び電話番号（ファクシミリの番号を含む。）」の確認は…………90
【13】　訴状審査における「証拠保全事件の表示」の確認は…………95
【14】　訴状審査における「事件の表示（事件名）」の確認は ………101
【15】　訴状審査における「附属書類の表示」の確認は……………104
【16】　訴状審査における「送達費用」の確認は………………………108
【17】　訴状審査における「訴え提起期間」の確認は………………113
【18】　訴状審査における「訴状の用紙・規格・記載形式」の
　　　確認は……………………………………………………………117
【19】　訴状審査における「閲覧等制限・秘匿」の確認は……………121

　第2　補正・訂正内容とその対応

【20】　補正の促しとは…………………………………………………129
【21】　補正命令の対象と補正命令の手続は…………………………135
【22】　補正命令への対応後の手続は…………………………………141
【23】　補正できない内容への対応は…………………………………146

第2章　訴状審査と訴訟類型別のポイント

第1　金銭等請求訴訟

【24】　売買契約に基づく代金支払請求訴訟における訴状審査
のポイントは……………………………………………………… 151

【25】　売買契約に基づく目的物引渡請求訴訟における訴状審
査のポイントは…………………………………………………… 159

【26】　貸金返還請求訴訟における訴状審査のポイントは………… 165

【27】　保証債務履行請求訴訟における訴状審査のポイントは…… 170

【28】　所有権に基づく動産引渡請求訴訟における訴状審査の
ポイントは………………………………………………………… 176

【29】　譲受債権請求訴訟における訴状審査のポイントは………… 183

【30】　不当利得返還（過払金）請求訴訟における訴状審査の
ポイントは………………………………………………………… 189

【31】　賃金請求訴訟における訴状審査のポイントは……………… 194

【32】　保険金請求訴訟における訴状審査のポイントは…………… 200

【33】　詐害行為取消訴訟における訴状審査のポイントは………… 205

【34】　請負代金請求訴訟における訴状審査のポイントは………… 211

【35】　和解金請求訴訟における訴状審査のポイントは…………… 215

第2　損害賠償請求訴訟

【36】　交通事故による損害賠償請求訴訟における訴状審査の
ポイントは………………………………………………………… 220

【37】　医療過誤による損害賠償請求訴訟における訴状審査の
ポイントは………………………………………………………… 227

【38】 不貞行為による損害賠償請求訴訟における訴状審査の
ポイントは……………………………………………………………236

【39】 動物占有者に対する損害賠償請求訴訟における訴状審
査のポイントは…………………………………………………………241

【40】 名誉毀損による損害賠償請求訴訟における訴状審査の
ポイントは……………………………………………………………247

【41】 労働災害（安全配慮義務違反）による損害賠償請求訴
訟における訴状審査のポイントは……………………………………253

第3 不動産訴訟

【42】 所有権に基づく土地明渡請求訴訟における訴状審査の
ポイントは……………………………………………………………260

【43】 所有権に基づく建物収去土地明渡請求訴訟における訴
状審査のポイントは……………………………………………………266

【44】 賃貸借契約終了に基づく建物収去土地明渡請求訴訟に
おける訴状審査のポイントは…………………………………………273

【45】 賃貸借契約の解除に基づく建物明渡等請求訴訟におけ
る訴状審査のポイントは………………………………………………280

【46】 所有権確認請求訴訟における訴状審査のポイントは………287

【47】 敷金返還請求訴訟における訴状審査のポイントは…………292

【48】 不動産登記手続（移転登記）請求訴訟における訴状審
査のポイントは…………………………………………………………301

【49】 不動産登記手続（抹消登記）請求訴訟における訴状審
査のポイントは…………………………………………………………313

【50】 境界確定訴訟における訴状審査のポイントは………………326

はじめに

訴状審査と裁判官・書記官の役割

1 訴訟の開始と訴状審査

(1) 訴訟の開始手続

　訴訟手続は、訴えの提起によって開始されます。訴えの提起は、訴状を作成して裁判所に提出しなければなりません（民訴133①）。ただし、簡易裁判所に対する訴えの提起は口頭でもできます（民訴271）。

　訴えの提起により、訴訟手続が開始され、審判範囲とその限界が明らかになり、被告の防御対象が明示されることになります。

　訴状は被告に送達しなければならず（民訴138①）、訴状の送達は原告から提出された副本によって行うことになっているので（民訴規58①）、訴状は、正本1通と被告の数に応じた副本を提出します。

(2) 訴状受付から第1回期日までの手続過程

ア　事件の受付・分配

　訴状が提出されると、書記官は、受付印を押捺し、事件簿に登載して事件番号を付して立件し、記録を編成し、各裁判所の事務分配の定めに従い、担当部又は係に引き継ぎます。

イ　訴状審査

　一般的には、まず訟廷係（受付担当係）の書記官による形式的な訴状審査が行われ、その場で補正できるものは補正してもらい、補正できないものや気付いた点などは、後述の訴状審査票（表）に記載したり、付箋に記載したり、あるいは口頭で担当部（係）に引き継いでいます。訴状の提出時期は、時効中断（民法の一部を改正する法律（平成29年法律44号：平成32年4月1日施行）施行後は「時効の完成猶予」。）（民147）や出訴期間の遵守（民201、会社828①、行訴14）に関係があるので、原告が任意の補正に応じないからといって、書記官が訴状の提出・受付を拒むことはできません。

　担当部（係）では、担当書記官、主任書記官、裁判長が、民事訴訟法133条2項所定の訴えの必要的記載事項、印紙、送達費用などについて審査を行います。これらに不備があれば、書記官が補正の促し（民訴規56）を行います。この補正の促しは、訴状の必要的記載事項（民訴

133②）だけでなく、民事訴訟規則53条、54条所定の準必要的記載事項や添付書類（民訴規55）にも及びます。補正の促しに応じない場合や補正の促しができない場合には、相当期間を定めて補正命令を発します（民訴137①）。期間内に補正されない場合は、裁判長は訴状却下命令を発します（民訴137②）。

　ウ　第1回口頭弁論期日の指定と呼出し

　訴状審査の結果、補正すべき点がないとき又は補正すべき点が補正されたときは、裁判長は、口頭弁論期日を指定し、当事者を呼び出します（民訴139・94）。ただし、訴訟要件を欠き、明らかに補正不能な訴えは、口頭弁論を経ることなく、裁判所は、判決で、訴えを却下することができます（民訴140）。

　エ　被告への送達

　裁判長は、訴状審査の結果、訴状を適式なものと認めたときは、書記官に訴状副本を被告に送達させます（民訴138①・98②、民訴規58①）。送達費用の未納、被告の送達先不明などの理由で送達ができないときは、補正を命じ、期間内に補正に応じないときは訴状を却下します（民訴138②・137）。

　オ　参考事項聴取

　裁判長は、当事者から、最初にすべき口頭弁論期日前に、訴訟の進行に関する意見その他訴訟の進行について参考とすべき事項の聴取をすることができます（民訴規61①）。この参考事項の聴取は、書記官に命じて行わせることができます（民訴規61②）。

　(3)　訴訟手続と訴状審査

　上記のように、訴状審査事務は、訴訟の開始から補正命令の要否、訴状送達による手続進行、移送決定又は訴状却下による終局へと至る一連の事務の基礎となるものです。また、訴訟手続の進行促進及び適正確保を図る上でも、裁判所・裁判長が法的判断を行う上でも極めて重要な意義を有するものです。

2　訴状の記載事項

　訴状の記載事項は、民事訴訟法133条2項に定められている必要的記載事項と、本来的には準備書面が担うべき攻撃防御方法の記載や証拠の摘示など民事訴訟規則（民訴規53・54）が要求する記載事項である準必要的記載事項があります（裁判所職員総合研修所監修『民事訴訟法講義案（三訂版）』86頁（司法協会、平成28年）、同監修『民事実務講義案Ⅰ（五訂版）』16頁（司法協会、平成28年））。この他に、裁判所に提出する民事事件書類として民事訴訟規則により要請される形式的記載事項（民訴規2）や実務慣行上記載しているその他の記載事項があります。

　(1)　必要的記載事項（民訴133②）

　必要的記載事項は次のとおりです。この記載を欠き、あるいは不備がある場合、裁判長は訴状審査権に基づいて補正命令を発し、期間内に補正されないときは、裁判長は命令で訴状を却下しなければなりません（訴状却下命令）（民訴137①②）。

　　ア　当事者及び法定代理人の表示

　当事者とは、訴え又は訴えられることによって判決の名宛人となるべき者をいいます。誰が誰を相手として訴えを提起したのかが確定されなければ裁判所は審理・判決をすることができないので、訴状には、当事者（原告、被告）を特定できる程度に記載しなければなりません。通常、自然人の場合は住所と氏名、法人の場合は本店・主たる事務所の所在地と商号・名称を表示します。

　また、当事者が訴訟無能力者（未成年者、成年被後見人）の場合は法定代理人（民訴31）を、法人の場合は代表者（民訴37）を記載しなければなりません。

　　イ　請求の趣旨

　請求の趣旨とは、訴えによって求める審判内容の簡潔かつ確定的な表示をいいます（裁判所職員総合研修所監修『民事訴訟法講義案（三訂版）』85

頁（司法協会、平成28年））。換言すれば、原告が、どのような法律関係について、どのような内容の判決を求めるかを明らかにするもので、通常は求める判決の主文に相当する記載をします。

主位的（一次的）請求と予備的（二次的）請求がある場合は、その旨を明示して両方の請求を記載します。例えば、主位的に売買代金請求をし、売買契約が無効とされたときには、予備的に引き渡した目的物の返還請求をする場合です。

なお、請求の趣旨には訴訟費用負担の申立てや、財産上の請求においては仮執行宣言の申立てを記載するのが一般的です。これらの申立ては、本来の請求ではなく、付随の申立てです。訴訟費用の負担の裁判については、裁判所は職権で行うことになっているので（民訴67①）、当事者の申立ては職権発動を促すものにすぎません。また、仮執行宣言は、裁判所が必要があると認めるときに申立てにより又は職権で付することができます（民訴259①）。したがって、請求の趣旨に訴訟費用負担の申立てや仮執行宣言の申立ての記載の有無に関しては補正命令の対象にはならないと解されます。もっとも、登記関係訴訟において仮執行宣言申立てが記載されていたり、手形・小切手訴訟において仮執行宣言申立てが記載されていなかったりした場合は、補正の促しが行われると思われます。

　ウ　請求の原因

請求の原因とは、請求の趣旨と相まって請求を特定するのに必要な事実を指します。「請求原因」は、①請求を特定するために必要な事実を意味する場合と、②請求を基礎づけ理由づけるため、原告が主張立証すべき事実を意味する場合があります。前者は「特定請求原因」とも呼ばれ、民事訴訟法133条2項2号の「請求の原因」はこれで、補正命令の対象になります。後者は「理由付け請求原因」とも呼ばれ、民事訴訟規則53条1項の「請求を理由づける事実」はこれです。

訴状に記載する「請求の原因」は、上記のとおり、①請求を特定す

るのに必要な事実（特定請求原因）と、②請求を理由づける事実（理由付け請求原因）です（民訴規53①）。記載の程度は、訴訟物たる権利関係の発生に必要な事実を全部記載する必要はなく、他の権利関係と誤認混同を生じない程度に訴訟物を認識させるのに必要な限度の事実を記載すれば必要かつ十分であると考えられます（識別説）（民訴規53①参照）。簡易裁判所の場合は、「請求の原因」の記載に代え、紛争の要点を明らかにすれば足ります（民訴272）。

　なお、主位的（一次的）請求と予備的（二次的）請求がある場合は、それぞれの請求の原因を記載します。また、選択的併合の場合も、その旨を明らかにしてそれぞれの請求の原因を記載します。例えば、所有権と占有権に基づき同一物の引渡しを求める場合や、債務不履行と不法行為に基づき損害賠償を求める場合には、それぞれ請求の根拠・理由を記載します。

　(2)　準必要的記載事項

　準必要的記載事項は次のとおりです。これは、早期に事件の争点を明らかにして、実質的審理に入ることができるように民事訴訟規則53条等が要求する記載事項です。この記載が欠けていても、それを理由に補正命令を発し、訴状を却下することはできません（裁判所職員総合研修所監修『民事実務講義案Ⅰ（五訂版）』16頁（司法協会、平成28年）、秋山幹男ほか『コンメンタール民事訴訟法Ⅲ』128頁（日本評論社、平成20年））。

　　ア　請求を理由づける事実（民訴規53①）

　請求を理由づける事実とは、特定された訴訟物たる権利又は法律関係が完全な請求権を発生させるために必要な法律要件に直接該当する具体的事実です（裁判所職員総合研修所監修『民事実務講義案Ⅰ（五訂版）』22頁（司法協会、平成28年））。すなわち、要件事実又は主要事実をいいます。

　　イ　立証を要する事由ごとの重要な間接事実（民訴規53①）

　「立証を要する事由」とは、原告において、被告が争って立証を要することとなると予想する事由（いわゆる「予想される争点」）をいい

ます。「間接事実」とは、主要事実の存否を経験則又は論理則に従い推認するのに役立つ具体的事実をいいます。この立証を要する事由ごとに請求を理由づける事実（主要事実）に関連する事実、つまり間接事実で重要なものを記載します（最高裁判所事務総局民事局監修『条解民事訴訟規則』116頁（司法協会、平成9年））。

　なお、訴状に事実の主張を記載する場合、できる限り、請求を理由づける事実（主要事実）についての主張とそれに関連する事実（間接事実）についての主張とを区別して記載しなければなりません（民訴規53②）。

　　　ウ　立証を要する事由ごとの証拠（民訴規53①）

　立証を要する事由ごとにその認定に役立つ特定の文書や証人などの具体的な証拠方法を記載します。記載方法は、請求を理由づける具体的事実の記載部分の末尾にカッコ書きで「（甲第○号証）」、「（証人○○）」などと記載します。

　　　エ　原告又は代理人の郵便番号、電話番号、ファクシミリ番号（民訴規53④）

　郵便番号は送達の際に必要であり、電話番号については、事実上の連絡の他、通知（民訴規4）や電話会議の方法による弁論準備手続等（民訴170③・176③）の実施のために必要であり、ファクシミリ番号はファクシミリによる書面の提出（民訴規3）や書類の送付（民訴規47①）のために必要なので、記載しなければなりません。

　　　オ　証拠保全事件の表示（民訴規54）

　訴え提起前に証拠を保全するために証拠調べが実施されたときは、訴状に、証拠調べを実施した裁判所及び証拠保全事件の表示（事件番号）を記載しなければなりません。これは、証拠保全が実施された場合には、その証拠調べを行った裁判所の書記官は、本案の訴訟記録の存する裁判所の書記官に対し、証拠調べに関する記録を送付しなければならないことになっているので（民訴規154）、これを確実に履践する

ためです。

なお、証拠保全の申立てが取り下げられ、又は却下された等の理由により実際に証拠保全のための証拠調べが行われなかった場合には、民事訴訟規則54条に基づく訴状への記載は不要です（最高裁判所事務総局民事局監修『条解民事訴訟規則』120頁（司法協会、平成9年））。

(3) 形式的記載事項、その他の記載事項

形式的記載事項、その他の記載事項は、次のとおりです。

ア　民事訴訟規則2条が定める記載事項（形式的記載事項）

訴状には、次に掲げる事項を記載し、当事者又は代理人が記名押印するものとされています（民訴規2①）。

(ア)　当事者の氏名又は名称及び住所並びに代理人の氏名及び住所（民訴規2①一）

住民票写し、資格証明書、委任状等の附属書類と照合して正確に記載します。裁判所もこうした附属書類と照合して点検・審査します。

なお、当事者や代理人が多数の場合は、「当事者の表示　別紙当事者目録記載のとおり」と記載し、別紙として当事者目録を付けるのが一般的です。

(イ)　事件の表示（民訴規2①二）

訴状に記載する「事件の表示」は、当事者が適宜に記載する事件名（「貸金請求事件」など）です（裁判所職員総合研修所監修『民事実務講義案Ⅰ（五訂版）』23頁（司法協会、平成28年））。

1通の訴状で複数の請求をする場合（例えば、建物明渡請求と未払賃料請求）、そのうちの主要な請求を事件名とし、「等」を付すのが一般的です（例えば、「建物明渡等請求事件」）。

(ウ)　附属書類の表示（民訴規2①三）

委任状、資格証明書、全部事項証明書、固定資産評価証明書、訴状副本、書証写しなど訴状と共に提出する書類の名称・標目及びその通数を記載します。

a 訴訟代理権を証する書面（訴訟委任状等）

訴訟行為をするのに必要な授権は書面で証明しなければなりませんし（民訴規15）、訴訟代理人の権限は書面で証明しなければなりません（民訴規23）。したがって、訴訟代理人がいる場合は訴状に附属書類として表示し、訴訟委任状等の訴訟代理権を証する書面を提出しなければなりません。

訴訟代理人は、訴訟委任による代理人と法令上の代理人に大別されます。訴訟委任による代理人の場合は、訴訟委任状を提出します。訴訟委任状には具体的な委任事項の他、民事訴訟法55条2項の特別授権事項を明記することが肝要です。訴訟委任による代理人は弁護士でなければなりません（民訴54①）。ただし、簡易裁判所の場合は、認定司法書士が簡易裁判所の訴訟行為について代理できます（司法書士法3①六②⑥）。この場合の訴訟委任状には、司法書士の簡裁訴訟代理等関係業務認定番号が明記されます。また、簡易裁判所においては、訴え提起後に裁判所の許可を得て、弁護士でない者も訴訟代理人になることができます（民訴54①ただし書）。この場合も委任状が必要です。

法令上の訴訟代理人とは、法令が一定の地位にある者に訴訟代理権を認める旨規定しているものであって、本人の意思に基づきその地位に就くことができる代理人をいいます。例えば、支配人（会社11）、参事（農業協同組合法42）、指定代理人（法務大臣権限法2・8）などです。訴訟代理権を証する書面は、支配人の場合は商業登記簿謄（抄）本又は登記事項証明書、参事の場合は法人登記簿謄（抄）本又は登記事項証明書、指定代理人の場合は指定書になります。法令上の訴訟代理人は、この他にもありますので、根拠を確認し、必要な書面を提出して代理権を証明するとともに訴状に表示します。

b 資格証明書

法定代理権又は訴訟行為をするのに必要な授権は書面で証明しなければなりません（民訴規15）。当事者が未成年者及び成年被後見人であ

る場合は親権者又は後見人であることを証明する戸籍謄本（全部事項証明書）等、登記事項証明書、当事者が法人である場合は代表者についての資格証明書（現在事項証明書、代表者事項証明書）、選定当事者の場合は選定書（民訴規15）、破産管財人・更生管財人・民事再生手続における管財人が当事者である場合は当該裁判所の書記官が作成する証明書、被保佐人又は訴訟行為をするについて補助人の同意を得ることを要する旨の審判を受けた被補助人が当事者である場合は同意書及び登記事項証明書、などの資格証明書を訴状に附属書類として具体的に表示し、当該資格証明書を提出しなければなりません。

　　　c　訴えの提起を許可する書面

　破産管財人が訴えを提起する場合、原則として破産裁判所の許可が必要です（破78②十）。更生管財人が訴えを提起する場合（会更72②五）や民事再生手続における再生債務者や管財人が訴えを提起する場合（民再41①五）も裁判所の許可を要する場合があります。実務では、このような場合、裁判所の許可を証する書面の添付を求めています。

　　　d　民事訴訟規則55条1項が定める添付書類

　民事訴訟規則55条1項1号及び2号によれば、不動産に関する権利を目的とする事件については、当該不動産（土地、建物）の登記簿謄本（登記事項証明書）、手形又は小切手に関する事件については、当該手形又は小切手の写しを添付しなければなりません。これらの書類を添付することにより、訴状の記載内容を早期に点検確認し、判決書の誤記も防止することができます。したがって、民事訴訟規則55条1項1号、2号の書類は、被告の応訴態度のいかんにかかわらず添付する必要があります。

　これらの添付書類は、訴状の副本と共に被告に送達することが必要なので、原則として被告の数を踏まえた通数の写しを添付する必要がありますが、複数の被告に共通の代理人が就く見込みが高い場合や、被告が請求を明らかに争わない見込みが高い場合などには、柔軟な運

用が許されます。また、理論的には、書証の申出の際に提出すべき文書の写し（民訴規137①）とは別のものですが、実務では、訴状に添付するに当たり、その書類に「甲第○号証」と表示することにより、民事訴訟規則137条1項の文書の写しの提出と兼ねて添付しています（最高裁判所事務総局民事局監修『条解民事訴訟規則』123頁（司法協会、平成9年））。

　　　e　重要な書証の写し（民訴規55②）

　訴状には、立証を要する事由につき、証拠となるべき文書の写し（書証の写し）で重要なものを添付しなければなりません。この重要な書証の写しも、訴状に添付するに当たり、その書類に「甲第○号証」と表示することにより、民事訴訟規則137条1項の文書の写しの提出と兼ねることができます。また、民事訴訟規則55条1項の書類と同様に訴状の副本と共に被告に送達することが必要なので、原則として被告の数を踏まえた通数の写しを添付する必要がありますが、複数の被告に共通の代理人が就く見込みが高い場合や、被告が請求を明らかに争わない見込みが高い場合などには、柔軟な運用が許されます。

　　　f　訴状副本

　民事訴訟規則58条1項により、原告に提出義務があります。すなわち、訴状は被告に送達しなければならず（民訴138①）、その送達は、原告から提出された副本によって行います（民訴規58①）。したがって、訴状の附属書類として表示し、被告の数に応じた通数の副本を提出します。

　　　g　その他の添付書類

　この他に、定期金による賠償を命じた確定判決の変更を求める訴え（民訴117）の訴状には、変更を求める確定判決の写し（民訴規49）を、再審（民訴338）の訴状については、不服申立てに係る判決写し（民訴規211）を添付しなければなりません。

　また、事案に応じて、訴額認定のための資料（固定資産評価証明書等）や管轄の合意を証する書面（民訴11②）を添付する必要があります。

（エ）　年月日（民訴規2①四）

訴状に記載する「年月日」は、訴状の作成日付です。提出日ではありません。もっとも、訴状を持参して提出する場合、作成日と提出日が一致するのが一般的です。

（オ）　裁判所の表示（民訴規2①五）

提出先の裁判所を記載します。訴状を提出する先の裁判所は、その訴訟事件について管轄を有する裁判所でなければならないので、管轄裁判所であることを確認して記載します。なお、訴状提出段階では担当部や係は不明なので、部や係の記載は不要です。

イ　その他の記載事項

（ア）　「訴状」という表題

「訴状」という表題の記載は、民事訴訟規則等で記載が求められているものではありませんが、訴えの提起は、訴状という書面を裁判所に提出しなければならないことから（民訴133①）、「訴状」という表題を記載します。

（イ）　送達場所の届出（民訴規41②）

当事者、法定代理人又は訴訟代理人は、その送達を受けるべき場所を届け出なければなりません（民訴104①）。そして、この届出は、できる限り訴状に記載しなければなりません（民訴規41②）。訴訟代理人がある場合には、特段の事由のない限り、その代理人について届出がされれば原告本人について別途の届出は必要ないと考えられます（裁判所職員総合研修所監修『民事実務講義案Ⅰ（五訂版）』23頁（司法協会、平成28年））。具体的な記載方法としては、訴状中の訴訟代理人事務所の所在地の表示に「（送達場所）」と付記する方法が一般的です。

（ウ）　訴訟物の価額

訴訟物の価額の記載は、民事訴訟規則等で記載が求められているものではありませんが、貼用印紙額（訴え提起手数料）算定の基準を明らかにするとともに、訴状提出先裁判所の事物管轄の根拠を示すことに役立つことから、訴状に記載するのが一般的です。

（エ）　貼用印紙額

貼用印紙額の記載も民事訴訟規則等で記載が求められているものではありませんが、実際に貼付されている印紙額との照合をする場合、当事者にとっても裁判所にとっても便宜であるので、訴状に記載するのが一般的です。

（オ）　送達費用額

送達費用額の記載も民事訴訟規則等で記載が求められているものではありませんが、送達費用を郵便切手で納付した場合はその額を訴状に記載するのが通常です。

(4)　一般的注意事項

上記の記載事項のほか、訴状記載に当たり、注意すべき事項は次のとおりです。

ア　様　式

様式、字数及び印字ポイントについての定めはありませんが、民事訴訟事件記録として編製されることから、綴じ代や読みやすさを考慮し、次のような様式で作成するのが一般的です。

①　A4判、横書き

②　12ポイント、黒色で印字

③　1頁26行、1行37文字

④　上余白35ミリメートル、下余白27ミリメートル、左余白30ミリメートル、右余白20ミリメートル

⑤　頁数（契印不要）

イ　訴状副本

訴状提出の際、被告の人数分の訴状副本を添付します。これは、訴状は被告に送達しなければならないところ（民訴138①）、被告への送達は、原告から提出された副本によってなされるからです（民訴規58①）。副本とは、原本と同一の書類をいいます。したがって、訴状副本は訴状原本（正本）と同じものを作成します。押印も必要です。そして、上部余白に「副本」と表示します。

3 訴状審査と訴状審査票

(1) 訴状審査と裁判長・書記官の役割

訴えの提起は、訴状を裁判所に提出してしなければなりません（民訴133①）。訴えの要件（訴訟要件等）の審査権は裁判所にありますが（民訴140・141）、このうち訴え提起の方式に関する訴状審査権は裁判長（単独事件にあっては裁判官）にあります（民訴137）。訴状の記載事項の判断や手数料の納付の判断は定型的で容易に判断できるものなので、裁判長にその判断を委ねて手続の簡易化を図る趣旨です。そして、訴状審査における裁判長の役割は、適式な訴状として期日指定し手続を進行させることができるか、あるいは補正が必要か検討し、不備等があれば、補正が可能か、移送決定を行うか、補正の促しを行うか、補正命令を発するかなど、訴状の内容に応じた進行について判断することです。

この裁判長の訴状審査権は、訴状送達までと解されます。送達後、すなわち訴訟係属後は、裁判所の権限となり、裁判長が訴状の記載要件等を看過した場合は、裁判所の権限で処理することになります。また、訴訟要件の適法性審査権（民訴140参照）も裁判所にあります。

書記官は、訴状の受付事務に付随して、裁判所又は裁判長の審査権の適切な行使を補助・補佐する事務として、訴状の記載事項やその内容を調査し、不備等がある場合にその補正を促す（民訴規56）などの事務を行います。訴訟の初期の段階で、その進行にとって阻害原因となる問題点を解消し必要事項の補完を行うことが、審理の充実及び迅速な遂行に役立つのです（裁判所職員総合研修所監修『民事実務講義案Ⅰ（五訂版）』15頁（司法協会、平成28年））。

もう少し具体的に書記官の役割を述べると、「訴状」として受け付けることが可能か、そのまま期日指定し訴状副本と期日呼出状を送達し手続を進行させることができるか、移送の可能性や補正事項の有無、

要否を調査します。そして、不備等があれば、その内容を明らかにし、補正が可能か、移送決定を行うか、補正の促しを行うか、補正命令を発するかなど、訴状の内容に応じた進行につなげるために訴状を振り分けます。こうした書記官の役割は、手続の進行促進及び適正確保を目的としているだけではなく、裁判所が行う訴訟要件の適法性審査権の行使や移送決定、訴え却下判決等の裁判が適正・適切に行われるように、また裁判長が行う訴状審査権の行使が適正・適切に行われるように、裁判所・裁判長の判断補助の目的も有するということができます。

(2) 訴状審査事項と訴状審査票

　ア　訴状審査事項

訴状審査事項は、①訴状記載事項、②附属書類（添付書類）、③訴額と訴え提起手数料（収入印紙額）、④送達費用、⑤管轄、⑥出訴期間、⑦その他（秘匿事項や配慮を要する事項、その他参考事項）です。

　　（ア）　訴状記載事項

前述の訴状記載事項に不備がないかを添付書類と照合しながら確認・点検します。特に、「請求の趣旨」と「請求の原因」については欠席判決が可能かどうかという観点から確認・点検します。また、給付訴訟であれば請求認容の場合に強制執行できるか、登記・登録関係訴訟であれば登記・登録できるかという観点から確認・点検します。具体例を挙げると次のとおりです。

　　　　a　請求の趣旨

・当事者複数の場合、「原告ら」「被告ら」というように「ら」があるか、「連帯して」の文言があるか。

・附帯請求の起算日は正確か。

・物件目録、登記目録は登記記録と一致するか。

・図面による特定は正確か。

b 請求の原因

・数量、金額及び計算は正確か。

・「よって書き」は、請求の趣旨・原因と整合しているか。

・理由付け請求原因事実の記載は正確か。欠席判決ができる程度に記載されているか。

（イ）附属書類（添付書類）

前述の必要な附属書類が訴状に表示され、添付されているか、通数に過不足はないかを、訴状の記載と照合しながら確認します。

（ウ）訴額と訴え提起手数料（収入印紙額）

訴え提起に当たっては、その訴額に応じて訴え提起の手数料として収入印紙を訴状に貼付する方法又は現金で納めなければなりません（民訴費3・8）。訴額は、訴え提起手数料の算定の基礎となり、事物管轄を定める基準となるので、訴状審査の過程においては裁判長が、訴訟係属後は裁判所が認定します。その認定は、裁判長又は裁判所の裁量によって行います（最判昭49・2・5民集28・1・27）。訴額算定は訴え提起の時を標準とします（民訴15参照）。また、手数料の不納付も裁判長による補正命令及び訴状却下命令の事由となるので（民訴137）、訴状審査の対象になります。

まず、訴額は、訴訟の目的の価額で、その価額は、原告が訴えで主張する利益によって算定します（民訴費4①、民訴8①）。訴えで主張する利益とは、原告が全部勝訴した場合に原告が受ける経済的利益で、その算定は、前記経済的利益を金銭に評価する方法により行います。非財産権上の請求の場合や財産権上の請求でも訴額の算定が極めて困難な場合には、その訴額は160万円とみなされます（民訴費4②）。訴額算定の簡易にして統一的な処理と手数料負担の公平を図るため、最高裁判所事務総局民事局から訴額算定基準（昭31・12・12民甲412民事局長通知）が示され、実務はこの訴額通知により訴額を算定しています。訴状審

査に当たっては、訴額認定のための資料（固定資産評価証明書等）と照合して行う場合も少なくありません。

訴額が定まれば、次に、手数料の算定をします。これは、民事訴訟費用等に関する法律3条により算定し、これに対応する額の収入印紙を訴状に貼付する方法又は現金で納付されているかどうか確認します。

　　　（エ）　送達費用

送達費用も予納しなければなりません（民訴費11・13）。訴状の送達に必要な費用を予納しない場合も裁判長による補正命令（納付命令）及び訴状却下命令の事由となるので（民訴138②・137）、訴状審査の対象になります。納付方法は、郵便切手、現金納付、銀行振込、電子納付です。

　　　（オ）　管　轄

管轄とは、国法上の裁判所を単位とし、その裁判所間でどのような事件を処理することができるかを定めたものです。すなわち、裁判所間での分担の定めが管轄です。

裁判所が訴えについて管轄権を有することは、訴訟要件です。管轄権の有無は職権調査事項です。裁判所は、管轄に関する事項について職権で証拠調べをすることができます（民訴14）。そして、管轄は、訴え提起時を標準として定まります（民訴15）。

以上を前提に、訴状審査では、①職分管轄（手続の性質、審級に応じた管轄）、②事物管轄（第一審訴訟事件を担当する簡易裁判所と地方裁判所との間の分担に応じた管轄）、③土地管轄（同種の職分の第一審裁判所間の分担の定めに応じた管轄）を確認します。さらに、訴状の記載内容により、専属管轄（法令の定めによってある特定の裁判所の管轄にのみ属し、他の裁判所の管轄権を排斥する性質の管轄）の確認や合意管轄（当事者の合意によって定まる管轄）（民訴11）の確認をし

ます。

職分管轄については、訴状記載の訴えについて、当該裁判所で審理できるか確認します。例えば、少額訴訟（民訴368）の訴状を地方裁判所に提出することは職分管轄（民事訴訟法368条により簡易裁判所の職分管轄）に反します。

事物管轄については、①訴額と②不動産に関する訴訟か否かを確認します。訴額（訴訟の目的の価額）が140万円を超えない事件は簡易裁判所に、それ以外の事件は地方裁判所に管轄があり、不動産に関する訴訟事件については、訴額にかかわらず地方裁判所にも管轄があります（裁判所法33①一・24一）。

土地管轄については、被告の住所等により一般的に定まる「普通裁判籍」（民訴4）と、特定の種類又は範囲の請求によって定まる「特別裁判籍」（民訴5〜7）を確認します。各裁判所の管轄区域は「下級裁判所の設立及び管轄区域に関する法律」によって定められています。

専属管轄については、訴状記載の訴えについて、当該裁判所で審理できるか確認します。例えば、請求異議の訴えは、債務名義が判決であれば、当該判決をした第一審裁判所の専属管轄になりますし（民執35①③・33②一）、株主代表訴訟（株主による責任追及等の訴え）は当該株式会社等の本店所在地を管轄する地方裁判所の専属管轄です（会社848・847）。

合意管轄（民訴11）については、①第一審裁判所の管轄についての合意であること、②一定の法律関係に基づく訴えであること、③書面による合意であること、④当該訴えについて専属管轄の定めがないこと、⑤管轄裁判所が特定されていること（特定されていれば1個でも数個でも、法定管轄の一部を排除する消極的合意でも可）を確認します。

　（カ）　出訴期間

事件によっては法令により訴え提起期間が定められているものがあ

ります。例えば、行政事件訴訟（行訴14、地方自治法242の2）、会社組織に関する形成訴訟（会社828）、人事訴訟法上の親子関係事件（民777、人訴41）などです。訴状の記載内容から、出訴期間の定めのある事件類型については、法令に当たり出訴期間を確認します。

（キ）　秘匿事項（秘匿情報）

秘匿を希望する事項（情報）の記載の有無を確認します。例えば、男女間の慰謝料請求事件における原告（女性）の住所について、相手方に知られたくないので秘匿にされたい旨の申出がある場合があります。当事者の生命、身体の安全を確保するために必要があると認めた場合、裁判所では秘匿の措置をとります。

秘匿事項（秘匿情報）は訴状の記載事項ではありませんが、訴状審査の段階で分かればそれに越したことはありませんので、訴状審査の際に確認する裁判所も少なくないと思われます。

なお、秘匿措置は、裁判官の訴訟指揮権に基づくもので、明文上秘匿という制度があるわけではありません。

（ク）　配慮を要する事項

配慮を求める申出の記載の有無を確認します。例えば、訴状に、原告は耳が遠いとか、足が不自由であるなどの記載がある場合があります。また、病気などを理由に、期日指定について合理的配慮を求める旨の記載がされることがあります。

これらの場合、「障害を理由とする差別の解消の推進に関する法律」7条2項に基づく合理的配慮を要することが考えられるので、訴状審査において確認して遺漏のないようにします。そして、事案に応じて、筆談機を用意したり、車いすを用意したり、エレベーターのない裁判所では1階のラウンドテーブル法廷を使用したり、期日指定についても、正当な理由に基づく合理的な配慮を求める申出であれば、当事者の意向に配慮した期日指定がなされます。

配慮を要する事項も訴状の記載事項ではありません。配慮を要する事項の情報収集は、訴訟進行照会書等により最初の口頭弁論期日前の参考事項の聴取として行っている裁判所が多いようです。しかし、訴状審査の段階で分かればそれに越したことはありませんので、訴状審査の際に当事者から配慮を求める申出の有無を確認する裁判所も少なくないと思われます。

　イ　訴状審査票

　訴状審査票（「訴状審査表」と表示している裁判所もあります。）の書式・様式は、既に文献で公表されているものもありますが、裁判所により、また、事件類型により様々です。また、全ての裁判所で訴状審査票を使用しているわけではありません。一般的な訴状審査票は、前記の訴状審査事項を反映した様式になっていると思われます（裁判所書記官研修所監修『新民事訴訟法における書記官事務の研究Ⅱ』13・14頁（司法協会、平成10年）、全国裁判所書記官協議会「会報臨時増刊号　訴訟類型に応じた書記官事務」147・172頁（全国裁判所書記官協議会、平成15年））（後掲【参考書式】参照）。

　裁判官（長）及び書記官は、訴状審査をする場合、この訴状審査票を手元に置いて、審査・点検します。補正の促し（補正命令）や期日指定の要否について共通認識を持ち、的確な訴状審査を行い、補正の促し（補正命令）や期日指定を機能的に行うためのツールとして使用しています。

　このように、訴状審査票は、専ら裁判所内部において、受付（訟廷）担当者、部・係の担当者、裁判官が情報を共有することを目的とした書面です。したがって、法令上の記録に該当しないメモとして取り扱い、訴状審査終了後は記録外の書面として別途保管し、閲覧謄写の対象にもならない扱いの裁判所が多いと思われます。

【参考書式】

民事新受事件訴状審査票

○○地方裁判所第○民事部

事件番号	平成　年(ワ・手ワ・行ウ・　)第　号				事件分類	□金銭□土地□建物□その他	事件係	合・1・2・3・4・5

分類	審査事項	チェック	補正要	連絡済	補正済	指摘事項
訴訟要件	1　管轄					
	2　出訴期間・控訴期間					
	3					
記載事項	1　当事者・代理人の表示					
	2　郵便・電話・FAX番号					
	3　送達場所届出・関係					
	4　証拠保全裁判所					
	5　①請求の趣旨②原因（主要事実・間接事実・証拠の記載）③目的物の特定					
	6					
附属書類	1　訴状副本					
	2　委任状					
	3　資格証明書等					
	4　固定資産評価証明書					
	5　規則で定めた添付書類					
	6　書証写し					
	7　基本的書証添付					
	※送達費用					

報告・通知　要　（　　　　　　　　　　　　　）

手数料	訴額＿＿＿＿円　手数料＿＿＿＿円　過不足額＿＿＿＿円　連絡　済・未

付随事件	□強制執行停止の申立　平成　年(　)第　号	【備考】
	□訴訟救助付与の申立　平成　年(　)第　号	
	□	
関連事件	平成　年（　）第　　号	

4 補正の促し

(1) 意 義

訴状の記載に不備がある場合、裁判長は、訴状の記載について必要な補正を促すことができます。これを「補正の促し」といいます。裁判長は、補正の促しを書記官に命じて行わせることができます（民訴規56）。

(2) 趣 旨

補正の促しは、裁判官よりも当事者と接触する機会が多く、いわば裁判所の対外的な窓口の機能を果たしている書記官を通じて行う方が、適時適切な補正がされるものと期待できることによります（秋山幹男ほか『コンメンタール民事訴訟法Ⅲ』134頁（日本評論社、平成20年））。補正の促しは、裁判長の補正権限（民訴137①等）を背景に、書記官名で行います。裁判長がその権限の一部を書記官に委任することができることを定めたものといえます（最高裁判所事務総局民事局監修『条解民事訴訟規則』125頁（司法協会、平成9年））。

なお、裁判長から書記官への補正の促しの命令の方法としては、事前に包括的に指示を与えておく方法や、書記官からの個別具体的な具申に基づき個別的に指示の形で命令する方法があります。

(3) 対 象

補正の促しの対象は、裁判長の補正権限を背景とするものですから、当然に民事訴訟法133条2項所定の必要的記載事項及び民事訴訟法34条1項所定の訴訟能力、法定代理権又は訴訟行為をするために必要な授権はその対象になります。また、訴え提起手数料や訴状の送達先、受送達者の記載及び訴状の送達費用も対象になります。このほか、民事訴訟規則53条、54条が要求する訴状の準必要的記載事項や同規則2条に規定する形式的記載事項、同規則55条が規定する添付書類も、当事者の任意の補正等を促すという行為の性質上、広く補正の促しの対象

となると考えられます。

なお、当事者が補正の促しに応じない場合、直ちに訴状を却下することはできません。改めて補正命令を発しなければなりませんが、補正の促しの対象がすべて補正命令の対象になるわけではありません。

（4）方　法

形式的記載事項に不備がある場合は、あらかじめ裁判官と打合せしたところに基づき、あるいは裁判官から委任ないし指示されていたところに基づき、任意の補正の促しを行います。実質的記載事項（必要的記載事項及び準必要的記載事項）については、前記打合せ、委任及び指示に基づいて行う場合もありますし、裁判官と個別に打合せした上、補正の促しを行う場合もあります。

窓口に直接提出された場合、明らかな過誤又は欠点がある場合には、提出者に任意の補正を促します（平4・8・21総三26最高裁事務総長通達　第22（2））。郵便提出の場合は、補正箇所を付箋で表示するなどして、後日、部（係）の処置に委ねます。

補正の促しは、口頭（電話）でも書面でも構いません。期日外釈明（民訴149④、民訴規63）の場合のように相手方に通知する必要はありませんが、事件の進行管理上、書面で促した場合は当該書面の写しを記録に綴ったり、口頭で促した場合は、補正を促した日付、内容等を口頭（電話）要旨書等で記録化するなど、何らかの形で明らかになるようにしておくことが相当です（裁判所職員総合研修所監修『民事実務講義案Ⅰ（五訂版）』26頁（司法協会、平成28年））。

なお、訴状に貼付された印紙が手数料額に満たない場合は、直ちに原告に連絡し、納付書に貼付して納付するよう促します。

5　補正命令

（1）意　義

訴状の必要的記載事項（民訴133②）に不備がある場合又は訴え提起

手数料や訴状の送達費用が納付されない場合、書記官は、まず、前述の補正の促し（民訴規56）を行います。当事者が、これに応じない場合、裁判長は、相当期間を定めて補正命令を発します（民訴137①・138②）。

訴状の審査は形式に関することであり、その要件の不備の有無の判断等は比較的簡単にできるので、訴状に明白な不備があれば、裁判所の判決を待つまでもなく裁判長の命令によって訴状を却下し、事件を簡単に処理すべきですが、訴状の不備は原告の過失に基づく場合もあるので、裁判長が直ちに訴状を却下するのは相当ではなく、訴状の却下前に、裁判長は必ず補正命令を出し、原告に訴状の不備を補正する機会を与えることにしたのです（秋山幹男ほか『コンメンタール民事訴訟法Ⅲ』132頁（日本評論社、平成26年））。

（2）　主　体

補正命令の主体は裁判長です（民訴137①）。裁判長が独自の権限に基づいて補正命令を発します。

事件が単独体の裁判官に配点された単独事件の場合は、民事訴訟法137条1項の「裁判長」は、その事件を担当する受訴裁判所の裁判官を意味します。事件を合議体で審理する合議事件の場合は、文字どおり合議体である受訴裁判所の裁判長が補正命令の主体になります。

訴状が被告に送達され訴訟係属が生じた後に補正命令を発する場合、その主体は、裁判所か、裁判長かという問題があります。裁判所（裁判体）を代表する立場で裁判長が補正命令を発することができるという見解もありますが、訴状に補正すべき不備がないということで被告に訴状副本が送達され訴訟係属が生じれば、判断権限は裁判所が有すると解され、もはや裁判長は独自の権限で補正命令を発し、補正しない場合に訴状を却下することはできないと考えられます。したがって、裁判所が一種の釈明処分として補正を促し、期間内に補正されなかった場合は、裁判所が判決で訴えを却下すべきと考えられます（秋

山幹男ほか『コンメンタール民事訴訟法Ⅲ』132頁（日本評論社、平成26年））。

　なお、後述のとおり、民事訴訟法34条1項に基づき補正を命じる場合の主体は裁判所になります。

　(3)　対象・内容

　　ア　対　象

　補正命令の対象は、①民事訴訟法133条2項所定の訴状の必要的記載事項（民訴137①）、②訴え提起手数料（民訴137①、民訴費3・4）、③訴状の送達先、受送達者の記載及び訴状送達費用（民訴138②・137）及び④訴訟能力、法定代理権又は訴訟行為をするために必要な授権（民訴34①）です。

　まず、①の、訴状に民事訴訟法133条2項所定の訴状の記載の要件を欠いている（必要的記載事項の不備）場合は、裁判長は補正命令を発しなければなりません。あくまでも民事訴訟法133条2項の記載事項が対象ですから、「当事者及び法定代理人」（民訴133②一）と「請求の趣旨及び原因」（民訴133②二）に限られます。したがって、民事訴訟規則所定の記載事項である請求を理由づける事実、立証を要する事実に関連する事実で重要なもの及び証拠（民訴規53①）、原告又はその代理人の郵便番号、電話番号、ファクシミリ番号（民訴規53④）、訴え提起前に証拠保全が行われた場合の証拠調べを行った裁判所及び証拠保全事件の表示（民訴規54）等の記載がなくても補正命令の対象にはなりません。また、民事訴訟規則55条所定の添付書類が訴状に添付されていなくても補正命令の対象にはなりません。このような不備は、訴訟進行中に補正したり、追完すればよいからです。なお、補正の余地がないことが明らかな場合は補正命令を発する必要はなく、相手方との間で訴訟係属を生じさせる必要もないので直ちに訴状を却下すべきです（最判昭25・7・5民集4・7・264、最判平元・11・20民集43・10・1160）。

　次に、②の訴え提起手数料の不納付（不足）の場合も、裁判長は補

正命令を発しなければなりません（民訴137①）。訴え提起手数料（民訴費3・4）は、原則として訴状等に収入印紙を貼って納めることになっていますが（民訴費8本文）、納付する手数料額が100万円を超える場合は現金で納付することもできます（民訴費8ただし書、民訴費規4の2）。なお、補正命令を発するのは、あくまでも手数料（収入印紙）が不納付又は不足している場合であって、過納の場合は、補正命令の対象ではありません（民訴137①参照）。過納の場合、書記官は、その旨を原告に連絡し、過納手数料の還付申立て（民訴費9）を促します。他に不備がなければ訴状副本を送達し、訴訟手続が進行します。

　③の「訴状の送達先、受送達者の記載及び訴状送達費用」については、被告の住所の記載が誤っている場合や被告が訴訟無能力者又は法人であるにもかかわらず受送達者である法定代理人（民訴102①）又は法人の代表者（民訴37・102①）が訴状に記載されていない場合、そして訴状送達費用の予納がない場合に補正命令を発します。これらはいずれも訴状審査段階で訴状の送達ができないことが明らかな場合です。実務では、一旦訴状記載の被告の住所に送達を実施したところ、「転居先不明」又は「あて所に尋ねあたりません」という理由で裁判所に返戻され、初めて住所の記載が誤っていることを知り、原告に調査して上申するよう促すのが一般的で、直ちに補正命令を発することはありません。

　④の「訴訟能力、法定代理権又は訴訟行為をするために必要な授権」については、訴訟能力等が欠けている場合は有効な訴訟行為ができないので、補正命令の対象になります。具体的には、被保佐人が原告なのに保佐人の同意がない場合（民13①四）や、法定代理権又は訴訟行為をするために必要な授権（代理権）を証する書面の添付がない場合（民訴59・34、民訴規15）などが考えられます。

　民事訴訟法34条1項に基づき補正を命じる主体は裁判所であり、補

正期間内に補正されないときは、裁判所は、不適法な訴えとして民事
訴訟法140条に準じ、口頭弁論を経ないで判決で訴えを却下すること
になると考えられます（秋山幹男ほか『コンメンタール民事訴訟法Ⅰ（第2版
追補版）』343頁（日本評論社、平成26年）参照）。

　なお、法定代理人の記載（民訴133②一）がない場合は、裁判長が訴状
の補正命令を発し、補正されなければ訴状却下命令を発することにな
ります（民訴137）。

　　イ　内　容

　民事訴訟法137条に基づき補正命令を発する際は、裁判長は、補正す
べき事項、追納すべき印紙額、納付すべき送達費用額（郵便切手で納
付する場合は、郵券の券種、枚数）と補正期間を明確にします。裁判
所が補正を命ずる場合も、補正すべき事項と補正期間を明確にします。

　補正期間は、裁判長が事案や補正すべき難易度に応じて相当な期間
を具体的に定めます。単なる訴額算定の誤りで訴え提起手数料の追納
を命じる場合は、補正期間は比較的短くてもよいでしょうが、被告の
住所の補正を命じるなど調査を伴う場合は、多少長期の補正期間を定
めるのが妥当です（大阪高決昭55・12・23判タ443・87、秋山幹男ほか『コンメ
ンタール民事訴訟法Ⅲ』133頁（日本評論社、平成20年））。一旦定めた補正期
間も、原告からの申出により、裁判長の裁量で伸長することもできる
と解されます（最判昭46・4・15裁判集民102・473、新堂幸司ほか編『注釈民事
訴訟法(5)』194頁（有斐閣、平成10年））。

　また、一度補正した後に新たな不備が生じた場合は、再度の補正命
令もできると解されます（秋山幹男ほか『コンメンタール民事訴訟法Ⅲ』133
頁（日本評論社、平成20年））。

　　(4)　手　続

　民事訴訟法137条に基づく補正命令は裁判長が記名押印し（民訴規50
①）、補正期間の起算点を明らかにするため補正命令謄本を送達して

告知します（民訴規40①、民訴119）。裁判所が補正を命じる場合、その性質は、補正を命ずる決定となります。裁判体を代表して裁判長が命ずるという見解もありますが、裁判所が主体である以上、合議体の場合は、合議体を構成する裁判官名の裁判書を作成し、各裁判官が記名押印し、その裁判書（補正決定）謄本を送達して告知するのが相当です。

補正期間内に補正書が提出され、命令どおりの補正がされた場合は、期日が指定され、訴訟手続が進行します。期間内に提出された補正書の内容が補正命令と異なる場合は、補正期間内に補正しないものとして訴状却下命令を発します。新たな補正が生じた場合は、再度補正を命じることもあります。例えば、補正後の被告の住所に送達を試みたが、更に被告が転居したため不送達になった場合が考えられます。裁判所の補正命令（性質は補正決定）に対して補正期間内に補正しない場合は、前述のとおり、裁判所は、不適法な訴えとして民事訴訟法140条に準じ、口頭弁論を経ないで判決で訴えを却下することになると考えられます。

なお、補正命令に対しては不服申立てできません（東京高決昭30・9・20判時60・12、東京高決昭40・6・5東高時報（民事）16・6・113）。

（5）　効　果

原告が補正期間内に補正命令に従って訴状を補正した場合は、適法な訴状として、裁判長は、口頭弁論期日を指定し、当事者を呼び出します（民訴139・94）。書記官は、被告に対し訴状副本を送達し（民訴138①・98②、民訴規58①）、訴訟手続が進行します。

補正が訴え提起手数料の不足額の追納の場合は、訴状提出時に遡って適法な訴状となります（最判昭24・5・21民集3・6・209、最判昭29・11・26判時41・11）。また、訴状却下命令が確定するまでの間は不足額を追納することができます（東京高決昭57・2・18判時1039・77）。訴状却下命令に対する抗告審や再抗告審で不足額を追納することができます（最判昭

31・4・10民集10・4・367、最判昭37・11・30裁判集民63・365）。

　なお、補正命令後に訴えを一部取り下げて訴額を減少させても、補正命令に従って取下げ前の訴額に応じた手数料を納付する必要があり、その追貼の上で、取下げ部分についての手数料の一部還付（民訴費9③一）を受けるべきであると解されています（東京高決平5・3・30判タ857・267、秋山幹男ほか『コンメンタール民事訴訟法Ⅲ』133頁（日本評論社、平成20年））。

　手数料不納付以外の訴状の不備の場合、遡及を認めて訴状提出時に適法になるという見解と補正の時に適式な訴状が提出されたと解する見解がありますが、補正した事項ごとに判断すべきと考えます（秋山幹男ほか『コンメンタール民事訴訟法Ⅲ』134頁（日本評論社、平成20年））。

6　訴状却下命令

(1)　手続の概要

　原告が、①訴状の必要的記載事項（民訴133②）に不備がある場合、②訴え提起手数料を納付しない場合、③訴状の送達をすることができない場合（訴状の送達に必要な費用を予納しない場合を含みます。）に、裁判長から補正命令を受けたにもかかわらず、所定の期間内に補正しなかったときは、裁判長は命令で訴状を却下しなければなりません（民訴137②・138②）。これが訴状却下命令です。

　訴状却下命令を発したときは、書記官は訴状却下命令謄本及び訴状原本を原告（又は訴訟代理人）に送達します。

　ところで、民事訴訟法138条2項に規定する「訴状の送達をすることができない場合」には、訴状審査の結果、不備がなく、又は不備が補正されて訴状副本の送達を実施したところ、送達不能となり、補正命令を発しても原告が送達先や送達方法の補正（上申）をしないため、訴状を送達することができない場合と、そもそも訴状提出時に予納す

べき訴状送達費用を予納しない場合がありますが、訴状審査の観点からは、「訴状の送達に必要な費用を予納しない場合」に補正命令によっても補正（予納）されない場合が訴状却下命令の対象ということになります。

なお、「訴状却下命令」と口頭弁論を経ない場合の「訴え却下判決」（民訴140）と呼出費用の予納がない場合の「訴え却下決定」（民訴141）とを混同しないように注意する必要があります。

(2)　訴状却下命令謄本及び訴状原本の送達

訴状却下命令に対しては後述のとおり即時抗告ができますので（民訴137③）、即時抗告期間の起算点を明らかにするため訴状却下命令謄本を原告又は原告訴訟代理人に送達して告知します（民訴規40①、民訴119）。

訴状の送達費用の納付がなく訴状却下命令を発する場合は、訴状却下命令謄本の送達費用も不足している場合があります。この場合には、国庫立替払の方法によりその費用を立替払することができます（昭25・12・1最高裁経理局長、民事局長通達）。

訴状却下命令謄本を送達する際に訴状原本も同時に返還します（民訴規57参照）。訴状原本も同時に返還するのは、訴状却下命令の本質が「訴状を受理しない」という一種の行政処分であるから、このような不備な訴状は受理できないから返還するという意思表示であり、即時抗告の際には訴状原本の添付が求められているからです。なお、書記官は訴状謄本を作成し、記録に編てつします。

(3)　訴状却下命令の時期

訴状却下命令は、通常は補正期間経過後に速やかに発せられます。しかし、補正期間経過後であっても訴状却下命令が発せられる前に補正されれば、その補正は有効と解されるので、裁判長は訴状却下命令を発することはできません（秋山幹男ほか『コンメンタール民事訴訟法Ⅲ』

135頁（日本評論社、平成20年））。

　また、裁判長が訴状の不備を看過して訴状却下命令を発することなく、訴状副本を被告に送達し、訴訟係属の効果が生じた場合は、裁判長は民事訴訟法137条によって訴状を却下する権能を失い、裁判所が相当の期間を定めて訴状の補正を促し、原告が補正しないときは判決により訴えを却下しなければなりません（秋山幹男ほか『コンメンタール民事訴訟法Ⅲ』137頁（日本評論社、平成20年））。

　(4)　訴状却下命令に対する不服申立方法

　訴状却下命令に対しては、即時抗告をすることができます（民訴137③）。訴状却下命令は訴訟係属前の裁判なので、被告には不服申立ての利益はありません（秋山幹男ほか『コンメンタール民事訴訟法Ⅲ』138頁（日本評論社、平成20年））。

　即時抗告期間は、裁判の告知を受けた日から1週間です（民訴332）。

　即時抗告申立手数料は1,000円です（民訴費3①・別表1⑱(4)）。

　即時抗告をする場合は、抗告状に裁判所から差し戻された訴状原本を添付しなければなりません（民訴規57、昭28・3・23最高裁民事局長回答、最高裁判所事務総局民事局監修『条解民事訴訟規則』126頁（司法協会、平成9年））。ただし、裁判長から差し戻されたものが訴状謄本であればその訴状謄本を添付し、訴状の原本も謄本も添付されなければ何も添付する必要はありません（秋山幹男ほか『コンメンタール民事訴訟法Ⅲ』138頁（日本評論社、平成20年））。

第1章

訴状の記載事項と
訴状審査

34

第1章　訴状の記載事項と訴状審査　　35

第1　訴状の記載事項と訴状審査の方法

【1】　訴状審査における「当事者」の確認は

Q　訴状審査において「当事者」の記載はどのようにチェックされるのでしょうか。

A　訴状審査において、主なチェック事項は、①当事者が特定されているか、②当事者の記載は正確か、③当事者能力があるか、④固有必要的共同訴訟の場合に当事者の脱漏はないかなどです。これらの事項は、請求の趣旨・原因の記載や戸籍謄本（全部事項証明書）、住民票写し、登記簿謄本（登記事項証明書）その他の添付書類と照合してチェックします。

訴状審査の着眼点

1　当事者が特定されているか
2　当事者の記載は正確か
3　当事者能力があるか
4　固有必要的共同訴訟の場合に当事者の脱漏はないか

解　説

1　当事者が特定されているか

　訴状に記載する当事者は、判決の名宛人となるべき者であり、訴状の必要的記載事項（民訴133②一）です。当事者の特定は氏名又は名称及び住所（民訴規2①一）により行われますので、訴状審査においては、これらの事項が記載されているかを確認します。法人の場合には、名称・商号及び代表者の資格及び氏名、主たる事務所・本店の所在地が

記載されているかを確認します。自然人の場合に実際の氏名が戸籍上の氏名と異なっているときや法人の場合に会社の名称又は代表者の氏名が登記記録と異なっているときは、戸籍上の氏名や登記記録上の名称及び氏名が併記されているかを確認します。

なお、共通の利益がある複数人のうちの一人又は数人が選定当事者となって訴えを提起した場合（民訴30）の当事者の特定としては、選定者及び選定当事者が記載されているかを添付書類として提出される選定書（民訴規15）と照合して確認します。また、選定当事者たる被選定者は選定者の一員になることから、選定当事者の資格にも選定者である旨が記載されているかも確認します。

② 当事者の記載は正確か

当事者の氏名表記については、戸籍謄本（全部事項証明書）、住民票写し、登記簿謄本（登記事項証明書）、委任状その他の添付書類（書証、訴額算定のための固定資産評価証明書）に表記と異なる点がないかを確認します。

戸籍上の漢字が旧漢字の場合に、訴状の氏名を常用漢字で記載したときに同一とみることができるかは事件を担当する裁判体の判断になりますので、字体の異同も確認します。

③ 当事者能力があるか

当事者能力とは、訴訟関係の主体である当事者となることのできる能力です。民法等において権利能力を有する自然人及び法人は全て、権利能力が認められる範囲で当事者能力を有することになります（民訴28）。当事者能力は、裁判所が職権で調査すべきもので、これを欠く場合には終局判決で訴えを却下することになります。訴状審査段階では、訴状の記載を合理的に解釈して判断しますので、訴状及び添付書

第1章　訴状の記載事項と訴状審査　　　37

類の全体から当事者能力があるかを確認します。法人が破産している場合には、当事者適格を有するのは破産管財人になりますので、破産者の表示をした上で破産管財人の氏名が当事者として記載されているか、破産裁判所が発行した破産管財人の証明書と照合して確認します。

　法人でない社団（権利能力なき社団）の場合も当事者能力は認められています（民訴29）。したがって、例えば、自治会や町内会も当事者となることができます。当事者の表示には、規約、約款、議事録その他の証明書に記載されている住所（団体活動の本拠地）、名称、代表者の資格・呼称（会長、理事長、代表等）及び氏名が記載されているかを前記規約等（民訴規14）と照合して確認します。

4　固有必要的共同訴訟の場合に当事者の脱漏はないか

　共同訴訟のうち訴訟の目的が共同訴訟の全員について合一にのみ確定すべきものを必要的共同訴訟（民訴40）といい、その全員が当事者になるのでなければ当事者適格を欠くものを固有必要的共同訴訟といいます。例えば、破産管財人が数人いる場合の破産財団に関する訴訟（破76）や隣接する土地の一方又は双方が数人の共有に属する場合の境界確定訴訟（最判昭46・12・9民集25・9・1457）などです。この場合は、必ず、その全員が原告となり又はその全員を被告として訴えを起こさなければなりませんので、原告又は被告の表示に全員の記載があるか、脱漏はないかを確認します。

＜参考判例など＞
【動物等の当事者適格】
○動植物ないし森林等の自然そのものは、それが人類にとって希少価値を有する貴重な存在であっても、それ自体、権利の客体となることはあっても権利の主体となることはなく当事者適格が否定された事例（鹿児島地判平13・1・22（平7（行ウ）1）アマミノクロウサギ訴訟）

第1章　訴状の記載事項と訴状審査

書式例

○訴状（当事者の表示）

訴　　状

平成○年○月○日

○○地方裁判所　御中

原　　告　　○　○　○　○　印

当事者の表示　　別紙当事者目録記載のとおり

（別　紙）

当　事　者　目　録

（通称を使用する場合）

〒○○○−○○○○　　　○○県○○市○○町○丁目○番○号
　　　　　原　　告　　　○○こと○　○　○　○

（権利能力なき社団の場合）

〒○○○−○○○○　　　○○県○○市○○町○丁目○番○号
　　　　　原　　告　　　○○○○管理組合
　　　　　同代表者組合長　　○　○　○　○

（選定当事者の場合）

〒○○○−○○○○　　　○○県○○市○○町○丁目○番○号
　　　　　原　　告（選定当事者兼選定者）　　○　○　○　○
　　○○県○○市○○町○丁目○番○号
　　　　　選　定　者　　　　　　○　○　○　○
　　○○県○○市○○町○丁目○番○号
　　　　　選　定　者　　　　　　○　○　○　○

以　上

第1章　訴状の記載事項と訴状審査　　39

【2】　訴状審査における「住所・登記記録上の住所」の確認は

Q　　当事者が実際に居住している住所や営業している住所が住民票や登記記録上の住所と異なる場合、訴状に記載する住所は、どちらを記載すべきなのでしょうか。

A　　原則として、実際に居住又は営業している住所を訴状に記載しますが、後日の強制執行や登記申請の便宜を考慮して、実際に居住又は営業している住所と住民票又は登記記録上の住所を併記するのが相当です。

訴状審査の着眼点

1　住所が特定されているか
2　記載された住所が住民票又は登記記録上の住所と異なっていないか
3　住所に対する秘匿措置の申出がないか、申出はないが秘匿を要する事案ではないか

解　説

1　住所が特定されているか

　1　特定のための留意事項

　住所は、当事者の特定として必要な事項であり、訴状の必要的記載事項です（民訴133②一、民訴規2①一）。また、住所は裁判手続中の書類の送付・送達場所にもなることから、正確な住所を記載する必要があります。訴状審査においては、住民票の提出がなくとも、訴状に記載された住所により、特定されたものと判断されるのが一般的（法人の住

所は代表者の資格証明書等により確認します。）ですが、提出された委任状や書証中の当事者の住所表記がある部分と照合して食い違いがないかを確認します。住所の表記が一部不足していたり、当事者に発送した書類が宛名不完全だったり、あて所尋ね当たらずにより返送された場合には、原告に住所の調査依頼をしたり補正命令を発令することもあります。訴状を作成する際には、あらかじめ住民票や商業登記記録、行政区画便覧により住所を確認するのが相当です。アパートやマンション、ビルなどの建物の一部に居住している場合には、その建物名及び部屋番号も記載します。

　住民票や登記記録上の住所表記の漢字が常用漢字以外の旧漢字の場合、訴状の住所表記を旧漢字で記載すべきか常用漢字で記載すべきかについては、漢字の異同により住所として同一とみることができるかが問題となります。最終的には事件を担当する裁判体の判断になりますが、当事者の同一性に疑義を残さないためには、住民票や登記記録上の住所表記のとおり記載するのがよいと思われます。裁判所における裁判関係書類に用いる文字の字形については、法務省から、「登記や供託書、戸籍等に記載又は記録されている事項との同一性に疑義が生じることはないと考えられるため、字形が異なることのみを理由として更正を求められることはない。」との回答（平29・6・6最高裁総三78総務局長等通知）があるために常用漢字で表記されることもあります。

　2　当事者の住所が不明な場合

　当事者の住所が不明で特定できない場合、訴状に記載する被告の住所には、居所を記載し、居所も不明であれば「住居所不明」と記載して、「最後の住所」を併記します（民訴4②）。当事者の住所が不明であることと最後の住所が訴状記載のとおりであることは証明しなければなりません。これらの証明資料は、公示送達の申立ての添付資料として必要になります。証明資料としては、住民票写し、戸籍附票、登記

第1章　訴状の記載事項と訴状審査　　41

簿謄本（登記事項証明書）などの公文書が考えられます。当事者の住所が不明な場合の記載例は、次のとおりです。

　　住所・居所　　不明
　　　最後の住所　　○○県○○市○○町○丁目○番○号
　　　　　　　　　　　　　被　　告　　　　○　○　○　○

（注）　登記を要する事件の場合は、登記記録上の住所を、最後の住所の次
　　　行に括弧書きして併記します。

2　記載された住所が住民票又は登記記録上の住所と異なっていないか

　住所は、当事者を特定するために氏名と相まって必要な事項であり、訴状の必要的記載事項です（民訴133②一、民訴規2①一）。住所は、当事者に対する書類の送付・送達先にもなりますので、実際に居住又は営業している住所を記載しなければなりません。また、裁判で取得した判決等の債務名義を利用して強制執行する場合や登記申請をする場合には、住民票や登記記録により住所を証明する必要があります。したがって、原則として、実際に居住又は営業している住所を訴状に記載しますが、後日の強制執行や登記申請の便宜を考慮して、実際に居住又は営業している住所と住民票又は登記記録上の住所を併記するのが相当です。

　特に登記申請を要する場合、登記記録上の住所と原因証書（登記原因証明情報）となる判決等の債務名義の住所が一致しないと登記申請が却下されます（不登25①七）。したがって、登記を要する事件では、実際に居住（自然人の場合）又は営業（法人の場合）している住所と登記記録上等の住所を併記する必要があります。

42　　第1章　訴状の記載事項と訴状審査

　なお、会社が倒産などにより事実上存在せず、事務所も存在しないが代表者の住所が判明しているようなときは、代表者の住所に送達するので（民訴37・102①・103①）、送達先を明らかにする趣旨で法人代表者の住所が記載されているか、登記記録上の本店所在地が併記されているかを確認します。この場合の当事者の記載例は、次のとおりです。

　　　（登記記録上の本店所在地）　○○県○○市○○町○丁目○番○号
　　　　　　　　被　　　告　　　○○商事株式会社
　　〒○○○－○○○○　　○○県○○市○○町○丁目○番○号
　　　　　　　　同代表者代表取締役　○　○　○　○

---

③　住所に対する秘匿措置の申出がないか、申出はないが秘匿を要する事案ではないか

　訴状に原告の実際の住所を記載することで、原告の身体や生命に危害を加えられることが予想され、記載しないことについてやむを得ない場合には、訴状の受付段階では実際の住所を記載することを求めずに柔軟な運用をする場合があります。訴状審査においては、秘匿の申出があるか、申出がなくとも秘匿を要する事案であるかを確認します。秘匿が認められるかどうかの最終的な判断は、訴状審査権を持つ裁判長にありますが、秘匿措置の必要がある事案では、訴状に記載する住所は、実際に居住していない便宜的な住所（前住所、住民票上の住所、実家の住所、代理人弁護士の事務所等）を記載する方法があります。ただし、強制執行手続では、判決に記載された住所が住民票などの公文書で証明できなくなり、強制執行ができないおそれがあります。訴状にどの住所を記載するかは、そのようなリスクがあることを踏まえて検討する必要があります。

第1章　訴状の記載事項と訴状審査　　43

　秘匿に関する運用は、各裁判所によって違いがあることから事前に各裁判所に相談するのが相当です。秘匿希望をする場合には、秘匿する根拠を明らかにするために、その旨の上申書を提出するのが一般的です。裁判所によっては上申書を記録として編成する場合もあることから、申出書に秘匿希望情報を記載してよいのか確認する必要があります。

　訴状審査においては、訴状以外にも委任状、証拠申出書、書証（陳述書、診断書等）などの添付書類に秘匿希望した住所が表れることがあるので、確認する必要があります。

　その他、秘匿については、後記【19】も参照してください。

書式例

○秘匿希望申出書

　平成○年（ワ）第○○○号　　○○○○請求事件
　　原告　　○○○○
　　被告　　○○○○

　　　　　　　　　　　　　　　　　　　　平成○年○月○日

○○地方裁判所　御中

　　　　　　　　　　　　秘匿希望申出書

　　　　　　　　　　　　　　申出人　○　○　○　○　印

　上記当事者間の訴訟事件について、下記1の秘匿希望理由により、下記2の秘匿すべき項目につき、下記3の秘匿希望する相手に対し秘匿してください。

　　　　　　　　　　　　　　　記

1　秘匿希望理由
　　□　生命身体に危害が加えられるおそれがある。
2　秘匿すべき項目
　　□　現住所（具体的な名称や場所は記載しない。）
　　□　現在の勤務先（具体的な名称や場所は記載しない。）
　　□
3　秘匿希望する相手
　　□　被告
　　□

第 1 章　訴状の記載事項と訴状審査　　45

【3】　訴状審査における「送達場所」の確認は

Q　訴状には「送達場所」を記載しなければならないのでしょうか。また、原告が居住していない実家の住所地を送達場所として届け出ることは可能でしょうか。その場合に、併せて送達受取人の届出も必要でしょうか。

A　送達場所の届出は、書面でしなければならず（民訴規41①）、原告はできる限り、訴状に自らの送達場所を記載して届け出ることが要請されています（民訴規41②）。したがって、できる限り、訴状には送達場所を記載しなければなりません。

　原告が居住していない実家の住所地を送達場所として届け出ることはできます。届け出る場所は日本国内であって、場所が特定されていれば特に制限はありません。ただし、原告が実家に居住していない場合には、送達場所の届出と共に送達受取人の届出（民訴104①後段）が必要になり、これも送達場所と共に訴状に併記する必要があります（民訴規41①②）。また、送達受取人の氏名のほかにも、送達手続を円滑に行うために、届出人と受取人、受取人と届出場所との関係の記載も必要です（民訴規41③）。

訴状審査の着眼点

1. 訴状に送達場所の記載があるか
2. 送達場所となり得る場所であるか
3. 送達受取人の記載があるか

解　説

1 　訴状に送達場所の記載があるか

1 　送達場所の記載

　訴状審査において、訴状に送達場所が記載されているかを確認します（民訴規41）。例えば、訴状中の訴訟代理人の事務所の所在地の表示に「（送達場所）」と付記する方法で記載されていれば送達場所の届出がされていることになります。なお、訴状にこの括弧書きの記載すなわち送達場所である旨の表示がない場合には送達場所の届出とは扱いませんので、記載がない場合には訴状の補正又は別途送達場所の届出書の提出を促すことになります。

　もっとも、この規定は訓示的な規定ですので、訴状に送達場所の記載がないことをもって不適法な訴状となるものではなく、補正命令や訴状却下命令を発することはできません。

2 　送達場所届出義務者と届出場所

　送達場所の届出義務者は、当事者、法定代理人又は訴訟代理人です（民訴104①）。この届出は、訴訟追行を主に担当する者が行えば足りると考えられているので、訴訟代理人が付いている場合には、特段の事由がない限り、原告本人の届出は別途必要なく、代理人の送達場所が届け出られているかを確認します。

　送達場所の届出は届出人自身の送達場所を定めることになるので、届出場所は届出人自身の送達場所でなければなりません。したがって、他人の送達場所を届け出ることはできません。例えば、原告が被告の住所や就業場所をあらかじめ記載しても、被告の送達場所の届出にはなりません。

　なお、被告の住所に送達にならなかった場合に、速やかに次の送達場所に発送できるように、あらかじめ被告の就業場所を併記しておくことは可能です。この場合の記載例は、次のとおりです。

第1章　訴状の記載事項と訴状審査　　47

```
〒○○○−○○○○　　○○県○○市○○町○丁目○番○号
　　　　　　　　被　告　　○　○　○　○
（就業場所）〒○○○−○○○○
　　　　　　　○○県○○市○○町○丁目○番○号　株式会社○○
```

　3　期限付き又は条件付きの届出

　期限付き又は条件付きの届出でないか確認します。送達場所の届出は、その事件が係属する限り、審級が変わっても存続し、届出場所の変更届出（民訴規42①）がされるまでは全ての書類を届出場所に送達することになります。審級を限定したり、期限を付けたり、条件付きで届出をすることは、事務処理を不安定にさせることになるので認められません。

② 送達場所となり得る場所であるか

　訴状に記載された送達場所が、法規上、送達場所となり得る場所であるかどうかを確認します。民事訴訟法上、届け出る場所は日本国内であることを要します（民訴104①）。外国の住所を送達場所として届け出てもその届出の効力は生じません。

　また、住所として特定された場所が届け出されているかを確認します。例えば、郵便局私書箱、郵便局留めなどの届出がなされた場合には、送達が奏功しない可能性があります。訴状審査時点では、送達場所を変更するように促すのが相当です。

　刑事施設に収容されている者に対する送達は、当該刑事施設の長を受送達者として行われます（民訴102③）。これは、刑事施設内の秩序維持の観点と被収容者への送達を迅速かつ確実にするために、受送達者の資格が制限されているものです。したがって、刑事施設収容中の当事者が以前に住んでいた住所を送達場所として訴状に記載して届け出

ても、受送達者となれない者からの送達場所の届出となるので、そのような届出は効力がないものと扱い、その当事者に対する送達は収容施設の長に宛てて行われることになります。

③ 送達受取人の記載があるか

送達場所の届出とともに送達受取人（民訴104①後段）の記載があるか確認します。特に、届出人の住所等から遠隔の場所を届け出るような場合、受送達者又はその同居者等に出会う可能性の低いことが予想されますので送達受取人が記載されているかを確認します。記載されていない場合には、届出人が送達場所に住んでいるかを照会して確認します。

書式例

○訴状（当事者等と届出場所との関係の記載例）

```
                      訴    状
                                平成○年○月○日
  ○○地方裁判所　御中

                      原  告  ○ ○ ○ ○  印
  〒○○○－○○○○  ○○県○○市○○町○丁目○番○号
                      原     告  ○ ○ ○ ○
                      電  話   ○○○－○○○－○○○○
                      ＦＡＸ   ○○○－○○○－○○○○
  (送達場所)〒○○○－○○○○  ○○県○○市○○町○－○－○(実家)
                      送達受取人  ○ ○ ○ ○ (実父)
  〒○○○－○○○○  ○○県○○市○○町○丁目○番○号
                      被     告  ○ ○ ○ ○
```

第 1 章　訴状の記載事項と訴状審査　　49

【4】　訴状審査における「法定代理人・訴訟代理人」の確認は

Q 訴状審査において「法定代理人」及び「訴訟代理人」の記載はどのようにしてチェックされるのでしょうか。

A 訴状審査において、主なチェック事項は、①訴訟無能力者が当事者の場合に法定代理人が記載されているか、②法定代理人、訴訟代理人が特定されているか、③代理人許可申請の訴訟代理人が適当であるか、④訴訟代理人が認定司法書士であるときに訴額が簡易裁判所の事物管轄の範囲内にあるかです。これらの事項は請求の趣旨・原因の記載や戸籍謄本（全部事項証明書）、住民票写し、登記簿謄本（登記事項証明書）、委任状、資格証明書等の添付書類と照合してチェックします。

訴状審査の着眼点

1　訴訟無能力者が当事者の場合に法定代理人が記載されているか
2　法定代理人、訴訟代理人が特定されているか
3　代理人許可申請の訴訟代理人が適当であるか
4　訴訟代理人が認定司法書士であるときに訴額が簡易裁判所の事物管轄の範囲内にあるか

解　説

1　訴訟無能力者が当事者の場合に法定代理人が記載されているか

　未成年者及び成年被後見人は、原則として、親権者又は後見人などの法定代理人によらなければ訴訟行為をすることができません（民訴

31)。当事者がこれらの場合には、法定代理人の記載があるかを、戸籍謄本（全部事項証明書）や後見登記ファイル、家事審判書謄本と照合して確認します。共同親権者の場合には、親権者全員が記載されているかも確認します。

　なお、訴状の記載自体から被告が訴訟無能力者又は法人であることが明らかであるのに法定代理人や代表者の記載がないときは、訴状の必要的記載事項（民訴133②一）の法定代理人の記載を欠くとして、原告に対し、補正命令（民訴137①）を発することになります。

② 法定代理人、訴訟代理人の特定がされているか

　法定代理人の特定は住所及び氏名によるので、これらが記載されているかを確認します（民訴133②一、民訴規2①一）。訴訟代理人は訴状の必要的記載事項ではありませんが、民事訴訟規則2条1項1号により、訴訟代理人の住所及び氏名も訴状に記載することとされているので、これらの事項を記載して訴訟代理人が特定されているかを確認します（民訴規2①一）。また、訴訟代理人が弁護士、司法書士の場合にはその資格の記載があるかも確認します。

　法定代理人及び訴訟代理人の氏名住所は、戸籍謄本（全部事項証明書）、後見登記ファイル、家事審判書謄本、委任状、資格証明書、指定書、登記簿謄本（登記事項証明書）等と照合して確認します。

　弁護士法人が受任した場合でも弁護士法人自体が訴訟代理人となるものではないので、当事者の表示は法定受任か個人受任かによる差異はありませんが、「弁護士法人規程に関する表示等の確認事項」（平成13年12月20日理事会決議）では、法人受任の場合にはその旨を代理人の資格の前に表記する例が示されています。また法人受任か個人受任かは委任状により確認します。

第1章　訴状の記載事項と訴状審査　　51

③　代理人許可申請の場合に訴訟代理人として適当であるか

　簡易裁判所においては、弁護士以外の者も代理人となることができる（民訴54①）ことから、代理人許可申請がある場合には、訴訟代理人として適当であるかを確認します。許可代理人として認められるケースとしては、同居の親族等一定の関係にある者（ただし、手続遂行能力があり、当事者本人と利益相反するものでないこと）、法人の従業員、法務担当者（事件内容を把握している特定の担当者に限定）が挙げられます。

　提出された代理人許可申請書のチェックは、①手数料として収入印紙500円分（民訴費3①・別表1⑰イ(イ)）が貼付されているか、②添付書類として当該事件の委任状のほか、法人であれば社員証明書、個人であれば続柄が記載された住民票写しなどが提出されているかを確認します。また、委任状に訴えの取下げや和解などの特別授権事項（民訴55②）も記載されているかも確認します。

④　訴訟代理人が認定司法書士であるときに訴額が簡易裁判所の事物管轄の範囲内にあるか

　認定司法書士（司法書士法3②）は、請求の価額140万円を超えないものについては、裁判所の許可なく代理人になることができます（司法書士法3①六〜八、裁判所法33①一）ので、訴状の請求の趣旨・原因の記載により、代理権の範囲内かを確認します。

52　　第1章　訴状の記載事項と訴状審査

書式例

○訴状（代理人の記載例）

訴　　状

平成○年○月○日

○○地方裁判所　御中

原　　告　　○　○　○　○　印

当事者の表示　　別紙当事者目録記載のとおり

（別　紙）

当 事 者 目 録

（未成年者の場合）

〒○○○－○○○○　　○○県○○市○○町○丁目○番○号

原　　告　　　　　　○　○　○　○

同所

同法定代理人親権者父　　○　○　○　○

同所

同法定代理人親権者母　○　○　○　○

（当事者複数に代理人が付いている場合）

〒○○○－○○○○　　○○県○○市○○町○丁目○番○号

原　　告　　　　　　　○　○　○　○

〒○○○－○○○○　　○○県○○市○○町○丁目○番○号

原　　告　　　　　　　○　○　○　○

〒○○○－○○○○　　○○県○○市○○町○丁目○番○号

上記両名訴訟代理人弁護士　○　○　○　○

以　上

○簡易裁判所における訴訟代理人許可申請書

平成○年（ハ）第○○○号　○○請求事件
　原告　○○○○
　被告　○○○○

訴訟代理人許可申請書

平成○年○月○日

○○簡易裁判所　御中

申請者（原告）　○　○　○　○　印

　上記当事者間の御庁頭書請求事件について、下記の者を訴訟代理人として許可されたく申請します。

記

1　代理人の表示
　　住　　所　　○○県○○市○○町○丁目○番○号
　　氏　　名　　○○○○
　　本人との関係　　妻
2　申請の理由
　　本件に関しては……
3　添付書類
　　診断書、戸籍謄本、委任状　　各1通

第1章　訴状の記載事項と訴状審査

【5】　訴状審査における「委任状・資格証明書」の確認は

Q　訴訟代理人の「委任状」を作成して提出しますが、委任状はどのような点がチェックされるのでしょうか。また、当事者が未成年者や法人等の場合、法定代理人や代表者等の資格を証明するための「資格証明書」が必要とされていますが、具体的にはどのような書面になるのでしょうか。

A　訴状審査において、訴状に添付された訴訟代理人の委任状を確認する際には、原告の住所氏名が記載され、名下に押印があるか、委任を受けた代理人の住所氏名の表示があるか、裁判所名、当事者名、事件名が特定されているか、作成年月日が記載されているかを確認します（民訴規2①参照）。また、委任する旨の文言のほか委任事項の確認もします。特に、特別授権事項（民訴55②）が記載されているかを確認します。

　法定代理人や法人の代表者等の資格を証明するためには書面で証明しなければなりません（民訴規15・18）ので、訴状審査においてはこれらに該当する書面が訴状に添付されているかを確認します。具体的にどのような書面が資格証明書になり得るのかは、[4]記載の一覧表のとおりです。これらの資格証明書が提出されない場合には、訴訟能力、法定代理権又は訴訟行為をするのに必要な授権がないものとして、期間を定めて補正を命じられることになります（民訴34①）。

訴状審査の着眼点

[1]　委任状に必要な事項が記載されているか
[2]　共同親権者、共同代表者による委任が必要ではないか

第1章　訴状の記載事項と訴状審査　　55

3　弁護士以外の代理人の場合に権限が制限されていないか
4　資格証明書が添付されているか

解　説

1　委任状に必要な事項が記載されているか

　委任状の記載事項は、①原告の住所氏名及び押印（法人の場合は、代表者の記名押印）、②委任を受けた代理人の住所氏名、③裁判所名、④当事者名、⑤事件名、⑥作成年月日、⑦委任する旨の文言、⑧委任事項、特に、特別授権事項（民訴55②）です。訴状審査では、これらの事項が記載されているか確認します。特別授権事項の中では、取下げや和解は訴訟進行上よくある訴訟行為なので、記載漏れがないかを確認します。また、法人の場合、会社の名称のみが表示され、会社の社印のみが押印されている場合もあるので、その場合は代表者の記名押印について補正を促します。

　簡易裁判所においては、司法書士法3条2項による法務大臣の認定を受けた司法書士が訴訟代理人になることが認められています。その場合の委任状には、司法書士の中でも認定業務司法書士（認定司法書士）でなければ簡易裁判所の訴訟代理人になることができない趣旨から、簡裁訴訟等代理関係認定番号が記載されているので、この番号の記載があるかを確認します。なお、委任状は訴訟代理権を証明する書面ですので、原本で提出する必要がありファクシミリでの提出はできません（民訴規3①三）。

2　共同親権者、共同代表者による委任が必要ではないか

　当事者が未成年者で法定代理人が共同親権者の場合や法人に共同代表者の定めがある場合には、委任状にそれらの者全員が委任する旨を

記載しているかを確認します。

③ 弁護士以外の代理人の場合に権限が制限されていないか

訴訟委任による代理人は、原則として弁護士でなければなりません（民訴54①）が、簡易裁判所においては、前述の認定司法書士のほか、訴え提起後に裁判所の許可を得て、弁護士でない者も訴訟代理人になることができます（民訴54①ただし書）。この場合に代理人許可申請書のほかに委任状があるか、法人の社員が代理人となる場合には社員証明書があるかを確認します。

訴訟代理人が弁護士である場合には特別授権事項のほかは、訴訟代理権を制限することができません。これに対し、簡易裁判所における訴訟代理人の訴訟代理権については制限することができ（民訴55③）、その旨は書面で明示しなければなりません（民訴規23①）。簡裁訴訟代理関係業務を認められた司法書士についても、同様に、当事者は代理権を制限することができると解されています（小林昭彦＝河合義光『注釈司法書士法（第3版）』162頁（テイハン、平成19年））。したがって、弁護士以外の代理人の場合は、特別授権事項以外の訴訟代理権についても確認する必要があります。

④ 資格証明書が添付されているか

訴状の添付書類として法定代理権、代表権又は訴訟行為をすることについて必要な権限があることを証する書面（民訴規15・18）を添付する必要がありますので、これらの書面が添付されているかを確認します。これらの資格証明書が提出されない場合には、訴訟能力、法定代理権又は訴訟行為をするのに必要な授権がないものとして、期間を定めて補正を命じられることになります（民訴34①）。

添付を要する資格証明書の例は次の一覧表のとおりです。

第1章　訴状の記載事項と訴状審査　　57

当事者→訴訟行為者等	権限を証明する書面（資格証明書）
未成年者→親権者、後見人	戸籍謄本（全部事項証明書）、家事審判書謄本
成年被後見人→後見人	登記事項証明書
不在者→不在者財産管理人	家事審判書謄本
当事者→特別代理人（民訴35)	選任された場合は記録に選任書が編綴されているので、証明書は不要
被保佐人→保佐人 被補助人→補助人	被保佐人、被補助人の訴え→保佐人、補助人の同意書、家事審判書謄本又は登記事項証明書 保佐人、補助人の訴え（代理権付与の審判があった場合）→家事審判書謄本又は登記事項証明書
選定者→被選定者	選定書
株式会社等の代表取締役、代表社員、清算人	代表者事項証明書
国（法務大臣）	（不要）
地方公共団体の知事・市町村長	（代表権を証明する書面は不要）
支配人	登記簿謄本（登記事項証明書）
代理人（国民金融公庫等）	登記簿謄本（登記事項証明書）又は代理人証明書
国→指定代理人	法務大臣の指定書
破産管財人、更生管財人	裁判所の書記官作成の証明書

58 第1章 訴状の記載事項と訴状審査

＜参考判例など＞

○法定代理権又は訴訟行為をするのに必要な授権を証明する書面が、何らかの事由によりその訴訟記録にあるときは、これを引用してその権限を証明することはできるが、別件の訴訟記録のものを引用することはできないとした事例（大判昭10・6・19（昭9（オ）2875））

書式例

○訴訟委任状

訴 訟 委 任 状

平成○年○月○日

〒○○○－○○○○

○○県○○市○○町○丁目○番○号

委任者　　○　○　○　○　印

　私は、次の弁護士を訴訟代理人と定め、下記の事件に関する各事項を委任します。

　　弁護士　○　○　○　○

　　住　所　〒○○○－○○○○　　○○県○○市○○町○丁目○番○号

　　　　　　　　　　　　　　○○法律事務所

　　　　　　電　話　　○○○－○○○○－○○○○

　　　　　　ＦＡＸ　　○○○－○○○○－○○○○

記

第1　事　件

　1　相手方　　　被告　○○○○

　2　裁判所　　　○○地方裁判所

　3　事件の表示　○○請求事件

第2　委任事項

　1　原告がする一切の行為を代理する権限

第1章　訴状の記載事項と訴状審査　　59

2　反訴の提起
3　訴えの取下げ、和解、請求の放棄若しくは認諾又は訴訟参加若
　しくは訴訟引受けによる脱退
4　控訴、上告若しくは上告受理申立て又はこれらの取下げ
5　手形訴訟、小切手訴訟又は少額訴訟の終局判決に対する異議の
　取下げ又はその取下げの同意
6　復代理人の選任

【6】 訴状審査における「管轄」の確認は

Q 訴状審査において、「管轄」はどのように確認されるのでしょうか。審査の結果、管轄がないと判断される場合はどうなりますか。

A 管轄とは、各裁判所が審理する事件の分担・範囲の定めです。訴状の提出を受けた裁判所において、その事件を審理することができるのかという点を確認します。

　訴状審査において、管轄に関して主に確認すべきポイントは、「請求の趣旨及び請求の原因」、「当事者の表示（当事者目録）」、「合意管轄に関する主張及び証拠書類」の3つです。

　「請求の趣旨及び請求の原因」中、訴訟物及び訴訟物の価額を確認することで、職分管轄（手続の性質に応じた管轄）、事物管轄（簡易裁判所と地方裁判所の分担）、特別裁判籍（民事訴訟法5～7条の特別の定めによる管轄）、客観的併合請求における関連裁判籍が明らかとなります。

　民事第1審訴訟事件に関しては、請求の内容が専属管轄に属する事件か否かや、家庭裁判所又は高等裁判所の管轄に属する事件でないことの確認も行われます。

　「当事者の表示（当事者目録）」からは、土地管轄や併合請求における裁判籍等を確認することができます。

　いずれによっても管轄がないように思われる場合でも、当事者間の合意に基づく管轄（民訴11）である旨の主張及び証拠書類の有無を確認します（ただし、管轄合意が排除される事件を除きます。）。

　審査の結果、管轄が認められない場合には、原告に意図や意向を確認します。実務の運用では、法定の専属管轄違背等を除き、その

裁判所で審理を求める理由等について書面で提出を求め、移送又は回付、自庁処理（訴状提出裁判所が自ら審理・裁判を行う決定）、あるいは、応訴管轄（民訴12）が生じる可能性があるので、他に訴状の不備がなければ被告に訴状副本を送達して訴訟手続を進行する等の判断がなされます。

訴状審査の着眼点

1. 訴状を受け取った裁判所に管轄があるか
2. 合意管轄の有無
3. 専属管轄の有無

解　説

1　訴状を受け取った裁判所に管轄があるか

　管轄は、原告の訴え提起によって訴訟に巻き込まれる被告との公平の要請から、証拠が集中する地点における審理上の便宜から、専門性の高い分野の審理充実という公益的な要請から等、様々な観点から定められています。当事者の公平及び便宜という点では、その趣旨から当事者の合意や応訴による管轄が許容されるものです。

　管轄の大まかな分類は次の表のとおりです。

根拠による分類		根拠等
法定管轄	法律の定めによる	
合意管轄	当事者の合意による。第一審についてのみ、法定の任意管轄と異なる合意可。	民訴11
応訴管轄	被告の応訴（管轄違いの抗弁を提出せず、本案について弁論をする等）による。擬制陳述では応訴とはいえず、口頭陳述又	民訴12

	は明示陳述であることを要する。	
指定管轄	裁判所の指定による	民訴10
法定管轄のうち、裁判権分掌の基準による分類		根拠等
職分管轄	種別・機能に応じた管轄 第一審裁判所にかかる審級管轄も含まれる。	
土地管轄	次の※に応じた管轄	
※普通裁判籍	被告の住所、法人の主たる事務所又は営業所等	民訴4
※特別裁判籍	特定の事件内容にのみ認められる裁判籍 例）財産上の訴えにおける義務履行地、不法行為地、不動産所在地、登記又は登録地等	民訴5〜7等
事物管轄	簡易裁判所と地方裁判所の分担。不動産に関する訴訟は、訴額にかかわらず地方裁判所にも競合して管轄権がある（裁判所法33①一・24一）。	訴額が140万円を超える事件は地裁（裁判所法33①一）
法定管轄のうち、その性質による分類		根拠等
専属管轄	法定管轄以外の他の管轄は排除。違背は控訴理由となる（民訴299）。	民訴6、340、人訴4①、民執19等
任意管轄	法定管轄以外の他の管轄も認める。土地管轄と事物管轄は任意管轄。違背しても控訴審で争うことはできない（民訴299）。	

　管轄は、訴え提起の時を標準として定められます（民訴15）。

　訴状を受け取ったときは、請求を見極め、訴額を確定させ、管轄を認定します。

第1章 訴状の記載事項と訴状審査 63

　訴状中、「請求の趣旨及び請求の原因」、「当事者の表示（当事者目録）」、「合意管轄に関する主張及び証拠書類」によって、審級管轄、事物管轄（不動産訴訟の場合は注意）、土地管轄（各裁判籍）、専属管轄又は合意管轄の有無の確認、併合請求であれば、民事訴訟法7条及び38条も留意します。

　管轄権が認められない場合（専属管轄権違背の場合を除きます（民訴13①）。）でも、応訴管轄が生じる可能性がありますから、原告の意図や意向を確認し、その裁判所で審理を求めるのであればその理由等を書面で求め、審理を進めるかどうかについて検討します。

② 合意管轄の有無

　土地管轄等がなくても合意管轄が認められる場合があります。したがって、訴状審査においては合意管轄の有無を確認します。

　管轄の合意は、訴訟契約です。民事訴訟法11条には、第一審裁判所についての合意であること、一定の法律関係に基づく訴えである（合意の効力が及ぶ範囲が特定されている）こと、書面又は電磁的記録によって合意したことが必要であることが定められています。また、合意の内容として、管轄裁判所が1個又は数個特定されていること（法定管轄の一部を除外する合意でもよい。）、専属管轄の定めがないこと（民訴13①）も要件です。

　合意管轄の効力は、原則として当事者のみを拘束し、第三者には及びません。特定承継人に効力が及ぶかについては、物権の場合には、その権利内容が法定されていることから特定承継人には及ばず、債権の場合には、特定承継人にも及ぶと考えられています（裁判所職員総合研修所監修『民事実務講義案Ⅰ（五訂版）』34頁（司法協会、平成28年））。

③ 専属管轄の有無

　前述のとおり、専属管轄であるか否かは、訴訟手続に大きな影響を及ぼします。そこで、訴状審査においては、専属管轄の有無を確認します。

　審級管轄を含む職分管轄は、原則として専属管轄です。その他、専属管轄は、法律が個別に記載しています。実務上一般的なものは次のとおりです。

民事訴訟法に定められているもの	
知的財産権に関する訴え 　再審の訴え	民訴6 民訴338、340
人事訴訟法に定められているもの	人訴4①
民事執行法に定められているもの	民執19
請求異議の訴え 　執行文付与の訴え 　執行分付与に対する異議の訴え 　第三者異議の訴え	民執35・33 民執33 民執34・33 民執38③
会社法に定められているもの	会社835、848等
破産法に定められているもの	破173②

参考例

○管轄のチェックポイント

```
              当 事 者 目 録

  仙台市○○区○○町○丁目○番○号

      原　　告　　　○　○　○　○
```

第1章 訴状の記載事項と訴状審査　　　65

千葉市○○区○○町○丁目○番○号（注1）
　　被　　告　　○　○　○　○

第1　請求の趣旨
　1　被告は、原告に対し、30万円（注2）を支払え。
　2　被告は、原告に対し、別紙物件目録記載の建物を引き渡せ。
第2　請求の原因
　〔省略〕
　・貸金30万円と所有権に基づく建物明渡請求
　・建物評価額は200万円
　・貸金の契約に東京簡裁を管轄裁判所とする合意あり

（別　紙）
　　　　　　　　物　件　目　録

　　所　　　在　　仙台市○○区○○町○丁目○番○号（注3）
　　〔家屋番号、種類、構造、床面積は省略〕

（注1）　被告の普通裁判籍は千葉簡裁と千葉地裁
（注2）　財産上の訴えの義務履行地を管轄する仙台簡裁と仙台地裁
（注3）　不動産所在地である仙台簡裁と仙台地裁

　　建物評価額200万円×2分の1（所有権に基づく引渡し）＝100万円
　　貸金30万円＋100万円＝130万円（訴額）‥事物管轄は簡裁
　　不動産に関する訴訟であり、地裁にも管轄。
　　合意管轄である東京簡裁にも管轄。
　　併合請求の裁判籍により仙台簡裁、仙台地裁、千葉簡裁、千葉地裁、東京簡裁に管轄。

【7】 訴状審査における「訴訟物の価額・評価証明書・印紙」の確認は

Q 訴状審査において確認される事項として「手数料の納付」が掲げられていますが、その前提となる「訴訟物の価額」、不動産訴訟等の場合にその算定の基礎となる「評価証明書」はどのようにチェックされるのでしょうか。

また、「手数料の納付」を証明する「印紙」とはどのようなものでしょうか。

A まず、「訴訟物の価額」は、「訴訟物の価額の算定基準について」（昭31・12・12民甲412民事局長通知）（以下「民事局長通知」といいます。）に基づいて、算定されます。その際の基礎資料が訴訟物の本来の価額を証明する「評価証明書」ですので、当該目的物の「評価証明書」であるか、その評価がされているか、また評価に対応した金額になっているか、評価年度又は評価日が確認されます。

また、「手数料」は、「訴訟物の価額」を基に民事訴訟費用等に関する法律に当てはめて算定されるものです。

この算定された「手数料」を裁判所に払い込むために用いられるのが「印紙」です。

つまり、訴状審査の対象である「手数料の納付」を確認するために、「訴訟物の価額」「評価証明書」「印紙」が確認されます。

訴状審査の着眼点

1 「評価証明書」が、専門家若しくは公的機関により評価されたものであるか
2 「訴訟物の価額」が民事局長通知に基づき算定されているか

第1章　訴状の記載事項と訴状審査　　　67

③　「印紙」が、民事訴訟費用等に関する法律により算定された額に応じて貼付されているか

解　説

①　専門家若しくは公的機関により評価されたことを示す「評価証明書」か

訴訟物の価額の前提となる目的物の価額を疎明するために用いられる「評価証明書」（疎明方法等）としては、次のようなものがあります。

目的物	評価証明書（疎明方法等）
不動産（土地）	固定資産評価証明書 固定資産評価額がないものは、第三者の取引価格証明書 取引価格も明らかでないものは、近隣又は類似土地の固定資産評価証明書
不動産（建物）	固定資産評価証明書 固定資産評価額がないものは、「新築建物課税標準価格認定基準表」及び「経年減価補正率表」
動産（建設機械、備品等、地方税法341条4号の償却資産を含みます。）	固定資産評価証明書 固定資産評価額のないものは、第三者による取引価格や購入価格証明書等（この証明が難しい場合は、原告の申出価格を記載した上申書等）

なお、目的物の価額を算定することができないとき、又は極めて困難であるときは、その価額は140万円を超えるものとみなされます（民訴8②）。

第1章 訴状の記載事項と訴状審査

2 「訴訟物の価額」が民事局長通知に基づき算定されているか

訴訟物の価額は、目的物の価額を前提として、民事局長通知に基づき算定されます。

訴えの種類・目的	訴額の算定方法
確認の訴え	
所有権	目的物の価額全額
占有権	目的物の価額の3分の1
地上権、永小作権、賃借権	目的物の価額の2分の1
地役権	承役地の物の価額の3分の1
形成の訴え	
詐害行為取消	原告の債権の金額 ただし、取り消される法律行為の目的の価額の方が低額である場合はその価額
境界確定	係争地域の物の価額
給付の訴え	
金銭の支払	請求金額 ただし、将来の給付を求めるものは、請求金額から中間利息を控除した金額
不動産の明渡し・動産の引渡し	所有権、地上権、永小作権、賃借権（使用借権を含みます。）又は賃貸借契約の解除等に基づく場合……目的物の価額の2分の1 占有権に基づく場合……目的物の価額の3分の1
登記関係の訴え	
所有権移転登記	目的物の価額の全額

担保物権設定・移転登記	優先順位の担保物権がない場合、被担保債権の金額であるが、目的物の価額が被担保債権の金額に達しないときは、物の価額

　ただし、上記のうち、土地を目的とする訴訟については平成6年4月1日から当分の間、固定資産評価額に2分の1を乗じて計算した金額を基準とします（平6・3・28民二79民事局長通知）。例えば、所有権に基づく建物収去土地明渡請求の場合、土地の固定資産評価額×2分の1×2分の1と計算されます（建物収去については土地明渡しの手段ですから、独立した請求権として計算する必要はありません。）。

③　「印紙」が民事訴訟費用等に関する法律により算定された額に応じて貼付されているか

　「印紙」とは、訴訟物の価額に応じた手数料としての収入印紙をいいます。訴訟物の価額と手数料の関係については、民事訴訟費用等に関する法律により定められており、訴訟物の価額に応じ、きちんと算定されているか否か、また訴状に印紙が貼付されているかが確認されます（民訴費3①・8本文）。

　ただし、納付する手数料の額が100万円を超える場合には、現金で納付することができます（民訴費8ただし書、民訴費規4の2①）が、実務ではあまり利用されていません。

　なお、民事訴訟費用等に関する法律5条に手数料を納めたものとみなす場合が規定されていますので、これに該当する場合には印紙の貼付は必要ありません。

70 第1章 訴状の記載事項と訴状審査

書式例

○訴状（手数料の納付）

> 収入
> 印　紙
>
> 訴　　　状
>
> ○○請求事件
> 　訴訟物の価額　　○○○万円
> 　ちょう用印紙額　○万○○○○円
>
> 附　属　書　類
>
> 1　評価証明書（固定資産評価証明書）　　1通

第1章　訴状の記載事項と訴状審査　　71

【8】　訴状審査における「請求の趣旨・請求の原因」の確認は

Q　「請求の趣旨・請求の原因」は必要的記載事項とされていますが、訴状審査においては主にどのような点が審査・確認されるのか教えてください。また、当事者が複数の場合にどのような点に留意すべきでしょうか。

A　①原告が求める審判の対象、すなわち請求が特定されているか、②請求の原因について、請求を特定する事実及び請求を理由づける事実が記載されているか、③訴えの利益があるか、の3点が主要な審査・確認事項です。そのため、どのような権利に基づいて何を求めているのか、当該権利又は法律関係を発生又は消滅させるために必要な事実の主張に不備や不足はないか、請求の趣旨と請求の原因の内容に齟齬はないかといった確認や証拠との照合等が行われます。

　当事者が複数の場合、請求の趣旨に、各当事者の権利・義務の範囲が明確に記載されているか、請求の原因に、当事者のうち、誰にどのような権利又は義務があるのかが明確に記載されているかという点に留意する必要があります。

訴状審査の着眼点

1　請求の特定がなされているか
2　請求原因について、請求を特定する事実及び請求を理由づける事実が記載されているか
3　訴えの利益があるか

第1章　訴状の記載事項と訴状審査

解　説

1　請求の特定がなされているか

1　請求の特定

　訴状には、請求の趣旨及び原因を記載しなければなりません（必要的記載事項）（民訴133②二）。請求の趣旨及び原因によって、原告が求める審判の対象が特定され、裁判所はこれについて判断することになります（処分権主義）（民訴246）。また、被告も審判対象が特定されているからこそ、認否、抗弁を行うことができるのです。さらに、請求の特定は、二重起訴の禁止（民訴142）、既判力の客観的な範囲（民訴114①）、訴えの変更（民訴143①）、訴えの併合（民訴136）、再訴禁止（民訴262②）を考える上でも重要です。

　必要的記載事項に特定不足等の不備がある場合には、まず、書記官が補正を促し（民訴規56）、これに応じないときは、裁判長は相当の期間を定めて補正命令を発し（民訴137①）、これが補正されない場合には命令で訴状を却下しなければなりません（民訴137②）。

　では、不備とはどのようなものでしょうか。請求の趣旨の記載を欠いているような場合、又はそれが不明確であっても、請求の趣旨は訴状全体の記載から判断しなければならず（大判明35・10・21民録8・9・111）、それでも不明な場合と判示されています。

2　請求の趣旨

　「請求の趣旨」とは、原告が求める判決の内容を簡潔に示すものです。訴状審査においては、請求の趣旨に、請求の態様と範囲が簡潔かつ確定的に示されているかを確認します。記載の仕方は、請求が認容されたときの判決主文に対応する内容になります（民訴253①一・114①）。「貸金○万円」等の性質は記載しないのが通例です。

　訴えは①給付の訴え、②確認の訴え、③形成の訴えに分類されます。

第1章　訴状の記載事項と訴状審査　　73

各類型の具体的な記載例は次のとおりです。

(1)　給付の訴えにおける請求の趣旨

「被告は、原告に対し、○万円を支払え。」、「被告は、原告に対し、別紙物件目録記載の建物を明け渡せ。」

給付権利者・義務者、給付の内容（目的物の特定又は種類数量の特定）及び給付命令文言を記載します。

(2)　確認の訴えにおける請求の趣旨

「原告が、別紙物件目録記載の土地につき、所有権を有することを確認する。」、「原告と被告間の平成○年○月○日締結の金銭消費貸借契約に基づく原告の被告に対する○円の債務が存在しないことを確認する。」

確認の対象である権利又は法律関係を特定して記載します。なお、確認の訴えの場合、請求の趣旨のみによって、請求が特定されます。

(3)　形成の訴えにおける請求の趣旨

「『被告の平成○年○月○日第△回定時株主総会おいてされた甲を取締役に選任する旨の決議を取り消す。』との判決を求める。」、「『別紙物件目録記載の土地のうち、別紙図面の斜線部分（○○平方メートル）は原告に、その余の部分は被告に分割する。』との判決を求める。」

判決によって形成の効果が生ずる法律関係を明確に記載します。

なお、訴訟費用の裁判は、職権で裁判しなければなりませんし、仮執行の宣言は、申立てがなくとも職権で付すことができます（手形又は小切手金の請求等、仮執行宣言が必要的なものもあります。）が、請求の趣旨に、訴訟費用の裁判の申立て及び仮執行宣言の申立て（ただし、登記手続を命ずる判決等、仮執行宣言が付されないものがあります。）が記載されているのが通例です。

3　請求の原因

「請求の原因」とは、請求の趣旨と相まって請求を特定するのに必

要な事実をいいます（民訴規53①）。また、「請求の原因」については、民事訴訟規則53条1項は、請求を理由づける事実も記載しなければならないとしています。

　請求の原因には、訴訟物である権利又は法律関係を発生又は消滅させるために必要な事実が記載されますが、具体的な内容は実体法規の解釈によって決まります。特定請求原因としての請求の原因と理由付け請求原因にそれぞれ不備がないかを確認します（特定請求原因と理由付け請求原因については②参照。）。一部請求の場合には、その旨が記載されているかを確認します。

　4　複数当事者の請求の趣旨と請求の原因

　原告が複数である場合には、各原告の権利の範囲（給付の訴えであれば給付範囲）を、被告が複数である場合には、各被告の義務（給付の訴えであれば給付義務の範囲）が、請求の趣旨に明らかにされているかを確認します。

　また、請求の原因には、当事者のうち、誰にどのような権利又は義務があるのかが明確になるように記載されていることが必要です。散見される補正事例は、被告が複数であるのに、請求原因中の主体が単に被告と記載され、被告のうちの誰であるかがはっきりしない等です。複数当事者の場合の請求の趣旨の例は次のとおりです。

・「被告らは、原告に対し、連帯して、5万円を支払え。」（連帯債務）
・「被告らは、原告に対し、各自5万円を支払え。」（不可分債務、連帯債務又は不真正連帯債務等）
・「被告らは、原告に対し、合同して5万円を支払え。」（手形法上の合同債務）
・「被告甲は、原告に対し、5万円を、被告乙は、原告に対し、10万円を支払え。」（可分債務等）
・「被告甲は、原告に対し、（100万円の限度で被告乙と連帯して）200

第1章　訴状の記載事項と訴状審査　　75

万円を、被告乙は、原告に対し、被告甲と連帯して、100万円を支払え。」（根保証等）

・「被告は、原告ら各自に対し、5万円を支払え。」

5　簡易裁判所における特則

簡易裁判所においては、請求の原因に代えて、紛争の要点で足りるという特則（民訴272）があります。訴え提起時点では請求が特定されていなくとも足りますが、原告が口頭弁論終結時までに請求を特定しないときは、訴え却下判決がなされます（裁判所職員総合研修所監修『民事実務講義案Ⅲ（五訂版）』9頁（司法協会、平成27年））。

少額訴訟においては、原則一回の審理で結審するという特色から、第1回口頭弁論期日の前に請求を特定する事実及び請求を理由づける事実が主張されなければなりません。

② 請求原因について、請求を特定する事実及び請求を理由づける事実が記載されているか

1　請求を特定する事実

請求を特定する事実（特定請求原因）については①の3記載のとおりです。通常、特定請求原因は理由付け請求原因（民訴規53①）に含まれるので、理由付け請求原因で、双方の事実の記載を兼ねています。物権及び債権の特定請求原因の具体例は次のとおりです。

（1）　物権の特定請求原因

「原告は、本件土地を所有している。」

物権は、同一対象物の上に同一内容の権利が重複して存在することはないために、権利主体、物権の対象物、権利内容の記載で特定されます。

（2）　債権の特定請求原因

「原告は、被告に対し、平成○年○月○日、○を代金○円で売り渡

した。」

　同一当事者間に同一内容の権利が複数存在し得るので、権利主体、義務者、権利内容、権利の発生原因である事実を記載します。

　2　請求を理由付ける事実

　前述のとおり、特定請求原因は理由付け請求原因（民訴規53①）に含まれるのが通常です。しかし、両者の概念は異なるものであり、その記載がない場合の対応にも差異があります。例えば、特定請求原因の記載を欠く場合は、補正命令の対象ですが、理由付け請求原因の記載を欠く場合は補正命令の対象とはなりません。また、前者は訴状却下命令（民訴137）又は不適法として訴え却下判決（民訴140）を受けますが、後者は請求棄却となります。それから、いわゆる欠席判決をするためには、単に訴状に特定請求原因が記載されているだけでは足らず、理由付け請求原因が記載されていなければなりません。したがって、訴状審査においては、理由付け請求原因の記載も、その対象とすることが実務慣行になっています（裁判所職員総合研修所監修『民事訴訟法講義案（三訂版）』85頁脚注2（司法協会、平成28年））。

3　訴えの利益があるか

　訴えの利益とは、個々の請求内容について、本案判決による紛争解決の必要性及び実効性を検討するための訴訟要件です。訴えの利益がなければ、どんなに素晴らしい請求の趣旨・原因を訴状に記載しても、不適法な訴え（民訴140）となります。訴えの種類ごとの訴えの利益に関する留意点は次のとおりです。

　1　給付の訴え

　現在の給付の訴えは、既に履行期を徒過した給付請求権の存在を主張するものですから、訴えの利益が認められます。将来給付について

第1章　訴状の記載事項と訴状審査　　　77

は、あらかじめその請求をする必要がある場合に限って許されます（民
訴135）。

2　確認の訴え

確認の訴えの場合は、いかなることも確認の対象になるのでしょう
か。この点、単なる事実の確認、過去の法律関係の確認等は原則とし
て訴えの利益がありません。確認判決による法的解決が、原告の権利
又は法律的地位に対する現在の不安、危険を取り除くために、必要か
つ適切な場合に認められます。

3　形成の訴え

法律に個別的に規定がある場合にのみ許されているものですから、
原則として訴えの利益は認められます。

78　　第1章　訴状の記載事項と訴状審査

【9】　訴状審査における「附帯請求」の確認は

Q　利息を組入れした元本とこれに対する遅延損害金について、貸金返還請求訴訟をしたいのですが、組入れした利息及び遅延損害金はそれぞれ「附帯請求」となるのか、どのように確認されるのでしょうか。

A　「附帯請求」であるかどうかは、まず、利息と遅延損害金が、民事訴訟法9条2項に定める訴訟物に該当するものか、また、それが主たる請求から発生し、これと併合して請求されているのかを確認します。

　貸金元本は主たる請求であり、これと併合して請求されている遅延損害金は「附帯請求」となります。利息そのものは法定果実に該当するため「附帯請求」となるようにも思われますが、元本に組入れ（約定や民405）した場合、遅延損害金の発生元金となることから、「附帯請求」ではなく、元本とは独立した請求と評価されます（小川英明・宗宮英俊・佐藤裕義共編『事例からみる訴額算定の手引き(3訂版)』67頁（新日本法規出版、平成27年））。

　また、支払済みまでの遅延損害金を請求する場合には、訴状において確定金額を示すことはできませんが、元金、利率（割合）、起算日及び終期が明示され、計算が可能な記載となっているかが確認されます。それらの各要素について、請求の原因や証拠との整合性もチェックポイントです。

訴状審査の着眼点

①　「果実、損害賠償、違約金又は費用（民訴9②）」が、訴額に算入されるものか否か

第1章　訴状の記載事項と訴状審査　　79

② 確定金額が明示されているか。確定できない場合には、対象元金、利率（割合）、起算日及び終期等が明示されているか

③ 確定金額で示されない場合、附帯請求の請求始期の記載は正確であるか

④ 利率（割合）の記載は正確であるか

解　説

① 「果実、損害賠償、違約金又は費用（民訴9②）」が、訴額に算入されるものか否か

訴状審査において、事物管轄（裁判所法33①、民訴8①・9）、少額訴訟手続き利用の可否（民訴368）、司法書士の代理権（司法書士法3①六・七）などの確認、また、納付すべき手数料算定の基礎として、訴額（訴訟物の価額）が確認されるところですが、「附帯請求」については、訴額に算入されません（民訴費4①、民訴9②）。よって、何が附帯請求であるかは、それらに影響を与えることになります。

まず、主たる請求とは、その訴訟において、本来的に目的とする原告の被告に対する権利又は法律関係の存否の主張です。これに対し、「附帯請求」とは、主たる請求を発生原因として生じ、主たる請求と併合して副次的に請求するものをいいます。

民事訴訟法9条2項に列挙される訴訟物について、附帯の目的（附帯請求）である場合は、訴額に算入しないと定められていますので、それらが主たる請求から発生し、併合して請求されているものか、請求の趣旨及び請求の原因を確認します。

民事訴訟法9条2項記載の訴訟物は、次の表のとおりです。

果実（民88）	天然果実（竹、果物の実等） 法定果実（利息、地代、家賃等）

遅延損害金	主たる請求の履行遅滞に基づく損害賠償 ただし、履行に代わる損害賠償（填補賠償）、独立した不法行為に基づく損害賠償は含まれず、損害賠償額の予定（民420①）のうち遅延賠償の性質でないものも同様。
違約金	民法420条3項所定のもの ただし、遅延賠償の性質を有するものに限定される。
費　用	主たる請求の権利行使に要した費用（履行催告費用、拒絶証書作成費用（手形法48①三・49三）、調停費用等） （注）　当該訴訟の訴訟費用はこれに含まれない。

　なお、一部弁済等によって消滅した元本部分に対する利息等であっても、残元本に併合して請求する場合には、「附帯請求」として扱います（裁判所職員総合研修所監修『民事実務講義案Ⅰ（五訂版）』41頁（司法協会、平成28年））。

　また、主たる請求を除いて附帯請求部分のみを独立して請求する場合には、「附帯請求」には当たらず、訴額となります。

②　確定金額が明示されているか。確定できない場合には、対象元金、利率（割合）、起算日及び終期等が明示されているか

　金銭請求の場合には、確定金額を記載します。遅延損害金等のように確定金額を示すことができないときにも、元金、利率（割合）、起算日及び終期等、計算することができる要素が特定されているか確認します。例えば、「被告は、原告に対し、10万円及びこれに対する平成○年○月○日から支払済みまで年5分の割合による金員を支払え。」、「被告は、原告に対し、別紙物件目録記載の建物を明け渡せ。被告は、原告に対し、平成○年○月○日から上記明渡済みまで1か月○円の割合による金員を支払え。」等です。

第1章　訴状の記載事項と訴状審査　　81

③　確定金額で示されない場合、附帯請求の請求始期の記載は正確であるか

上記②記載の確定金額で示されない遅延損害金等について、訴状審査中に、請求始期の記載に疑義が生じることがあります。

訴状送達の日の翌日、弁済期の翌日、不法行為の日、代位弁済日（民459②・442②）又は同翌日、催告による支払期限の翌日、退職又は解雇の日の翌日、支払を催促する書面が届いた日から20日を経過した日（割賦販売法30の2の4・35の3の17）の翌日、最終支払日の翌日、手形の満期の翌日（手形法28②・48・49・78①）、判決確定の日の翌日等、請求によってさまざま考えられるところですが、請求の原因や「よって書き」との整合性、日付の誤記や証拠との齟齬がないかを確認します。

事前求償権の行使である場合、支払済みまでの遅延損害金が請求されていないかも確認されます。

④　利率（割合）の記載は正確であるか

利率、年365日の日割計算等の計算方法についても、上記③と同様に、請求の原因や「よって書き」との整合性、証拠との齟齬がないかを確認します。

約定利率、民事法定利率（民419①・404）、商事法定利率（商514）、利息制限法（改正前適用か改正後適用か）、消費者契約法9条2号、割賦販売法30条の3、同法35条の3の18、賃金の支払の確保等に関する法律6条、同施行令1条等に照らし、主張を確認します。

なお、民法の一部を改正する法律（平成29年法律44号）により民事法定利率は3パーセントに改正され、商事法定利率については商法514条が削除されました（平成29年法律45号）（いずれも平成29年6月2日公布、平成32年4月1日施行）。

【10】 訴状審査における「重要な間接事実等の記載・事実と証拠との対応関係の記載」の確認は

Q 訴状審査において、「重要な間接事実等の記載・事実と証拠との対応関係の記載」が確認される事項として掲げられていますが、訴状にはどのようなことを記載するのでしょうか。記載する趣旨は何でしょうか。また、不備があった場合には補正命令の対象になる事項なのでしょうか。

A 民事訴訟規則53条により、訴状には請求の趣旨及び原因等を記載する他に、「立証を要する事由ごとに、当該事実に関連する事実で重要なもの及び証拠」つまり予想される争点ごとに主要事実の存否の推認に役立つ具体的事実及び証拠を記載しなければなりません。

なお、証拠の記載については、請求の原因欄の具体的事実を記載した部分に「(甲第1号証)」等と付記をし、証拠方法欄に「甲第1号証 金銭消費貸借契約書」等と記載することになります。

これらを訴状に記載することにより、裁判所においては早期に争いのある事件か否かの振り分けができるようになり、被告においても早期に争点に対する対応が可能になり、スムーズな訴訟進行を図ることができるようになります。

「重要な間接事実等の記載・事実と証拠との対応関係の記載」の不備等があっても、これは訴状の必要的記載事項（民訴133②）ではないので、補正命令（民訴137）の対象にはなりませんが、任意の補正の促し（民訴規56）の対象になる場合があります。

第1章　訴状の記載事項と訴状審査　　83

訴状審査の着眼点

1　「重要な間接事実等」が訴状に記載されているか
2　訴状に記載されている事実と証拠との間に齟齬がないか

解　説

1　「重要な間接事実等」が訴状に記載されているか

　民事訴訟規則53条には、訴状には、請求の趣旨及び請求の原因を記載するほか、請求を理由づける事実を具体的に記載し、「立証を要する事由ごとに、当該事実に関連する事実で重要なもの」を記載しなければならないと規定されています。

　まず、「立証を要する事由」とは、予想される争点という意味です。「当該事実に関連する事実で重要なもの」とは、請求を理由づける事実（主要事実）の存否を推認するのに役立つ事実である間接事実で重要なものという意味です。

　したがって、民事訴訟規則53条にいう、「立証を要する事由ごとに、当該事実に関連する事実で重要なもの及び証拠を記載しなければならない。」とは、予想される争点ごとに、主要事実の存否の推認に役立つ具体的事実及び証拠を記載する、という意味になります。例えば、貸金返還請求訴訟では、主要事実である金銭の交付の事実の存否を推認させる原告が被告に金銭を交付する前後の状況や事情がこれに当たります。

　訴状審査においては、上記のような具体的事実が記載されているかが確認されます。

　このような事実が記載されることにより、裁判所は早期に争いのある事件であるか否かの振り分けが可能になり、争点中心審理へつなげ

ていくことが可能になります。また、被告においても原告が想定している争点を訴状を受け取った段階から把握できることになります。

一方で、被告を過剰に刺激するような記載をしたり、争点が明らかになっていない場合に先回りの主張をしたりすることで、かえって無意味な争いを増やし、訴訟の進行に混乱を引き起こすおそれもありますので、場合によっては簡潔な記載にとどめる等事案に応じた工夫も必要です。

2 訴状に記載されている事実と証拠との間に齟齬がないか

証拠の記載に当たっては、請求の原因欄に記載された事実に、「原告は、被告に対し、平成○年○月○日、○万円を貸し付けた。(甲第1号証)」の「(甲第1号証)」のように付記した上で、証拠方法欄に「甲第1号証　金銭消費貸借契約書」と記載します。

訴状審査に当たっては、請求の原因欄に記載された事実と証拠方法欄に記載された証拠に齟齬がないかが確認されます。具体的には、上記の例では、請求の原因欄に貸し付けたと記載している一方で、証拠方法欄に「売買契約書」等の全く関係がないような証拠が記載されてはいないかが確認されます。

重要な間接事実等や証拠を訴状に記載するのは、①裁判所が早期に争いがあるか否かを把握し、②争いがある場合にその争点を当事者及び裁判所間で共有することにあるので、このような確認がなされます。

第1章　訴状の記載事項と訴状審査　　85

書式例

○訴状（重要な間接事実等の記載・事実と証拠との対応関係の記載／貸金返還請求において被告が金銭を借りた事実を争っている例）

請　求　の　趣　旨

　被告は、原告に対し、○万円を支払え。

請　求　の　原　因

1　原告は、被告に対して、平成○年○月○日、弁済期を平成○年○月○日として、○万円を貸し付けた（甲第1号証）。
2　平成○年○月○日を経過しても返済はされず、その後原告が被告に連絡をしたところ、平成○年○月○日に、被告から、今は支払えないので支払を待ってほしい旨記載された手紙が原告に届いた（甲第2号証）。
3　原告は、被告に対し、消費貸借契約に基づき、元金○万円の支払を求める。

証　拠　方　法

1　甲第1号証　借用書
2　甲第2号証　被告作成の手紙

【11】 訴状審査における「引用した書証の写しの添付等」の確認は

Q 訴状審査において、「引用した書証の写しの添付等」が確認される事項として掲げられていますが、書証の写しを訴状に添付する根拠は何で、どのような点を確認されるのでしょうか。また、不備があった場合には、補正命令がなされるのでしょうか。

A 訴状には、立証を要する事由ごとに、当該事実に関連する事実で重要なもの及び証拠を記載しなければなりません（民訴規53①）。そして証拠を記載する場合、多くは、当該事実に「（甲第1号証）」等と付記をします。例えば、売買契約の成立が争点ならば、「請求の原因」に「原告と、被告は、平成○年○月○日、次のとおり売買契約を締結した（甲第1号証）。」等と記載し、「証拠方法」に「甲第1号証　売買契約書」等と記載します。

また、訴状には、その請求の原因に記載した立証を要する事由につき示した（引用した）証拠方法のうち文書の写し、つまり書証の写しで重要なものを添付しなければなりません。この根拠は民事訴訟規則55条2項です。したがって、上記の例では、請求の原因で記載した「甲第1号証」に当たる文書の写し（書証の写し）である売買契約書等の書証を添付しなければなりません。なお、不動産に関する事件の場合は登記簿謄本（登記事項証明書）を、手形又は小切手に関する事件の場合は手形又は小切手の写しを、民事訴訟規則55条1項に基づいて訴状に添付しなければなりません。

民事訴訟規則55条によって訴状に添付された書類は、理論上は書証の申出の際に提出すべき文書の写し（民訴規137①）ではないので、

第1章　訴状の記載事項と訴状審査　　　87

この文書の写しを兼ねることを示す場合には、当該書類に書証番号を付すなどして明らかにする必要があります。

　訴状審査においては、請求の原因で引用された書面が訴状に添付されているか、請求の原因の記載と添付されている書証との間に齟齬がないか（上記の例では、甲第1号証として「売買契約書」ではない書面が添付されていないか、売買契約の内容が訴状と書証との間で異なっていないか等）が確認されます。

　「引用した書証の写しの添付等」に関連する不備等があっても、これは訴状の必要的記載事項（民訴133②）ではないので、補正命令（民訴137）の対象にはなりませんが、任意の補正の促し（民訴規56）の対象になる場合があります。

訴状審査の着眼点

① 　訴状で引用されている書証が添付されているか
② 　添付された書証に落丁や乱丁がないか、通数は適当か
③ 　引用されている書証と訴状の記載内容の間に明らかな齟齬がないか

解　説

①　訴状で引用されている書証が添付されているか

　訴状には、立証を要する事由ごとに、当該事実に関連する事実で重要なもの及び証拠を記載しなければなりませんし（民訴規53①）、立証を要する事由につき、証拠となるべき文書の写しで重要なものを添付しなければなりません（民訴規55②）。つまり、立証を要する事由、すなわち争いのある事実については、その証拠を訴状に記載するとともに、重要なものについては、その証拠の写し（書証写し）を訴状に添付しなければなりません。

訴状審査においては、訴状に記載されている書証が添付書類として提出されているかが確認されます。例えば訴状の証拠方法欄に、「甲第1号証　売買契約書」と記載されている場合には、売買契約書の写しが添付されているか、逆に関係のない書証が添付されていないかが確認されます。

また、攻撃防御方法を記載した訴状は準備書面を兼ね（民訴規53③）、文書を準備書面に引用した当事者は、裁判所又は相手方の求めがあるときは、その写しを提出しなければならない（民訴規82①）ので、重要な書証でなくとも訴状で書証を引用した場合には、裁判所又は相手方から求められれば、その写しを提出しなければなりません。

なお、理論上は、訴状の添付書類（民訴規55）は、書証の申出の際に提出すべき文書の写し（民訴規137①）ではないので、この文書の写しとしても添付する場合には、書証番号を付すなどして文書の写しを兼ねることを示す必要があります（最高裁判所事務総局民事局監修『条解民事訴訟規則』123頁（司法協会、平成9年））。

請　求　の　原　因

1　原告は、被告に対し、平成○年○月○日、弁済期を平成○年○月○日として○万円を貸し付けた（甲第1号証）。

2　よって、原告は、被告に対し、上記消費貸借契約に基づき○万円の支払を求める。

証　拠　方　法

1　甲第1号証　金銭消費貸借契約書

上記の例では、金銭消費貸借契約書の写しが訴状に添付されているかが審査（点検）されます。

第1章　訴状の記載事項と訴状審査　　　89

② 添付された書証に落丁や乱丁がないか、通数は適当か

　第1回口頭弁論期日から争点を明らかにするために重要な書証の添付が要請されていますので、その添付された書証に落丁や乱丁があっては、円滑な訴訟進行に支障を来す可能性があります。そこで、添付された書証に乱丁や落丁等がないか、書証の写しの文字が鮮明であるかも点検される場合もあります。

　また、訴状に添付する書証の写しは、民事訴訟規則137条1項に規定する文書の写しの提出を兼ねることができますので、兼ねている場合には写しの部数が適正であるかも点検されます。写しの通数は、2通（当該文書を送付すべき相手方の数が2以上であるときは、その数に1を加えた通数（民訴規137①)。）とされています。

③ 引用されている書証と訴状の記載内容の間に明らかな齟齬がないか

　上記のとおり、第1回口頭弁論期日から争点を明らかにするために重要な書証の添付が要請されていますので、引用されている書証と訴状の記載内容に明らかな齟齬があった場合は、無用な争点が作出されるおそれがあります。そこで、提出されている書証の写しと、訴状の記載内容とに明らかな齟齬がないか点検します。

　例えば、契約書に記載された契約日が1月10日となっているのに、訴状に契約日として10月10日と記載されているような場合は、訴状の補正を促すことがあります（民訴規56）。

【12】 訴状審査における「原告又はその代理人の郵便番号及び電話番号（ファクシミリの番号を含む。）」の確認は

Q 訴状審査において、原告又はその代理人の郵便番号及び電話番号（ファクシミリの番号を含みます。）の確認はどのように行われるのでしょうか。また、電話番号やファクシミリの番号を相手方に知られたくない場合はどうしたらよいでしょうか。

A まず、記載の有無を確認します。記載されていない場合は、記載するように補正の促しをします。記載されている場合、委任状等の添付書類と照合します。また、相手方に知られたくない場合は、裁判所に秘匿希望の旨を申し出ます。

訴状審査の着眼点

1. 原告又はその代理人の郵便番号及び電話番号（ファクシミリの番号を含みます。）が記載されているか
2. 原告又はその代理人の郵便番号及び電話番号（ファクシミリの番号を含みます。）が委任状等の添付書類に記載されている番号と一致しているか
3. 電話番号やファクシミリの番号を知られたくない旨の申出の有無

第1章　訴状の記載事項と訴状審査　　　91

解　説

1　原告又はその代理人の郵便番号及び電話番号（ファクシミリの番号を含みます。）が記載されているか

　1　原告又はその代理人の郵便番号及び電話番号（ファクシミリの番号を含みます。）を記載する根拠と目的

　記載する根拠は、民事訴訟規則53条4項です。記載する目的は、郵便番号については送達の際に必要なので、送達の便宜のためです。電話番号については、電話を利用した事実上の連絡を行うためと、電話会議の方法による弁論準備手続（民訴170③）、書面による準備手続（民訴176③）、進行協議期日における手続（民訴規96①）などを実施するためです。ファクシミリの番号については、ファクシミリによる書面の提出や書類の送付（民訴規3・47①）のためです。

　2　記載方法

　原告が複数の本人訴訟の場合、原告全員について記載します。原告に代理人がいる場合は、その代理人の郵便番号及び電話番号（ファクシミリの番号を含みます。）を必ず記載します。これは、送達や電話連絡や電話会議等の対象が代理人だからです。原告本人と代理人の双方を記載しても差し支えありません。電話やファクシミリが複数ある場合は、前記記載の目的に鑑み、裁判所の勤務時間中に連絡がつく電話やファクシミリの番号を記載します。複数記載しても差し支えありません。

2　原告又はその代理人の郵便番号及び電話番号（ファクシミリの番号を含みます。）が委任状等の添付書類に記載されている番号と一致しているか

　代理人がいる場合は、委任状記載の郵便番号、電話番号、ファクシ

ミリ番号と照合して確認します。代理人が付いていない場合は、原告の郵便番号、電話番号、ファクシミリ番号について、添付書類、例えば添付書証写し（契約書等）と照合します。記載がなければ、原告本人又は代理人に確認し、補正を促します。補正の促しに応じないからといって、補正命令（民訴137）を発することはできません。

③ 電話番号やファクシミリの番号を知られたくない旨の申出の有無

　前記目的から明らかなように、代理人が付いていれば代理人について電話番号やファクシミリの番号（以下、本項において「電話番号等」といいます。）を記載すればよいので、原告本人の電話番号等を記載する必要はありません。しかし、代理人がいない本人訴訟の場合、被告に電話番号等が知れると嫌がらせや脅迫・強要などの電話やファックスが頻繁にくるおそれがあるなどの理由で、被告には電話番号等を知られたくないという場合があります。このような場合は、裁判所に電話番号等を秘匿にしてほしいという希望を申し出ればよいのです。この場合、裁判所から疎明資料（裏付け資料）の提出を求められることもあります。疎明資料としては、陳述書、診断書（嫌がらせにより加療中の場合）などが考えられます。これが認められれば相手方に送達される訴状に電話番号等を記載しなくても大丈夫です。原告の電話番号等は裁判所だけが把握します。なお、秘匿については、後掲【19】も参照してください。

第1章　訴状の記載事項と訴状審査　　　93

書式例

○訴状（原告の郵便番号、電話番号、ファクシミリ番号の記載例）

訴　　状

平成○年○月○日

○○地方裁判所　御中

原告訴訟代理人弁護士　　○　○　○　○　印

〒○○○－○○○○　○○県○○市○○町○丁目○番○号
原　　　告　　　　○　○　○　○
〒○○○－○○○○　○○県○○市○○町○丁目○番○号
○○法律事務所（送達場所）
原告訴訟代理人弁護士　　○　○　○　○
電　話　○○○－○○○－○○○○
ＦＡＸ　○○○－○○○－○○○○
〒○○○－○○○○　○○県○○市○○町○丁目○番○号
被　　　告　　　　○　○　○　○

○秘匿希望申出書

平成○年（ワ）第○○号
原　告　○○○○
被　告　○○○○

秘匿希望申出書

平成○年○月○日

○○地方裁判所　御中

原　告　○　○　○　○　印

上記当事者間の○○請求事件について、下記1の秘匿すべき項目につき、下記2の秘匿希望する相手に対し、下記3の秘匿希望理由により秘匿したいので、その旨申し出ます。

1　秘匿すべき項目
　　原告の電話番号及びファクシミリの番号
2　秘匿希望する相手
　　被告
3　秘匿希望理由
　　本件は、原告が債務不存在確認を求める訴訟であるところ、陳述書記載のとおり、被告は昼夜を問わず頻繁に不当な請求の電話をしてくるため、原告は電話番号を変更したものです。その威圧的・脅迫的内容は疎明資料として提出したＣＤ（留守番電話録音）のとおりです。原告の新しい電話番号やファクシミリの番号が被告に知れると、脅迫的内容の電話やファックスが頻繁に来るようになり、原告の生命又は身体に対して危害が加えられることが予想され、重大な結果を招来する可能性が高いため秘匿を希望します。

第1章　訴状の記載事項と訴状審査　　95

【13】　訴状審査における「証拠保全事件の表示」の確認は

Q　訴状審査において、「証拠保全事件の表示」の確認はどのように行われるのですか。また、証拠保全事件以外の付随事件は訴状に表示しなくてもよいのですか。

A　訴状に「証拠保全事件の表示」が記載されている場合において、証拠保全をした裁判所と訴状を提出した裁判所が同一であれば、受訴裁判所の書記官が事件簿により確認します。異なる場合は、証拠保全事件の表示を端緒として受訴裁判所の書記官が証拠保全裁判所に証拠保全記録の送付を求めますので（民訴規154参照）、訴状記載の証拠保全裁判所に問い合わせて確認します。訴状の請求原因等の記載から証拠保全を実施したことがうかがわれるのに、訴状に証拠保全事件の表示がない場合は、原告又はその代理人に証拠保全の有無を確認します。

　また、民事訴訟規則で訴状に記載することが要求されているのは証拠保全事件だけです。民事保全事件、強制執行停止申立事件、訴訟救助付与申立等の付随事件については、必ずしも記載する必要はありません。しかし、訴状に記載すると事件の審理・進行に有益なので、記載した方がよいと思われます。

訴状審査の着眼点

1　訴状の請求原因等の記載から証拠保全が実施されたことがうかがわれるか
2　証拠保全のための証拠調べを行った裁判所及び証拠保全事件の表示が記載されているか

96 第1章 訴状の記載事項と訴状審査

③ 証拠保全事件以外の民事保全事件、強制執行停止申立事件、訴訟
救助付与申立事件等の付随事件があるか

解　説

① 訴状の請求原因等の記載から証拠保全が実施されたことが
うかがわれるか

1　証拠保全のための証拠調べを行った裁判所及び証拠保全事件の
表示を記載する根拠と目的

記載する根拠は民事訴訟規則54条です。訴え提起前に証拠保全のた
めの証拠調べが行われたときは、訴状にその証拠調べを行った裁判所
及び証拠保全事件の表示を記載しなければなりません（民訴規54）。記
載する目的は、証拠保全記録を本案訴訟記録の存する裁判所（受訴裁
判所）に確実に送付するためです。

民事訴訟規則154条は、証拠保全のための証拠調べが行われた場合
には、その証拠調べを行った裁判所の書記官は、本案の訴訟記録の存
する裁判所の書記官に対し、証拠調べに関する記録（証拠保全記録）
を送付しなければならない旨を定めています。この証拠保全記録は、
本案訴訟の証拠資料として審理に役立つことが多いので、その送付が
確実に履践されることが望まれます。しかし、現実には、当事者から
証拠保全のための証拠調べが実施された旨の申告がない限り、これを
送付することは困難です。そこで、証拠保全記録の送付を確実に履践
し実効化するため「証拠調べを行った裁判所及び証拠保全事件の表示」
を訴状に記載することとしたのです（最高裁判所事務総局民事局監修『条解
民事訴訟規則』120頁（司法協会、平成9年））。受訴裁判所（本案裁判所）の書
記官は、この表示を端緒として証拠保全裁判所に証拠保全記録の送付
を求め、証拠保全裁判所の書記官は民事訴訟規則154条に基づき記録

第1章　訴状の記載事項と訴状審査　　97

を送付します。

　2　訴状の請求原因等の記載から証拠保全が実施されたことがうか
　　がわれるか

証拠保全事件の表示を記載する目的は上記のとおりなので、例えば、訴状の請求原因中に「証拠保全の申立てを行った」とか「訴え提起前に証拠調べを実施した」など、証拠保全を行ったことがうかがわれる記載があるのに、訴状に表示が記載されていない場合は、原告又はその代理人に証拠保全のための証拠調べを行った裁判所（証拠保全裁判所）と事件番号を確認します。

② 証拠保全のための証拠調べを行った裁判所及び証拠保全事件の表示が記載されているか

　1　訴状に「証拠保全事件の表示」が記載されている場合の記載内
　　容の確認

証拠保全をした裁判所と訴状を提出した裁判所が同一であれば、受訴裁判所の書記官が事件簿により証拠保全のための証拠調べを行った裁判所（証拠保全裁判所）と事件番号を確認します。異なる場合は、証拠保全事件の表示を端緒として、受訴裁判所の書記官が証拠保全のための証拠調べを行った裁判所（証拠保全裁判所）に証拠保全記録の送付を求めますので（民訴規154参照）、訴状記載の証拠保全裁判所に問い合わせをして証拠保全裁判所と事件番号を確認します。

　2　証拠保全のための証拠調べを行った裁判所及び証拠保全事件の
　　表示の記載方法

　「証拠保全のための証拠調べを行った裁判所」は、証拠保全を実施した裁判所です。書記官が記録送付依頼をする宛先でもあるので、支部、簡裁まで正確に記載しますし、部や係が分かる場合は記載します。

98　　第1章　訴状の記載事項と訴状審査

また、「証拠保全事件の表示」は、当該証拠保全事件の事件番号を記載します（例えば、「平成○年（モ）第○○号」）。

記載方法は、後掲【37】の7の記載例のように請求原因中に記載する例と、請求原因の後に次のように記載する例（後記書式例参照）があります。

【証拠保全事件の表示】
　1　証拠保全をした裁判所　　○○地方裁判所民事○部
　2　事件番号　　　　　　　　平成○年（モ）第○○号

なお、訴状に記載するのは「訴え提起前に証拠保全のための証拠調べが行われたとき」なので、証拠保全の申立てが取り下げられ、又は却下された等の理由により、現実に証拠保全のための証拠調べが行われなかった場合には記載する必要はありません（民訴規54・154、最高裁判所事務総局民事局監修『条解民事訴訟規則』120頁・320頁（司法協会、平成9年））。

③　証拠保全事件以外の民事保全事件、強制執行停止申立事件、訴訟救助付与申立事件等の付随事件があるか

1　証拠保全事件以外の民事保全事件、強制執行停止申立事件、訴訟救助付与申立事件等の付随事件の有無の確認と訴状記載

民事訴訟法や民事訴訟規則上、証拠保全事件以外の付随事件について訴状に記載する根拠はありません。しかし、これらの付随事件を裁判所が把握しておくことは、例えば、本案事件について和解が成立した場合に民事保全申立てや強制執行停止申立ての取下げや担保に関する条項の作成に有益ですし、請求異議等の執行関係訴訟において強制執行停止等が先行している場合に強制執行停止等の認可、変更、取消しの裁判をすることができますし（民執37①・36①）、訴訟救助付与の申

第1章 訴状の記載事項と訴状審査　　99

立てについても、訴え提起手数料の審査や和解の場合の訴訟費用負担
の条項の作成に有益です。したがって、訴状に記載する実益はあるの
で、記載した方がよいと思われます。

　もっとも、記載がないからといって補正命令の対象にはなりません
し、実務では、上記付随事件や関連事件についての情報収集は、訴状
審査の際に行わず、第1回期日前の参考事項の聴取（民訴規61）として行
われています（裁判所職員総合研修所監修『民事実務講義案Ⅰ』79頁（司法協
会、平成28年））。

　裁判所が前記付随事件の存在を認知した場合は、裁判所では訴状審
査票に記載したり、記録表紙に記載するなどして審理・進行の参考に
するために情報共有し、注意喚起しています。

　2　付随事件の表示の記載方法

　民事保全事件の場合は、請求原因中に適宜、「仮差押命令を得た（○
○地方裁判所民事○部平成○年（モ）第○○号）。」と記載する例や、
請求原因とは別に「付随事件の表示」という見出しを付し、保全裁判
所名と事件番号、事件名（仮差押命令申立事件、仮処分命令申立事件
等）を記載する例があります。

　強制執行停止申立事件の場合も同様ですが、請求の趣旨に記載する
場合もあります（（例）「○○裁判所が平成○年○月○日にした平成○
年（モ）第○○号強制執行停止決定はこれを認可する。」）。

　また、訴訟救助付与申立事件の場合は、訴状冒頭部分の手数料印紙
額（ちょう用印紙額）欄に「訴訟救助付与申立てにつき貼付しない」
などと記載します。

100　　第1章　訴状の記載事項と訴状審査

> 書式例

○訴状（証拠保全事件の表示）

訴　　　状

平成○年○月○日

○○地方裁判所　御中

原告訴訟代理人弁護士　　○　○　○　○　印

当事者の表示　　別紙当事者目録記載のとおり

請　求　の　趣　旨

1　・・・・・・

請　求　の　原　因

1　・・・・・・

【証拠保全事件の表示】
1　証拠保全をした裁判所　　○○地方裁判所民事○部
2　事件番号　　　　　　　　平成○年（モ）第○○号
【付随事件の表示】
○○地方裁判所民事○部　平成○年（モ）第○○号
不動産仮差押命令申立事件

証　拠　方　法

1　・・・・・・

附　属　書　類

1　・・・・・・

第1章　訴状の記載事項と訴状審査　　101

【14】　訴状審査における「事件の表示（事件名）」の確認は

Q　訴状審査において、「事件の表示（事件名）」の確認はどのように行われるのですか。また、裁判所が事件名を変更することはできますか。

A　訴状に記載する事件の表示（民訴規2①二）は、当事者が適宜に記載する事件名です。したがって、事件の表示（事件名）の確認は、①訴状に事件名が記載されているか、②その事件名が訴えの内容と合致しているか、という観点で確認します。

　また、裁判所が事件名を変更することは、原則としてありません。ただし、事件名が請求内容と著しく相違している場合は例外的に変更することがありますし、若干の修正をする場合もあります。

> ### 訴状審査の着眼点
> 1　事件の表示（事件名）が記載されているか
> 2　事件の表示（事件名）が訴えの内容と合致しているか
> 3　1通の訴状で複数の請求をしている場合の事件名

解　説

1　事件の表示（事件名）が記載されているか

　訴状に記載する「事件の表示」は、当事者が適宜に記載する事件名（「貸金請求事件」など）です（裁判所職員総合研修所監修『民事実務講義案Ⅰ（五訂版）』23頁（司法協会、平成28年））。記載する根拠は、民事訴訟規則2条1項2号です。判決などの裁判書において「事件の表示」とは裁判所、事件番号及び事件名で特定し記載されますが、訴状作成の段階では事

件番号が分かりませんので、訴状に記載を要求するのは事件名ということになります。訴状審査においては、まず、事件の表示があるか、すなわち事件名が記載されているかをチェックします。なければ、記載を求めます。

　もっとも、事件の表示は訴状の「必要的記載事項」（民訴133②）ではありませんので、この記載がないからといって補正命令を発することはできません。しかし、事件の表示すなわち事件名は、当事者と裁判所が共通認識を持ち、最終審まで同じ名称が維持されるもので、事件を特定する上でも重要なものです。人間でいえば「名前」のようなものですので、請求内容を端的かつ的確に表現する事件名を付すことが肝要です。

② 事件の表示（事件名）が訴えの内容と合致しているか

1　事件の表示（事件名）の審査

　次に、訴状に記載されている事件名が訴えの内容（請求内容）と合致しているかをチェックします。これは、訴状の請求の趣旨及び原因と照合します。貸金請求なのに「賃金」としたり、売買代金請求なのに「請負代金」と記載している場合は、当然補正を促します。

2　事件名の変更・修正

　裁判所が事件名を変更することは、原則としてありません。ただし、事件名が請求内容と著しく相違している場合は例外的に変更することがありますし、若干の修正をする場合もあります。例えば、建物を収去して土地明渡しを求める訴えなのに「建物明渡」と記載して補正の促しにも応じない場合に「建物収去土地明渡」と訂正したり、「貸金請求事件」を「貸金等請求事件」というように「等」を入れるような場合です。このように例外的に裁判所が変更・修正する場合には、必ず当事者に連絡し、共通認識を得ておきます。

第1章　訴状の記載事項と訴状審査　　103

③ 1通の訴状で複数の請求をしている場合の事件名

　1通の訴状で複数の請求をする場合（例えば、建物明渡請求と未払賃料請求）、そのうちの主要な請求を事件名とし、「等」を付すのが一般的です（例えば「建物明渡等請求事件」）。

書式例

〇訴状（事件の表示）

```
                      訴　　　状
                                  平成〇年〇月〇日
〇〇地方裁判所　御中

                    原告訴訟代理人弁護士　　〇　〇　〇　〇　　印

      当事者の表示　　別紙当事者目録記載のとおり

売買代金等請求事件
　訴訟物の価額　　〇〇〇万円
　ちょう用印紙額　〇万〇〇〇〇円

                      請　求　の　趣　旨

1　・・・・・・

                      請　求　の　原　因

1　・・・・・・
```

104 第1章 訴状の記載事項と訴状審査

【15】 訴状審査における「附属書類の表示」の確認は

Q 附属書類とはどのようなものですか。訴状審査において、「附属書類の表示」の確認はどのように行われるのですか。また、添付書類とは違うのですか。

A 附属書類とは、訴状とともに提出する書類で、資格証明書、委任状、訴状副本、書証写しなどです。附属書類は、当事者や事件類型等により異なります。具体的な附属書類は、「解説」を参照してください。「附属書類の表示」の確認は、訴状に「附属書類」又は「添付書類」と表示された書類の標目及び通数と実際に訴状に添付された書類とを照合して行います。また、訴状の記載内容から見て当然に添付しなければならない書類が「附属書類の表示」に記載され、かつ、実際に添付されているかも確認します。したがって、「附属書類の表示」には、必要な添付書類の標目及びその通数をもれなく、正確に記載し、忘れずに訴状とともに提出しなければなりません。

なお、民事訴訟規則2条1項3号では「附属書類の表示」と規定していますが、実務では添付書類と同じと理解しています。

訴状審査の着眼点

1 「附属書類の表示」の記載があるか
2 「附属書類の表示」に記載された書類と実際に訴状に添付されている書類の標目及び通数が一致しているか
3 訴状の記載内容から当然に「附属書類の表示」に記載すべき書類が脱漏していないか。また、その通数に過不足はないか

第1章　訴状の記載事項と訴状審査　　　105

解　説

1　「附属書類の表示」の記載があるか

1　附属書類の表示

　附属書類とは、訴状とともに提出する書類で、資格証明書、委任状、訴状副本、書証写しなどです。「附属書類の表示」は、訴状とともに提出する書類の標目及びその通数を記載するものです。訴状審査においては、まず、この「附属書類の表示」の記載があるかを確認します。

2　主な附属書類

　具体的な附属書類は、事件の当事者や訴訟類型、証拠内容などによって異なりますが、主な附属書類は次のとおりです。

　(1)　委任状その他の資格証明書

　訴訟委任状（訴訟代理人の場合）、現在事項証明書・代表事項証明書（法人代表者）、戸籍謄本（全部事項証明書）（親権者）、登記事項証明書（後見人）、選定書（選定当事者）、支配人登記簿謄本（現在事項証明書）、法務大臣の指定書（指定代理人）、裁判所書記官作成の証明書（破産管財人、更生管財人、民事再生手続における管財人）、役員選任に関する議事録写し（法人格なき社団等）。その他、訴え提起の許可を証する書面（破78②十・③、会更72②五、民再41①五・56④）、地方自治法96条1項12号に基づく議決書謄本

　(2)　民事訴訟規則55条1項等が定める添付書類

　登記事項証明書（不動産に関する事件）（民訴規55①一）、手形又は小切手写し（手形又は小切手に関する事件）（民訴規55①二）、定期金による賠償を命じた確定判決の変更を求める訴え（民訴117①）の場合、変更を求める確定判決の写し（民訴規49）、再審訴状の場合、不服の申立てに係る判決写し（民訴規211）。

106　第1章　訴状の記載事項と訴状審査

(3)　書証の写し

　立証を要する事由につき、証拠となるべき文書の写しで重要なもの（民訴規55②）を添付します。例えば、売買代金請求事件における売買契約書、建物明渡請求事件における賃貸借契約書などです。書証写しは、裁判所用のほか、被告の人数分の副本を提出します。また、書証写し提出に伴い、民事訴訟規則137条1項に基づき「証拠説明書」（裁判所用と被告分）も提出するのが一般的です。そして、書証は、通常、訴状に「証拠方法」として記載します（後掲書式例参照）。

(4)　訴状副本（民訴規58）

　訴状副本は、被告の人数分の通数を提出します。

(5)　その他の資料

　訴額算定のための資料（固定資産評価証明書等）や管轄の合意を証する書面（民訴11②③）（管轄合意書）

②　「附属書類の表示」に記載された書類と実際に訴状に添付されている書類の標目及び通数が一致しているか

1　「附属書類の表示」の確認

　訴状に「附属書類」又は「添付書類」として表示された書類の標目及び通数と実際に訴状に添付された書類とを照合して確認します。例えば、訴状副本の通数が被告の人数分よりも少ない場合は、追加提出してもらいます。

2　附属書類と添付書類

　民事訴訟規則2条1項3号では「附属書類の表示」と規定し、同規則55条では「訴状の添付書類」という見出しが付いていますが、実務では「附属書類」と「添付書類」は同義と理解し、訴状の記載でも「附属書類」という見出しを記載する例と「添付書類」という見出しを記載する例があります。

第1章　訴状の記載事項と訴状審査　　107

3　訴状の記載内容から当然に「附属書類の表示」に記載すべき
　書類が脱漏していないか。また、その通数に過不足はないか
　訴状の記載内容から見て当然に添付しなければならない書類が「附
属書類の表示」に記載され、かつ、実際に添付されているかも確認し
ます。例えば、貸金請求事件の請求原因に「金銭消費貸借契約書を作
成した。」とあるのに、附属書類として金銭消費貸借契約書写しの記載
も添付もない場合は、補正を促します。

書式例

○訴状（附属書類の表示）

証　拠　方　法

1　甲第1号証　登記事項証明書
2　甲第2号証　建物賃貸借契約書
3　甲第3号証　配達証明付内容証明郵便

附　属　書　類

1　訴状副本　　　　　　　　　　　　　1通
2　甲号証写し　　　　　　　　　　　各2通（注1）
3　証拠説明書　　　　　　　　　　　2通（注2）
4　評価証明書（固定資産評価証明書）　1通
5　訴訟委任状　　　　　　　　　　　1通

（注1・2）　被告が1名の場合、裁判所用1通と被告用1通で計2通になる。

【16】　訴状審査における「送達費用」の確認は

Q 訴状審査において、「送達費用」が確認される事項として掲げられていますが、その前提となる「納付方法」や「納付額」はどのようにチェックされるのでしょうか。また、「送達費用」の納付を猶予してもらえる手続はありますか。

A 「送達費用」は、裁判所が、当事者等に対し、書類を送達（送付）するために使用する費用であり（民訴費11①一）、当事者等はその費用の概算額をあらかじめ裁判所に納めなければなりません（民訴費12①）。「納付方法」は、郵便切手、現金納付、銀行振込、電子納付です。「納付額」は、各庁の取扱いにより異なります。郵便切手で納める場合には、訴状に「納付額」を記載しますので、訴状審査において、その額の郵便切手が納められているかどうか、各庁の取扱いに一致した額かどうか、使用可能な郵便切手であるかどうかを裁判官・書記官により確認されます。郵便切手以外で納める場合には、訴状に「納付額」を記載しませんが、納付後の訴状審査において、各庁の取扱いに一致した額かどうかを裁判官・書記官により確認されます。貧困等により、「送達費用」を納付できないときは、納付を一時的に猶予してもらえる「訴訟救助」という手続があります。

訴状審査の着眼点

1　「送達費用」の「納付方法」が適式か
2　「送達費用」の「納付額」が、各庁の取扱いと一致しているか
3　訴訟救助申立てがされているか

第1章　訴状の記載事項と訴状審査　　　　　109

解　説

1　「送達費用」の「納付方法」が適式か

　「送達費用」には、次の4種類の「納付方法」があります。郵便切手以外の納付に対応していない裁判所や未対応のインターネット銀行がありますので、それらを利用するときは、あらかじめ訴状提出先の裁判所に問い合わせましょう。

現金納付	訴状の受付係に現金納付したい旨を告げると保管金提出書を発行するので、必要事項を記載して、現金とともに裁判所の会計課（係）に提出する。
銀行振込	訴状の受付係に銀行振込したい旨を告げると保管金提出書と専用の振込用紙を発行するので、必要事項を記載する。その後、最寄りの金融機関に振り込み（振込手数料が必要）、金融機関から受け取った保管金受入手続添付書と保管金提出書を裁判所の会計課（係）に提出する。
	訴状の受付係に日本銀行に持参したい旨を告げると保管金提出書と保管金振込書・保管金領収証書を発行するので、必要事項を記載する。その後、裁判所の保管金を取り扱う日本銀行の支店又は一般代理店の窓口に現金を持参し（振込手数料は不要）、日本銀行から受け取った保管金領収証書と保管金提出書を裁判所の会計課（係）に提出する。
電子納付	訴状の受付係に電子納付したい旨と登録コード（※）を告げると、保管金提出書を発行するので、記載された納付番号等を使用して、インターネット銀行等から納付する（原則、振込手数料は不要）。 　ただし、あらかじめ、事前登録申請をして、（※）の登録コードを取得する必要がある。
郵便切手	郵便切手に損傷等がない使用可能な郵便切手であることを確認した上で小袋に入れて訴状に添付して納付する。

裁判所は、納められたお金や郵便切手を使用して送達（送付）しますが、不足する場合には書記官から連絡があるので、指示された額を指示された「納付方法」によって納めます。他方、事件が終了してなお残額がある場合には同一の「納付方法」により返還されます（郵便切手を納めた場合には郵便切手として返還され、お金として納めた場合にはお金として返還されます。）ので、返還された場合のことを考えて、お金で納付するか郵便切手で納付するかを選択します。訴状審査において裁判官・書記官から、いずれかの方法によって適式に納められているか確認されます。もし確認できないときは、相当の期間を定めて納付を命じられ（民訴138②・137①）、命令に従わなかったときは、訴状却下命令されることがあります（民訴138②・137②、賀集唱ほか編『基本法コンメンタール民事訴訟法2 第三版追補版』33頁（日本評論社、平成24年））。

2 「送達費用」の「納付額」が、各庁の取扱いと一致しているか

「納付額」は、各庁の取扱いにより異なりますので、あらかじめ訴状提出先の裁判所に取扱いを確認する必要があります。確認方法は、電話をして確認するか、裁判所によってはホームページに掲載していることがあるので、掲載している裁判所ならホームページで確認できます。郵便切手による「納付額」とお金による「納付額」が異なることもあるので注意が必要です。訴状審査において裁判官・書記官から、各庁の取扱いと一致した「納付額」であるか確認されます。もし取扱いよりも少ない額を納付した場合には、追納を求められることがあります（多い額を納付した場合であっても、事件が終了するまでは原則、返還を受けられません。）。

第1章　訴状の記載事項と訴状審査　　111

3　訴訟救助申立てがされているか

　「訴訟救助」とは、資力がない者に対して、「送達費用」や「訴え提起手数料」などの裁判費用などの支払を猶予する手続です（民訴82①・83①一）。その手続を受けるには、裁判所に対して、書面で、申立てをする必要があります（民訴規30①）。「送達費用」について「訴訟救助」を受けたいときは、訴状提出時には、「送達費用」は納めずに、代わりに「訴訟救助」を申し立てるのが一般的です。そこで、「送達費用」について「訴訟救助」を受けたい場合には、訴状に「予納郵便切手　訴訟救助申立てにつき不納付」などと記載して、「訴訟救助」を申し立てているために「送達費用」を納めなかったことを明らかにしておきます。裁判所が「訴訟救助」を認めるときは「送達費用」の支払が猶予され、一時的に国庫が「送達費用」を立て替えますが、認められなかったときは「送達費用」を納めなければなりません（納めなかったときの流れは、前掲①記載のとおりです。）。

| 書式例 |

○訴状（郵便切手の納付）

```
                    訴　　　状

○○請求事件
　訴訟物の価額　　○○○万円
　ちょう用印紙額　○万○○○○円
　予納郵便切手　　○○○○円
```

○訴状（訴訟救助申立て）

訴　　　状

○○請求事件
　訴訟物の価額　　○○○万円
　ちょう用印紙額　訴訟救助申立てにつき不貼付
　予納郵便切手　　訴訟救助申立てにつき不納付

○訴訟上の救助申立書

訴訟上の救助申立書

○○地方裁判所民事部　御中

　　　　　　　　　　　申立人代理人弁護士　　○　○　○　○　印

　　　申立人（原告）　　○　○　○　○
　　　相手方（被告）　　○　○　○　○

　上記当事者間の御庁平成○年（ワ）第○号○○請求事件について、申立人は、訴訟の準備及び追行に必要な費用を支払う資力がなく、かつ、勝訴の見込みがないとはいえないので、申立人に対し、訴訟上の救助を付与されるよう申し立てる。

疎　明　資　料

1　疎甲第1号証　○○○○
2　疎甲第2号証　○○○○

第1章　訴状の記載事項と訴状審査　　　113

【17】　訴状審査における「訴え提起期間」の確認は

Q　訴状審査において、「訴え提起期間」はどのようにチェックされるのでしょうか。また、なぜ「訴え提起期間」が定められているのですか。「訴え提起期間」を過ぎてから訴えを提起するとどうなるのですか。

A　「訴え提起期間」は、訴えを提起しなければならない期間であり、一定の訴えは、「訴え提起期間」内に提起する必要があります（「出訴期間」ともいいます。）。訴えの提起に期間制限が設けられたことにより、その期間が過ぎることにより訴訟では争えなくなり、早期に法律関係を安定させる効果が期待されているのです。訴状審査において、「訴え提起期間」内に提起したかどうかを裁判官・書記官により確認されます。また、「訴え提起期間」を過ぎてから訴えを提起すると、一般的には不適法として訴えの却下の判決がされます（民訴140、賀集唱ほか編『基本法コンメンタール民事訴訟法2 第三版追補版』36頁（日本評論社、平成24年））。

訴状審査の着眼点

① 「訴え提起期間」が定められているか

② 「訴え提起期間」が定められている場合には、「訴え提起期間」内に訴えが提起されているか

解　説

① 「訴え提起期間」が定められているか

「訴え提起期間」はすべての訴えに定められているわけではありません。「訴え提起期間」の定めの有無は、関連する法律の条文を確認す

るよりほかありません。ある場合には、関連する法律の条文に「○○
訴訟は、○○の日から○年を経過したときは、提起することができな
い。」などと規律されています。次の表は、「訴え提起期間」の定めが
ある事件種別の代表例です。訴状審査において裁判官・書記官から、
「訴え提起期間」の定めがあるか確認されます。

事件種別	条　文	訴え提起期間
行政事件の取消訴訟	行訴14	処分又は裁決があったことを知った日から6か月、処分又は裁決の日から1年
選挙訴訟	公選203①・207①	決定書若しくは裁決書の交付を受けた日又は告示の日から30日
	公選204	選挙の日から30日
	公選208①	告示の日から30日
収用委員会の裁決に関する訴え	収用133①	裁決書の正本の送達を受けた日から3か月
審決等に対する訴え	特許178③、新案47②、意匠59②、商標63②	審決又は決定の謄本の送達があった日から30日
対価の額についての訴え	特許183②、新案48②、意匠60②	裁定の謄本の送達があった日から6か月
会社の設立の無効の訴え	会社828①一	会社の成立の日から2年
株主総会等の決議の取消しの訴え	会社831①	株主総会等の決議の日から3か月
持分会社の設立の取消しの訴え	会社832	持分会社の成立の日から2年

占有保持の訴え	民201①	妨害の存する間又はその消滅した後1年（ただし、工事により占有物に損害を生じた場合において、その工事に着手した時から1年を経過し、又はその工事が完成したときは、これを提起することができない。）
嫡出否認の訴え	民 777、人訴41①	夫が子の出生を知った時から1年（夫が子の出生前に死亡したとき又は民法777条に定める期間内に嫡出否認の訴えを提起しないで死亡したときは、夫の死亡の日から1年）
認知の訴え	民787	父又は母の死亡の日から3年

その他の条文として、消防法6条1項、労働組合法27条の19第1項、海難審判法44条2項・3項、鉱業等に係る土地利用の調整手続等に関する法律49条、公認会計士法34条の63、金融商品取引法185条の18、犯罪被害財産等による被害回復給付金の支給に関する法律47条3項などがあります。

② 「訴え提起期間」が定められている場合には、「訴え提起期間」内に訴えが提起されているか

「訴え提起期間」が定められている場合には、訴状審査において裁判官・書記官から、「訴え提起期間」内に訴えが提起されているか確認されます。訴状を裁判所に提出すると、提出した日付のスタンプ（受付日付印）が押されますので、そのスタンプの日付をもって、訴えが提起された日が認定されます（訴状の作成年月日は無関係です。）。期間の起算に当たっては、初日は算入しないのが原則です（民140）。例えば、認知の訴えは父又は母の死亡の日から3年以内に訴えを提起しなければなりませんが、期間の起算に当たっては、父又は母の死亡の日

の翌日から起算することになります。他方、期間の末日が日曜日、土曜日、祝日、1月2日、1月3日又は12月29日から12月31日までの日に当たるときは、期間は、その翌日に満了するのが原則です（民訴95③）。例えば、期間の末日が日曜日なら、その翌日の月曜日まで延びます（その月曜日が祝日や1月2日、1月3日又は12月29日から12月31日までの日に当たるときは、さらに延びます。）。

　訴え提起期間を過ぎてから訴えを提起しても、不適法な訴えとして却下されるのが一般的ですが、過ぎたことに当事者の責めに帰することができない事由や正当な理由がある場合には却下を免れることがあります（民訴97①、行訟14）。したがって、訴え提起期間を過ぎてから訴えを提起した場合には、裁判官・書記官から当事者の責めに帰することができない事由等の有無やその内容を審査されます。当事者の責めに帰することができない事由等とは、天変地異などの客観的な自然災害の場合に限らず、当事者として通常求められる注意義務を尽くしても避けることができないと考えられる場合を指します（賀集唱ほか編『基本法コンメンタール民事訴訟法1 第三版追補版』252頁（日本評論社、平成24年））。例えば、郵便の遅延などが考えられます。

第1章　訴状の記載事項と訴状審査　　117

【18】　訴状審査における「訴状の用紙・規格・記載形式」の確認は

Q　訴状の用紙・規格・記載形式はどのようになっているのでしょうか。

A　「訴状の用紙・規格・記載形式」は、民事訴訟規則5条に、「訴訟書類は、簡潔な文書で整然かつ明瞭に記載しなければならない。」とあるだけで、法律上の具体的なルールはありません。したがって、どのような「用紙・規格・記載形式」であっても、その点だけで有利にも不利にも扱われることはありませんが、他方で裁判所が作成する文書（以下「裁判文書」といいます。）には一定のルールがあり、当事者が作成する訴状などの文書と裁判文書は一つのファイル（裁判所では、「記録」と呼ばれますので、以下「記録」といいます。）に綴られることから、訴状に限らず、答弁書や準備書面等も裁判所の作成ルールにできるだけ従った方が、裁判所や記録を閲覧謄写する当事者にとっては統一感があって、読みやすく、扱いやすい記録となります。後述する解説では、裁判所の作成ルールを紹介しますので、特に理由がない限り、裁判所の作成ルールに従って訴状等を作成します。また、簡易裁判所には、代表的な訴状の定型用紙を備え置いているほか、裁判所のホームページから訴状のひな形をダウンロードすることもできますので、それらを利用することもできます。

訴状審査の着眼点

1　「用紙」が、一定のルールに従っているか
2　「規格」が、一定のルールに従っているか
3　「記載形式」が、一定のルールに従っているか
4　「とじ方」が、一定のルールに従っているか

118 第1章 訴状の記載事項と訴状審査

解　説

1 「用紙」が、一定のルールに従っているか

　記録は、裁判中はもちろん、裁判が終わった後も通常5年以上は保存されますので、その記録の一部を構成する訴状もある程度は耐久性があり、時間の経過によっても文字が薄くなりにくい用紙を使用します。また、原則、黒字で記載するため、白色の用紙を使用します。和紙であっても洋紙であっても、罫線があってもなくても構いませんが、後述するとおり左横書きで記載するため、手書きで記載し、かつ、罫線がある用紙を使うなら、横罫を使います。加えて、特に両面にすべき理由がない限り、用紙の片面のみ記載（印刷）します。

2 「規格」が、一定のルールに従っているか

　規格は、日本工業規格のA列4番（いわゆる「A4」）を縦長にして用います。図表等を用いる場合などは、他の規格でも構いませんが、できる限り、日本工業規格のA列（例えば、A列3番、A列5番）を用います。

3 「記載形式」が、一定のルールに従っているか

　原則的な記載形式は、次のとおりです。

　なお、手書きで作成しても、パソコンのワープロソフトで作成しても構いませんが、前掲1記載のとおり、記録は保存されることから、鉛筆などの消える筆記用具やインクを使ってはいけません。

余白のとり方	上部はおおむね35ミリメートル程度 下部はおおむね27ミリメートル程度 左側はおおむね30ミリメートル程度 右側はおおむね20ミリメートル程度 （注）　収入印紙を貼る位置も上記のとおり余白をとる。

第1章　訴状の記載事項と訴状審査　　　119

文字の大きさ	12ポイント
1行の字数	37字
1頁の行数	26行
頁番号	下端の余白部分の中央に頁番号を付する。ただし、1頁のみで構成される場合などは付さなくてよい。
契印	不要
横書き・縦書きの別	左横書き
項目の見出し記号の順	下の符号をその記載してある順序で用いる。最初に用いる符号は、どの符号からでもよいが、その後の符号の順序を変えないようにする。 第1、第2、第3 1、2、3 (1)、(2)、(3) ア、イ、ウ (ア)、(イ)、(ウ) a、b、c (a)、(b)、(c)
文字のフォント	パソコンのワープロソフトで作成する場合はMS明朝など、読みやすい文字を使用する。
文字の色	黒色 ただし、土地や建物の一部分を示すために赤字などを使うことができる。
文字のスタイル	原則、標準だが、強調させたい文字や見出しに斜線や太文字を使うことはできる。

④　「とじ方」が、一定のルールに従っているか

　裁判所は訴状や裁判文書の左端に2つ穴を開けて記録を作成するので、訴状が複数ページにわたる場合には、左端2か所をステープラーで留めます。

第1章　訴状の記載事項と訴状審査

> 書式例

○訴状の記載形式

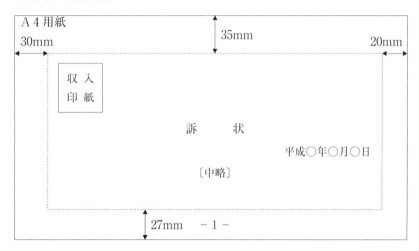

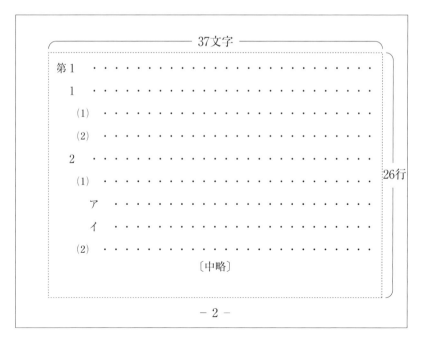

第1章　訴状の記載事項と訴状審査　　121

【19】　訴状審査における「閲覧等制限・秘匿」の確認は

Q　訴状審査において、「閲覧等制限」とはどのようなものでしょうか。また、「秘匿」とはどのようなものでしょうか。

A　当事者が作成する訴状などの文書と裁判所が作成する調書や判決書などの文書は一つのファイル（裁判所では、「記録」と呼ばれますので、以下「記録」といいます。）に綴られ、誰でも閲覧を請求することができますし、当事者や利害関係を疎明した第三者は謄写を請求することもできます（民訴91）。また、訴状は被告に送達することとされています（民訴138①）。しかし、それらの閲覧謄写や送達をきっかけとして相手側の当事者や第三者が記録に記載された情報を知るところとなり、当事者の生命又は身体に危害が加えられるおそれやプライバシーや営業秘密が公にされるおそれもあります。そのため、裁判所に提出する文書に秘密にしておきたい情報が記載されているなら、当該文書をマスキングしたり、また口頭や電話でも当事者等はもちろん裁判所にも知らせないことが一番の防御策になるわけですが、当事者や第三者には知られたくないが、裁判所には知らせたい情報又は知らせなければならない情報もあるはずです。そこで秘密にしておくべき情報へのアクセスを防止する制度が2種類設けられています。一つ目は「閲覧等制限」という法律上の制度です。この制度により、当事者以外の者が記録の閲覧謄写等を請求することを制限することができます（民訴92）。二つ目は「秘匿」（家庭裁判所には、「非開示」という同種の制度があります。）という、法律上の制度ではありませんが、全国のほとんどの裁判所で

122　第 1 章　訴状の記載事項と訴状審査

取り組まれている制度があります。この制度により、希望する情報を秘密にすることができます。「閲覧等制限」を選ぶか、「秘匿」を選ぶか、双方を選ぶか、どの情報を秘密にすべきか、誰に対して秘密にしたいかなどは最終的には原告が判断するべきことですが、情報は一旦流出してしまうと回収は不可能なので、訴状を提出する段階までに判断し、裁判所への訴状提出と同時に閲覧等制限の申立てや秘匿申出をしておくべきです。申立て等を受けた裁判所では、訴状審査において、それらの申立ての有無、閲覧等を制限したい書類や秘密にしたい情報が特定されているか、誰に対して秘密にしたいか、その申立て内容に理由があるものかどうか、理由の疎明が足りているかを裁判官・書記官により確認されます。

訴状審査の着眼点

① 「閲覧等制限」の申立てがあるか
② 「秘匿」の申出があるか
③ 提出された書類の中に「秘密にしておくべき情報」や「推知情報」が記載されていないか

解　説

① 「閲覧等制限」の申立てがあるか

　「閲覧等制限」という制度は、民事訴訟法92条に定められています。この制度を利用することにより、当事者以外のすべての者の記録の閲覧・謄写等の請求権を制限することができます。この制度を利用しようとする者はまず、裁判所に申立てをする必要がありますが、情報は一旦流出してしまうと回収は不可能なので、訴状や添付する証拠の閲覧・謄写等を制限したい場合は、裁判所への訴状提出と同時に申立てをするべきです（訴状提出後に追加提出する書類を追加申立てするこ

第1章　訴状の記載事項と訴状審査　　123

ともできます。）。申立てをするには、閲覧等を制限した書類を特定（書類の一部分でも構いません。）し、申立てをする法律上の理由を明らかにし、その理由を疎明することが必要です。法律上の理由とは、

①　訴状等に当事者の私生活についての重大な秘密が記載され、第三者が閲覧等を行うことにより、その当事者が社会生活を営むのに著しい支障を生ずるおそれがあること

②　訴状等に当事者が保有する営業秘密（秘密として管理されている生産方法、販売方法その他の事業活動に有用な技術上又は営業上の情報であって、公然と知られていないもの（不正競争防止法2⑥）。）が記載されていること

です。申立てを受けた裁判所は申立てを認めるか却下をするかを判断することになりますが、申立てがあるだけで当事者以外の者の閲覧・謄写請求権が制限されるので、申立てが却下されたり、一旦、申立てが認められた後に取り消されるまでは閲覧等が制限されます。訴状審査において、閲覧等制限の申立ての有無、閲覧制限の対象文書の範囲、その内容に理由があるものかどうか、理由の疎明が足りているかを裁判官・書記官により確認されます。上記①に該当する理由としては、例えばＨＩＶ訴訟での原告の住所・氏名、重大犯罪の刑罰を受けた事実、強姦の被害者の氏名を特定する事実が訴状等に記載されていること、上記②に該当する理由としては、例えば製品の設計図、顧客名簿が訴状等に記載されていることが考えられます（賀集唱ほか編『基本法コンメンタール民事訴訟法1 第三版追補版』222頁（日本評論社、平成24年））。逆に申立てがなければ閲覧は原則許可されます（民訴91①）ので、訴状を提出する前に申立ての要否を見落とさないようにしなければなりません。

2　「秘匿」の申出があるか

　「秘匿」は法律上の制度ではありませんが、全国のほとんどの裁判

所で取り組まれている制度です。この制度を利用することにより、特定又は不特定の者に対して希望する情報を秘密にするように申出ることができます。例えば、被告に勤務先を知られると嫌がらせを受けるおそれがある場合、勤務先という情報を被告に対して秘密にしておく希望があることでしょう。秘匿希望の申出書は、各裁判所が独自の書式を定めていることが多いので、秘密にしたい情報がある場合には、訴状提出前に提出先の裁判所に申出方法等を問い合わせた方がよいでしょう。もっとも自らの工夫により秘匿することもできます。秘密にしておきたい情報が記載された書面はマスキングをした上で提出すればよいのですが、デメリットとしては裁判所にも秘匿しますので、マスキング部分の情報が反映された判決にならないことが挙げられます。例えば、現住所を秘密にしておきたい場合には、実際には居住していない便宜的な住所（例えば、前住所、住民票上の住所、実家の住所、代理人弁護士の事務所）を記載する方法がありますが、判決書にも便宜的な住所が記載されるため、強制執行や登記ができなくなるおそれがあったり、裁判所からの郵便物を真の住所で受け取れないなど、デメリットがあります。秘匿の申出をするには、秘匿を希望する理由を疎明し、秘匿を希望する情報、必要に応じて秘匿を希望する相手を特定して、申出をするのが一般的です。訴状審査において、秘匿の申出の有無とその内容に理由があるものかどうか、疎明が足りているかを裁判官・書記官により確認されます。認められれば、秘匿を希望する情報をマスキングせずに書面を提出しても、情報が流出するリスクを最小限にするように裁判所が配慮をします。例えば、真の住所を秘密にする場合には、真の住所が記載された書面が閲覧請求されることがないように配慮してもらえたり、仮に閲覧請求されても不許可にしてもらえたり、場合によっては当事者が気づかなくても、裁判所自ら真の住所が記録上表れていないかどうか積極的に注意してもらえます。

第1章　訴状の記載事項と訴状審査　　125

③　提出された書類の中に「秘密にしておくべき情報」や「推知情報」が記載されていないか

　閲覧等制限の対象とすべき書類や秘密にしておくべき情報は、提出者の責任においてマスキングしたり、必要な申立て等をすることになりますが、見落としがないかどうか訴状審査において裁判官・書記官により確認されます。また、秘密にしておくべき情報を推知させる情報（以下「推知情報」といいます。）も確認されます。例えば、家庭内暴力が関係する事件では、住所が秘密にしておくべき情報となる可能性が高く、住所は訴状に記載される一方、固定電話の市外局番は住所を推知させる推知情報と考えられています。そこで、裁判所は家庭内暴力が関係する事件では、訴状に住所や電話番号に対して、マスキングや秘匿の申出がなされているかどうか確認するのです。整理をすると次のとおりとなります。

①　秘密にしておくべき可能性が高い情報	②　①の情報が記載されている可能性が高い書面	③　①の情報の推知情報
住所、居所	訴状、送達場所届出書、住民票、戸籍の附票、委任状、年金分割のための情報通知書、源泉徴収票、確定申告書、課税証明書、登記事項証明書、預貯金通帳、診断書	電話番号、通院中の病院名、子が通う学校名、幼稚園名、保育所名、就業場所（勤務先）
就業場所（勤務先）	訴状、準備書面、送達場所届出書、源泉徴収票、給与明細、確定申告書、陳述書	住所、居所
電話番号	訴状	

通院中の病院名	訴状、準備書面、診断書、陳述書	住所、居所、就業場所（勤務先）、医師名
子が通う学校名、幼稚園名、保育所名	訴状、準備書面、陳述書、学校等からの連絡書面	住所、居所、就業場所（勤務先）
マイナンバー	住民票、個人番号カード、源泉徴収票、確定申告書	

書式例

○閲覧等制限の申立書（文書全部の閲覧等制限の場合）

申立人（原告）　　○○○○

被　　告　　　　　○○○○

閲覧等制限の申立て

平成○年○月○日

○○地方裁判所民事部　御中

原告訴訟代理人弁護士　○　○　○　○　印

　上記当事者間の御庁平成○年（ワ）第○号○○請求事件につき、申立人は、民事訴訟法92条に基づき、閲覧等制限の申立てをする。

第1　申立ての趣旨

　御庁平成○年（ワ）第○号○○請求事件の訴訟記録中の甲第○号証については、閲覧若しくは謄写、その正本、謄本若しくは抄本の交付又はその複製の請求をすることができる者を当事者に限る。

との決定を求める。

第1章　訴状の記載事項と訴状審査　　127

第2　申立ての理由
　1　申立ての趣旨記載の文書には、申立人の保有する次の営業秘密が
　　記載されている。
　　(1)　・・
　　(2)　・・

(注)　申立書に手数料として収入印紙500円の貼付が必要です（民訴費3①・
　　別表1⑰イ（イ））。

○閲覧等制限の申立書（文書一部の閲覧等制限の場合）

申立人（原告）　　○○○○
被　告　　　　　　○○○○

閲覧等制限の申立て

平成○年○月○日

○○地方裁判所民事部　御中

原告訴訟代理人弁護士　○　○　○　○　印

　上記当事者間の御庁平成○年（ワ）第○号○○請求事件につき、申立
人は、民事訴訟法92条に基づき、閲覧等制限の申立てをする。

第1　申立ての趣旨
　御庁平成○年（ワ）第○号○○請求事件の訴訟記録中の訴状の原告の
住所部分については、閲覧若しくは謄写、その正本、謄本若しくは抄本
の交付又はその複製の請求をすることができる者を当事者に限る。
との決定を求める。

第2　申立ての理由
　1　申立人は「○○○」に所属し、アイドル活動をしているところ、訴
　　状には申立人の住所が記載されており、申立人のファンが閲覧等を
　　行うことにより、申立人宅を訪ねるファンが現れることが予想でき、

申立人が社会生活を営むのに著しい支障を生ずるおそれがある。

2 ‥

○秘匿希望申出書

平成○年（ワ）第○○○号　○○○○請求事件
原告　○○○○
被告　○○○○

平成○年○月○日

○○地方裁判所　御中

秘匿希望申出書

申出人　○　○　○　○　印

　上記当事者間の訴訟事件について、下記1の秘匿希望理由により、下記2の秘匿すべき項目につき、下記3の秘匿希望する相手に対し秘匿してください。

記

1　秘匿希望理由
　　□　生命身体に危害が加えられるおそれがある。
　　□

2　秘匿すべき項目
　　□　現住所（具体的な名称や場所は記載しない。）
　　□　現在の勤務先（具体的な名称や場所は記載しない。）
　　□

3　秘匿希望する相手
　　□　被告
　　□

（注）　手数料（収入印紙）は不要です。

第1章　訴状の記載事項と訴状審査　　129

第2　補正・訂正内容とその対応

【20】　補正の促しとは

Q 補正の促しの対象となる事項はどのようなものですか。また、応じない場合、不利益はありますか。

A 補正の促しは、裁判長の訴状審査権に基づく補正権限を背景とするものですから、民事訴訟法133条2項所定の訴状の必要的記載事項及び訴え提起手数料や訴状送達費用は対象になります。そのほか、民事訴訟規則53条、54条が要求する訴状の準必要的記載事項や同規則2条に規定する形式的記載事項や、同規則55条が規定する添付書類も対象になります。また、裁判所が補正を命じる民事訴訟法34条1項所定の訴訟能力、法定代理権又は訴訟行為をするために必要な授権も対象になります。

　補正の促しに応じない場合、特段の不利益はありません。しかし、訴状の各種記載事項や書類の添付を遵守・履践することは、原告にとっても訴訟を適正かつ円滑に進行することができるというメリットがありますし、当事者は、信義に従い誠実に民事訴訟を追行する義務がありますので（民訴2）、補正の促しに対しては、速やかに適切に対応すべきです。特に、補正の促しの対象が必要的記載事項や訴えの提起手数料など裁判長の補正命令の対象になる事項の場合、補正の促しに応じないときは補正命令（納付命令）が発せられ、これに従わない場合は訴状却下命令という不利益を受けますので注意が必要です。

解　説

1　補正の促しとは

　補正の促しとは、訴状の記載に不備がある場合に、裁判長が、原告に対し、任意の補正を促すことをいいます。裁判長は、この補正の促しを書記官に命じて行わせることができます（民訴規56）。訴状の記載についていきなり補正命令を発するよりも、原告に対し、任意の補正を促すことによって訴状の補正という目的を達し得ることが少なくなく、また、補正の促しについては、裁判官よりも当事者と接する機会が多く、裁判所の対外的窓口の機能を果たしている書記官を通じて行う方が、適時に適切な補正がされるものと期待できます（最高裁判所事務総局民事局監修『条解民事訴訟規則』124頁（司法協会、平成9年））。

2　補正の促しの方法

　補正の促しは、裁判長の訴状審査権に基づく補正権限（民訴137①等）を背景に書記官名で行うことが一般的です。あらかじめ裁判長（単独事件の場合は裁判官。以下同じ。）と打合せしたところに基づき、あるいは裁判長から委任ないし指示されたところに基づき、口頭（電話）又は書面で行います。

　補正の促しを行った場合、期日外釈明（民訴149④、民訴規63）の場合のように相手方に通知する必要はありませんが、事件の進行管理上、書面で促した場合は当該書面の写しを記録に綴ったり、口頭で促した場合は、補正を促した日付、内容等を口頭（電話）要旨書等で記録化するなど、何らかの形で明らかになるようにしておくことが相当です（裁判所職員総合研修所監修『民事実務講義案Ⅰ（五訂版）』26頁（司法協会、平成28年））。

第1章 訴状の記載事項と訴状審査 131

③ 補正の促しの対象事項

補正の促しの対象は、当事者の任意の補正等を促すという行為の性質上、広く補正の促しの対象となると考えられます。主な対象は次のとおりです。

　1　民事訴訟法133条2項所定の必要的記載事項

　(1)　当事者及び法定代理人

当事者が特定できる程度に記載されていなければ補正の促しの対象になります。また、当事者が訴訟無能力者（未成年者、被後見人）の場合は法定代理人を、法人の場合は代表者を記載する必要があり、この記載に不備があれば補正の促しの対象になります。

　(2)　請求の趣旨

請求の趣旨は、訴えによって原告がどのような法律関係についてどのような内容の判決を求めるかを明らかにするものです。この記載に不備があれば補正の促しの対象になります。

なお、訴訟費用負担の申立てや仮執行宣言など付随申立てについても、補正の促しの対象になります。

　(3)　請求の原因

請求を特定するために必要な事実（特定請求原因事実）の記載に不備があれば補正の促しの対象になります。

なお、簡易裁判所に訴えを提起する場合は、請求の原因に代えて紛争の要点を明らかにすれば足ります（民訴272）。

　2　民事訴訟規則53条、54条所定の準必要的記載事項

①　請求を理由づける事実（民訴規53①）

②　立証を要する事由ごとの重要な間接事実（民訴規53①）

③　立証を要する事由ごとの証拠（民訴規53①）

④　原告又は代理人の郵便番号、電話番号、ファクシミリ番号（民訴規53④）

⑤　証拠保全事件の表示（民訴規54）

　3　民事訴訟規則2条に規定する形式的記載事項

①　当事者の氏名又は名称及び住所並びに代理人の氏名及び住所

　　住所の記載は、当事者の特定の観点だけではなく、書類の送達という観点からも重要です。また、代理人の記載は法定代理人だけではなく訴訟代理人の記載も求められます。

②　事件の表示

　　訴状の場合は、事件名を表示します。

③　附属書類の表示

　　委任状、資格証明書、全部事項証明書、固定資産評価証明書、訴状副本、書証写しなど訴状とともに提出する書類の名称・標目及びその通数を記載します。

④　年月日

　　訴状の作成年月日を記載します。

⑤　裁判所の表示

　　提出先の裁判所を記載します。

⑥　原告又は代理人の記名押印

　4　民事訴訟規則55条所定の添付書類

①　不動産に関する事件の場合、登記事項証明書（民訴規55①一）

②　手形又は小切手に関する事件の場合、手形又は小切手の写し（民訴規55①二）

③　重要な書証の写し（民訴規55②）

　5　訴え提起手数料

　訴訟物の価額と訴え提起手数料（貼用印紙額）を記載し、訴え提起手数料相当額の収入印紙を訴状に貼付します。この記載に不備があったり、実際に貼付した印紙額が不足している場合は補正の促しの対象になります。なお、実際に貼付した印紙額が不足している場合におい

第1章　訴状の記載事項と訴状審査　　133

て、補正（納付）の促しをしたにもかかわらず任意納付しない場合は補正命令を発することになりますが、訴訟物の価額と訴え提起手数料（貼用印紙額）の記載自体は、あくまでも補正の促しの対象であって、記載自体は補正命令の対象ではありません。原告の記載した訴額や貼付印紙額に誤記があっても、そもそも訴額の認定は裁判長の権限ですし、実際の貼付印紙額は、訴状受付の際に書記官が訴状に付記するので、これにより明らかになります。

6　訴状送達費用

　各裁判所が定めた送達費用を納付します、納付方法は、郵便切手、現金、銀行振込、電子納付です。この訴状送達費用が不足していると訴状の送達ができないので、補正（納付）の促しの対象になります。

7　民事訴訟法34条1項所定の訴訟能力、法定代理権又は訴訟行為をするのに必要な授権

　訴訟能力や法定代理権又は訴訟行為をするのに必要な授権が欠けている場合、有効な訴訟行為ができないので、補正の促しの対象になります。具体的には、被保佐人が原告なのに保佐人の同意がない場合（民13①四）や、法定代理権又は訴訟行為をするために必要な授権（代理権）を証する書面の添付がない場合（民訴59・34、民訴規15）などが考えられます。

　なお、民事訴訟法34条1項に基づき補正を命じる主体は裁判所であり、補正期間内に補正されないときは、裁判所は、不適法な訴えとして民事訴訟法140条に準じ、口頭弁論を経ないで判決で訴えを却下することになると考えられます（秋山幹男ほか『コンメンタール民事訴訟法Ⅰ（第2版追補版）』343頁（日本評論社、平成26年）参照）。

8　その他

①　「訴状」という表題

②　送達場所の届出（民訴規41②）

4 補正の促しに応じない場合

補正の促しに応じない場合でも、特段不利益はありません。しかし、訴状の各種記載事項や書類の添付を遵守・履践することは、原告にとっても訴訟を適正かつ円滑に進行するというメリットがありますし、当事者は、信義に従い誠実に民事訴訟を追行する義務がありますので（民訴2）、補正の促しに対しては、速やかに適切に対応することが肝要です。特に、補正の促しの対象が必要的記載事項や訴え提起手数料など裁判長の補正命令の対象になる事項の場合、補正の促しに応じないときは補正命令（納付命令）が発せられ、これに従わない場合、訴状却下命令（民訴137）（ただし、民事訴訟法34条に基づく補正命令の場合は、前述のとおり訴え却下判決。）という不利益を受けますので注意が必要です。

第1章　訴状の記載事項と訴状審査　　135

【21】　補正命令の対象と補正命令の手続は

Q　補正命令の対象となる事項と補正命令の手続を教えてください。

A　補正命令の対象となる事項は、原則として、①民事訴訟法133条2項所定の事項、②訴え提起手数料（民訴137①、民訴費3・4）、③訴状の送達先、受送達者の記載及び訴状送達費用（民訴138②）及び④訴訟能力、法定代理権又は訴訟行為をするために必要な授権（民訴34①）です。

上記①ないし③についての補正命令手続は、裁判長が補正事項と補正期間を具体的に定めて、原告に「補正命令」（謄本）を送達して行います。期間内に適正に補正されたときは、裁判長は口頭弁論期日を指定し当事者を呼び出し、書記官は被告に訴状副本を送達し、訴訟手続が進行します。期間内に適正に補正されないときは、裁判長は訴状却下命令を発します（民訴137②・138②）。

④については、裁判所が補正を命じ、期間内に補正されなければ、判決で訴えを却下します（民訴140準用）。

解　説

1　補正命令の対象

1　補正命令

訴状が民事訴訟法133条2項の規定に反する場合、裁判長は、相当の期間を定め、その期間内に不備を補正すべきことを命じなければなりません（民訴137①）。これを「補正命令」といいます。訴え提起手数料

を納付しない場合及び訴状の送達ができない場合（送達先、受送達者の記載の不備及び訴状送達費用不足の場合）も同様です（民訴137①・138②）（「納付命令」と称することもあります。）。また、訴訟能力、法定代理権又は訴訟行為をするのに必要な授権が欠けている場合も同様に補正を命じなければなりませんが、この場合は裁判所が補正を命じます（民訴34①、秋山幹男ほか『コンメンタール民事訴訟法Ⅰ（第2版追補版）』342頁（日本評論社、平成26年））。

2　補正命令の対象となる事項

(1)　民事訴訟法133条2項所定の事項

ア　当事者及び法定代理人の表示

当事者とは、訴え又は訴えられることによって判決の名宛人となるべき者をいいます。訴状には、当事者（原告、被告）が特定できる程度に記載しなければなりません。通常、自然人の場合は住所、氏名、法人の場合は本店・主たる事務所の所在地と商号・名称を表示します。また、当事者が訴訟無能力者（未成年者、成年被後見人）の場合は法定代理人を、法人の場合は代表者を記載しなければなりません。

イ　請求の趣旨

請求の趣旨とは、訴えによって求める審判内容の簡潔かつ確定的な表示をいいます（裁判所職員総合研修所監修『民事訴訟法講義案（三訂版）』85頁（司法協会、平成28年））。換言すれば、原告が、どのような法律関係について、どのような内容の判決を求めるかを明らかにするもので、通常は求める判決の主文に相当する記載をします。

なお、請求の趣旨に訴訟費用負担の申立てや、財産上の請求においては仮執行宣言の申立てを記載するのが一般的です。これらの申立ては、本来の請求ではなく、付随の申立てです。訴訟費用の負担の裁判については、裁判所は職権で行うことになっているので（民訴67①）、当

第1章　訴状の記載事項と訴状審査　　137

事者の申立ては職権発動を促すものにすぎません。また、仮執行宣言
は、裁判所が必要があると認めるときに申立てにより又は職権で付す
ることができます（民訴259①）。したがって、訴訟費用負担の申立てや
仮執行宣言の申立ての記載の有無に関しては補正命令の対象にはなら
ないと解されます。

　　ウ　請求の原因

　請求の原因とは、請求の趣旨とあいまって請求を特定するのに必要
な事実を指します。「請求原因」は、①請求を特定するために必要な事
実を意味する場合と②請求を基礎づけるため、理由づけるため、原告
が主張立証すべき事実を意味する場合があります。前者は「特定請求
原因」とも呼ばれ、民事訴訟法133条2項2号の「請求の原因」はこれで、
補正命令の対象になります。後者は「理由付け請求原因」とも呼ばれ、
民事訴訟規則53条1項の「請求を理由づける事実」はこれで、補正命令
の対象にはなりません。

　(2)　訴え提起手数料

　訴え提起に当たっては、その訴額に応じて訴え提起の手数料として
収入印紙を訴状に貼付する方法又は現金で納めなければなりません
（民訴費3・8）。訴額は、訴え提起手数料の算定の基礎となり、事物管轄
を定める基準となるので、訴状審査の過程においては裁判長（民訴137
①）が、訴訟係属後は裁判所が認定します。その認定は、裁判長又は裁
判所の裁量によって行います（最判昭49・2・5民集28・1・27）。訴額算定は
訴え提起の時を標準とします（民訴15参照）。この訴え提起手数料の不
納付も裁判長による補正命令の事由となります（民訴137①）。

　(3)　訴状の送達先、受送達者の記載及び訴状送達費用

　被告の住所の記載が誤っている場合や被告が訴訟無能力者又は法人
であるにもかかわらず受送達者である法定代理人（民訴102①）又は法

人の代表者（民訴37・102①）が訴状に記載がない場合、そして訴状送達
費用の予納（民訴費11・13）がない場合は補正命令の対象になります（民
訴138②・137①）。いったん訴状記載の被告の住所に送達を実施したと
ころ、「転居先不明」又は「あて所に尋ね当たりません」という理由で
裁判所に返戻され、訴状の送達先につき補正命令を発する場合もあり
ます。

(4) 訴訟能力、法定代理権又は訴訟行為をするのに必要な授権
　　（民訴34①）

　訴訟能力等が欠けている場合、有効な訴訟行為ができないので、補
正命令の対象になります。具体的には、被保佐人が原告なのに保佐人
の同意がない場合（民13①四）や、法定代理権又は訴訟行為をするため
に必要な授権（代理権）を証する書面の添付がない場合（民訴59・34、
民訴規15）などが考えられます。このような資格証明書の添付がない
場合にも補正命令を発することができます（民訴34①、秋山幹男ほか『コ
ンメンタール民事訴訟法Ⅰ（第2版追補版）』369頁（日本評論社、平成26年））。

　なお、法定代理人の記載（民訴133②一）がない場合は、民事訴訟法137
条1項に基づき裁判長が訴状の補正命令を発し、補正されなければ訴
状却下命令を発することになります（民訴137②）。

[2] 補正命令の手続

　書記官は、まず、補正の促し（民訴規56）を行います。当事者が、こ
れに応じない場合、裁判長は、相当期間を定めて補正命令を発します
（民訴137①・138②）。ただし、民事訴訟法34条1項に基づき補正を命じ
る場合は裁判所が行います。

　補正命令を発する際は、裁判長は、補正すべき事項、追納すべき印
紙額、納付すべき送達費用額（郵便切手で納付する場合は、郵券の券

第1章　訴状の記載事項と訴状審査　139

種、枚数）を明確にします。補正期間は、裁判長が事案や補正すべき難易度に応じて相当な期間を具体的に定めます。補正期間は、原告からの申出により、裁判長の裁量で伸長することもできると解されます（最判昭46・4・15裁判集民102・473）。そして、補正命令に裁判長（裁判官）が記名押印し（民訴規50①）、補正期間の起算点を明らかにするため補正命令謄本を送達して告知します（民訴規40①・民訴119）。補正命令に対しては不服申立てできません（東京高決昭30・9・20判時60・12、東京高決昭40・6・5判タ180・140）。

　なお、民事訴訟法34条1項に基づき補正を命じる場合は、その主体は裁判所であり、補正期間内に補正されないときは、裁判所は、不適法な訴えとして民事訴訟法140条に準じ、口頭弁論を経ないで判決で訴えを却下することになると考えられます（秋山幹男ほか『コンメンタール民事訴訟法Ⅰ（第2版追補版）』343頁（日本評論社、平成26年）参照）。

3　訴状送達後の補正命令の可否

　訴状が被告に送達され訴訟係属が生じた後に補正命令を発することができるか、できるとした場合、その主体は、裁判所か、裁判長かという問題があります。裁判所（裁判体）を代表する立場で裁判長が補正命令を発することができるという見解もありますが、訴状に補正すべき不備がないということで被告に訴状副本を送達して訴訟係属が生じれば、判断権限は裁判所が有し、もはや裁判長は独自の権限で補正命令を発し、補正しない場合に訴状を却下することはできないと考えられます。したがって、裁判所が補正を促し、期間内に補正されなかった場合は、裁判所が判決で訴えを却下すべきと解されます（秋山幹男ほか『コンメンタール民事訴訟法Ⅲ』132頁（日本評論社、平成20年））。

140　第1章　訴状の記載事項と訴状審査

書式例

○補正命令

原告　○○○○
被告　○○○○

補　正　命　令

　上記当事者間の当裁判所平成○年（ワ）第○○号貸金請求事件について、原告は、本命令送達の日から14日以内に下記事項を補正することを命じる。

記

1　手数料として、収入印紙○○○円を納付すること
2　被告の法定代理人の住所、氏名を明らかにすること
3　原告（被保佐人）が訴訟行為を行うについて保佐人の同意があったことを証する書面を提出すること

　　　　平成○年○月○日
　　　　　　○○地方裁判所民事第○部
　　　　　　　　裁判官　　○　○　○　○　印

第1章　訴状の記載事項と訴状審査　　141

【22】　補正命令への対応後の手続は

Q　訴状の補正命令に対し、補正しました。この後の手続はどうなるのですか。再度の補正を命ずることはあるのですか。また、不足印紙の補正（納付）命令に対し、請求の減縮をしたので不足印紙額が実質的になくなった場合はどうなるのですか。

A　補正期間内に適正に補正されれば、裁判長は口頭弁論期日を指定し、当事者を呼び出します。書記官は、被告に対して訴状副本を送達し、訴訟手続が進行します。

　場合によっては再度の補正を命ずることもあります。

　また、不足印紙の補正（納付）命令に対し、請求の減縮をした結果、実質的に不足印紙額がなくなった場合は、そのまま期日指定をして訴訟を進行させることも考えられますが、判例（最判昭47・12・26判時722・62）の見解では補正に応じないとして訴状却下命令を発することになると思われます。

解　説

1　補正後の手続

　補正期間内に補正書が提出され、命令どおりの補正がされた場合は、裁判長は口頭弁論期日を指定し当事者を呼び出します（民訴139・94）。書記官は、被告に対して訴状副本を送達し（民訴138①・98②、民訴規58①）、訴訟手続が進行します。期間内に提出された補正書の内容が補正命令と異なる場合は、補正期間内に補正しないものとして訴状却下命令を発します（民訴137②・138②）。民事訴訟法34条に基づき裁判所が補正を

命じた場合、期間内に原告が補正しないときは、判決で訴えを却下します（民訴140準用）。

② 再度の補正命令

一度補正した後に新たな不備が生じた場合は、再度の補正命令もできると解されます（秋山幹男ほか『コンメンタール民事訴訟法Ⅲ』133頁（日本評論社、平成20年））。例えば、補正後の被告の住所に送達を試みたが、さらに被告が転居したため不送達になった場合が考えられます。

③ 訴状却下命令

期間内に補正されない場合や提出された補正書の内容が補正命令と異なる場合は、裁判長は命令で訴状を却下しなければなりません（民訴137②・138②）。これが訴状却下命令です。

訴状却下命令を発したときは、書記官は訴状却下命令謄本及び訴状原本を原告（又は訴訟代理人）に送達します（民訴規40①・57、民訴119・98②参照）。

訴状却下命令は、通常は補正期間経過後に速やかに発せられます。しかし、補正期間経過後であっても訴状却下命令が発せられる前に補正されれば、その補正は有効と解されるので、裁判長は訴状却下命令を発することはできません（秋山幹男ほか『コンメンタール民事訴訟法Ⅲ』135頁（日本評論社、平成20年））。また、裁判長が訴状の不備を看過して訴状却下命令を発することなく、訴状副本を被告に送達し、訴訟係属の効果が生じた場合は、裁判長は民事訴訟法137条によって訴状を却下する権能を失い、裁判所が相当の期間を定めて訴状の補正を促し、原告が補正しないときは判決により訴えを却下しなければなりません（秋山幹男ほか『コンメンタール民事訴訟法Ⅲ』137頁（日本評論社、平成20年））。

訴状却下命令に対しては、原告は即時抗告をすることができます（民訴137③）。訴状却下命令は訴訟係属前の裁判なので、被告には不服申

第1章　訴状の記載事項と訴状審査　　143

立ての利益はありません（秋山幹男ほか『コンメンタール民事訴訟法Ⅲ』138頁（日本評論社、平成20年））。即時抗告期間は、裁判の告知を受けた日から1週間です（民訴332）。

④ 補正命令後の請求の減縮と訴状却下命令の可否

訴状に貼付した手数料印紙額が不足しているため裁判長が補正（納付）命令を発したところ、原告は、印紙を追納せず、貼付した印紙額相当の請求額に減縮する旨の申立書を提出した結果、不足印紙の納付命令に対し、実質的に不足印紙額がなくなった場合、訴状却下命令ができるかという問題があります。

訴額算定の標準時は訴え提起時であることから（最判昭47・12・26判時722・62、民訴15）、補正命令後に不足手数料印紙額を納付することなく請求を減縮しても訴状却下命令を発するのが相当とする見解（東京高決平5・3・30判タ857・267）もあります。

他方、訴状に貼用した印紙額が不足で、裁判長から追貼命令があった後、訴えの変更により現に貼用した印紙額相当の請求に改めたときは、追貼命令に従わないことを理由とする訴状却下命令は失当であるとする見解もあります（東京高決昭30・3・23判タ49・64）。また、一部訴訟救助付与決定が確定した場合において、請求が訴訟救助を付与された一部に減縮されたときは、訴え提起手数料が納付されていないことを理由に減縮後の請求に係る訴えを却下することは許されないとする判例（最判平27・9・18民集69・6・1729）もあります。

訴え提起後、原告が請求を減縮した場合における訴え提起手数料につき、判例は、訴額算定は訴え提起の時を基準とすべきであるから、原告がその後に請求の減縮をしたとしても、当初に貼用すべき印紙額がそれに応じて減額されるものではないとしています（前掲最判昭47・12・26）。前記訴訟救助事案の平成27年判決も、「所論引用の判例（昭和47年12月26日第三小法廷判決・判例時報722号62頁）は、本件に適切で

144 　第1章　訴状の記載事項と訴状審査

ない。」と述べていることから、このような原則的な考え方を否定する
ものではないと思われます。したがって、判例の立場では、請求の減
縮をしても訴状却下命令を発することになると考えられます。

　なお、訴え変更があった場合の訴額算定は変更時を算定の標準時と
することから（小川英明・宗宮英俊・佐藤裕義共編『事例からみる訴額算定の手
引（3訂版）』14頁（新日本法規出版、平成27年））、印紙を追納せず、貼付した
印紙額相当の請求額に訴えを変更する訴え変更の申立ての場合は、訴
状却下命令はできないと解する余地もあります。前掲の東京高裁昭和
30年3月23日決定（判タ49・64）も、訴え変更により不足分がなくなった
場合には、瑕疵が治癒されるので、訴状を却下する必要はないとして
います。

書式例

○補正書

原告　○○○○
被告　○○○○

補　　正　　書

平成○年○月○日

○○地方裁判所民事第○部　御中

原　告　○　○　○　○　印

　上記当事者間の当裁判所平成○年（ワ）第○○号貸金請求事件につい
て、原告は、下記のとおり欠缺を補正する。

記

1　手数料（収入印紙）○○○円を別添の納付書のとおり納付する。

第1章　訴状の記載事項と訴状審査　　　145

2　被告の法定代理人の住所、氏名
　　○○県○○市○○町○丁目○番○号
　　　法定代理人親権者父　　○　○　○　○
　　同　　所
　　　法定代理人親権者母　　○　○　○　○
3　保佐人の同意があったことを証する書面
　　別添のとおり同意書を提出する。

以　　上

○訴状却下命令

平成○年（ワ）第○○号貸金請求事件

訴 状 却 下 命 令

原告　○○○○
被告　○○○○

主　　　　文

　本件訴状を却下する。

理　　　　由

　原告に対し、平成○年○月○日に送達された補正命令により、民事訴訟費用等に関する法律3条1項所定の不足収入印紙○○○円を同日から14日以内に納付することを命じたが、原告は同期間に納付しなかった。
　よって、民事訴訟法137条2項により主文のとおり命令する。

　　　平成○年○月○日
　　　　　　○○地方裁判所民事第○部
　　　　　　　裁判官　　○　○　○　○　印

【23】 補正できない内容への対応は

Q 　不適法な訴えで、明らかに補正不能な場合、どうなるのですか。

A 　原則として、補正の促しや補正命令を発することなく、裁判所は、口頭弁論を経ないで、判決で訴えを却下することができます（民訴140）。この場合、被告に訴状を送達する必要はありません（最判平8・5・28判タ910・268）。なお、事案によっては、補正命令を発することなく訴状却下命令ができる場合もあります（最判昭25・7・5民集4・7・264、最判平元・11・20民集43・10・1160）。

解　説

1　「不適法な訴えで、明らかに補正不能の場合」とは

　「不適法な訴え」とは、訴訟要件を欠く訴えです。訴訟要件とは、請求の当否につき本案判決をするために具備していなければならない要件をいいます。主な訴訟要件は次のとおりです（裁判所職員総合研修所監修『民事訴訟法講義案（三訂版）』263頁（司法協会、平成28年））。

① 　請求と当事者が我が国の裁判権に服すること

② 　裁判所が当該事件に管轄権を有すること

③ 　当事者が実在すること

④ 　当事者が当事者能力を有すること

⑤ 　当事者が当事者適格を有すること

⑥ 　訴えの提起及び訴状送達が有効であること

⑦ 　原告が訴訟費用の担保を提供する必要がないか、必要な場合はその担保を提供したこと（民訴75・78）

⑧ 　二重起訴禁止（民訴142）にふれないこと

第1章　訴状の記載事項と訴状審査　　147

⑨　再訴の禁止（民訴262②）や別訴の禁止（人訴25）にふれないこと

⑩　訴えの利益があること

⑪　請求の併合や訴訟中の新訴提起（訴えの変更、反訴、独立当事者参加など）の場合には、その要件を具備すること（民訴38・47・136・143・145・146）

　本設問で問題になっているのは、上記の訴訟要件を欠く不適法な訴えであって、かつ、その不備を補正することが明らかに不能の場合です。例えば、出訴期間を徒過した訴え（会社828①、民201、行訴14）です。このような場合は、補正を促しても、補正命令を発しても補正は不能であり、口頭弁論を開いても無意味であり、無用な時間や手間をかけるだけなので、口頭弁論を経ないで判決で訴えを却下できるようにしたのです（秋山幹男ほか『コンメンタール民事訴訟法Ⅲ』153頁（日本評論社、平成20年））。

　なお、訴え却下の判決をする前提として、訴訟事件の係属が必要なので、訴状を被告に送達することを要するのが原則ですが、訴えが不適法であり、裁判制度の趣旨からして、当事者にその後の訴訟活動によっても適法とすることがまったく期待できないような場合には、被告に訴状を送達するまでもなく、民事訴訟法140条によって訴え却下の判決をすることができるものと解されます（最判平8・5・28判タ910・268）。

2　補正の余地の有無が問題となる事例

1　死者を被告とする場合

　死者は当事者適格も当事者能力もありませんので、訴状の記載から一身専属権に関する訴えの場合は、もはや補正の余地はないと解されますが、一身専属権に関する訴えではなく、相続人を訴える趣旨が認められる場合は、当事者の表示の不備として補正を促すべきことになります（最判昭51・3・15判時814・114、秋山幹男ほか『コンメンタール民事訴訟

法Ⅲ』129頁（日本評論社、平成20年））。

　2　動物を当事者とする場合

　動物を当事者として訴状に記載した場合も、当事者の表示の不備として補正命令の対象になると解されます（秋山幹男ほか『コンメンタール民事訴訟法Ⅲ』129頁（日本評論社、平成20年））。

　3　天皇を被告とする場合

　判例は、天皇には民事裁判権が及ばないので、天皇を被告とする訴えについては、訴状を却下（訴状却下命令）すべきであるが、訴えを不適法として却下した判決も違法として破棄するまでもないとしています（最判平元・11・20民集43・10・1160）。

　この見解によれば、天皇を被告とする訴状については、不適法な訴えで、不備を補正する余地がない場合は、補正命令を発することなく訴状却下命令ができることになります（判タ719・124）。

　4　日本国憲法の無効確認を求める訴えの場合

　不適法な訴えで、かつ、不備が補正できないとして、訴え却下判決すべきとしています（最判昭55・5・6判タ419・72）。

3　「訴状却下命令」、「訴え却下判決」、「訴え却下決定」

　訴状審査に関連する訴訟の終局事由としては、これまで見てきたように裁判長による「訴状却下命令」（民訴137・138）と口頭弁論を経ない場合の裁判所による「訴え却下判決」（民訴140）のほか、呼出費用の予納がない場合の裁判所の「訴え却下決定」（民訴141）があります。これらを混同しないように注意する必要があります。

　なお、判例によれば、補正の余地のないことが明らかな場合は補正命令を発する必要はなく、相手方との間で訴訟係属をさせる必要もないので、直ちに訴状を却下すべき場合があります（前掲最判昭25・7・5、前掲最判平元・11・20、秋山幹男ほか『コンメンタール民事訴訟法Ⅲ』130頁（日本評論社、平成20年））。

第2章

訴状審査と訴訟類型別の
ポイント

150

第2章　訴状審査と訴訟類型別のポイント　　151

第1　金銭等請求訴訟

【24】　売買契約に基づく代金支払請求訴訟における訴状審査のポイントは

Q　売買契約に基づき代金支払請求の訴状を作成し、裁判所に提出しようと思いますが、訴状審査において、どのようなことが審査（点検）されるのでしょうか。

　また、遅延損害金又は利息の請求をする場合に請求の趣旨及び請求の原因の記載で留意すべき点は何でしょうか。

A　まず、訴状記載の不備がないか、手数料の不納付がないか、受付をした裁判所に管轄があるか等について、「訴状審査票」に基づいて、裁判官、書記官が確認します。

　さらに、売買契約（民555）に基づく代金支払請求訴訟においては、「売買契約成立の事実」（契約当事者・契約日・目的物・代金額）は、請求を特定するために必要な事実ですので、必ず審査（点検）されます。

　売買契約の場合には、附帯請求を遅延損害金として請求する場合も利息として請求する場合もあり得ます。したがって、附帯請求があるときは、①どちらの請求によるものか（附帯請求の根拠・性質）、②請求金額が確定している場合は確定額、③附帯請求の始期、④利率が確認されるとともに、「請求の趣旨」と「請求の原因」に記載された請求の根拠・性質に齟齬がないかが審査（点検）されますので、請求の趣旨・原因を記載する場合は、上記の点に注意することが肝要です。

152　　　第２章　訴状審査と訴訟類型別のポイント

訴状審査の着眼点

記載事項	① 「請求の趣旨」として、支払を求める金額が記載されているか。附帯請求がされているか ② 「請求の原因」として、売買契約成立の事実が記載されているか。附帯請求の根拠・性質が記載されているか ③ 証拠として、請求の原因を証明することのできる客観的事実（書証等）が提出されているか
手 数 料	④ 「訴訟物の価額」が訴えで主張する利益によって算定されており、訴訟の附帯の目的となっている果実、損害賠償、違約金又は費用が算入されていないか ⑤ 「ちょう用印紙額」が民事訴訟費用等に関する法律に基づいて算出され、また印紙が貼付されているか

解　説

① 「請求の趣旨」として、支払を求める金額が記載されているか。附帯請求がされているか

　売買契約に基づく代金支払請求のような給付の訴えの場合には、請求の趣旨は「被告は、原告に対し○万円を支払え。」のように記載します。例えば、「相当額を支払え。」というような記載ではなく、上記のように請求額を明示して「請求の趣旨」に記載する必要があります。

　なお、「金○万円」のように金額の前に「金」を入れる場合もありますが、必ずしも記載しなければならないものではありません。

　また、附帯請求がされているかを審査します。遅延損害金又は利息

第2章　訴状審査と訴訟類型別のポイント　　153

の附帯請求をする場合には、①確定額を記載するか、又は②「うち○万円に対する（又は、「これに対する」）平成○年○月○日から支払済みまで年○パーセントの割合による金員」のように記載して、請求額を明らかにする必要があります。「これに対する」や「うち○万円に対する」というような記載が抜けてしまうと、請求額が明らかでないと見られます。また、附帯請求の始期と利率も請求額を明らかにするため審査します。

（附帯請求なしの場合）

請　求　の　趣　旨

1　　被告は、原告に対し、100万円を支払え。

（附帯請求ありの場合）

請　求　の　趣　旨

1　　被告は、原告に対し、100万円及びこれに対する平成○年○月○日から支払済みまで年○パーセントの割合による金員を支払え。

2　「請求の原因」として、売買契約成立の事実が記載されているか。附帯請求の根拠・性質が記載されているか

　1　売買契約成立の事実

　「請求の原因」は、請求を特定するのに必要な事実をいいます（民訴133②二、民訴規53①）ので、訴状の「請求の原因」の記載によって「請求の趣旨」に記載された請求が特定されているかが審査されます。例

えば、請求の趣旨には「被告は、原告に対し100万円を支払え。」と端的な記載がされますので、どのような根拠に基づき請求をしているのか請求の趣旨の記載だけではわかりません。「請求の原因」で、「売買契約成立の事実」（契約当事者・契約日・目的物・代金額）を記載することで、請求の根拠を明らかにし当該訴えに係る請求が特定されることになります。この特定がなされていない場合には、補正命令（民訴137）の対象となります。

　また、「請求の原因」では、「請求の趣旨」を特定する事実以外にも、請求を理由づける事実（民訴規53①）、いわゆる理由付け請求原因も記載します。これは請求を基礎づけるために主張立証責任の分配法則にしたがって原告が主張立証すべき事項（裁判所職員総合研修所監修『民事訴訟法講義案（三訂版）』87頁（司法協会、平成28年））であり、この主張立証を欠くときには請求棄却となるので、文献を参照しながら、理由付け請求原因が漏れなく記載されているのか注意する必要があります。

　本設問の場合には、請求の原因において、理由付け請求原因が記載されているかが審査されるとともに、請求が特定されているか、つまり売買契約の成立の事実が記載されているか、その売買契約が他の契約と識別できる程度に特定されているかが審査されます。売買契約の特定においては、契約日や売買代金を記載するとともに売買契約の目的物（原告が被告に売った物）の特定も必要です。売買契約の目的物の特定に当たっては、本文中に記載する方法や別紙引用する方法があります。なお、売買の目的物が不動産の場合には、登記簿謄本（登記事項証明書）と照合します。

　2　附帯請求の根拠・性質

　売買代金請求と共に附帯請求をする場合、民法575条2項の「利息」を、履行遅滞の有無にかかわりなく、目的物の引渡しにより発生する法定利息と解する見解（法定利息説）と、遅延損害金と解する見解（遅

第2章　訴状審査と訴訟類型別のポイント　　155

延利息説）があります。どちらの見解で附帯請求するかによって、その根拠・性質が異なりますので、請求の原因において明らかにする必要があります。

　利息として請求する場合（法定利息説）は、売買契約成立の事実に加えて①目的物の引渡しの事実、②利率を訴状に記載し、請求の原因の「よって書き」に「年5分の割合による利息の支払を求める。」とその根拠・性質を記載します。遅延損害金として請求する場合（遅延利息説）は、売買契約成立の事実に加えて①履行遅滞の事実、②目的物の引渡しの事実、③利率を訴状に記載し、請求の原因の「よって書き」に「年5分の割合による遅延損害金の支払を求める。」とその根拠・性質を記載します。

　なお、法定利率については、民法所定の法定利率が民法の一部を改正する法律（平成29年法律44号）により年3パーセント（利率は市中の金利の変動に合わせて3年ごとに見直されます。）となります（民404）から注意してください（平成32年4月1日施行）。

（附帯請求なしの場合）

請　求　の　原　因

1　原告は、被告に対し、平成○年○月○日、ＤＶＤレコーダー1台（Ｓ社製、型式ＡＢ12－ＣＤＥ345、製造番号0000000）を代金10万円で売った（甲第1号証）。
2　よって、原告は、被告に対し、上記売買契約に基づき、代金10万円の支払を求める。

証　拠　方　法

1　甲第1号証　売買契約書

（附帯請求ありの場合）

請 求 の 原 因

1　原告は、被告との間で、平成△年△月5日、別紙物件目録記載の建物を代金1000万円、支払期日を平成○年○月10日の約定で売るとの合意をした（甲第1号証）。
2　原告は、被告に対し、平成○年○月10日、上記売買契約に基づき、同建物につき所有権移転登記手続をするとともに、これを引き渡した（甲第2号証）。
3　よって、原告は、被告に対し、上記売買契約に基づき、代金1000万円及びこれに対する弁済期及び引渡日の翌日である平成○年○月11日から支払済みまで民法所定の年5分の割合による遅延損害金の支払を求める。

証 拠 方 法

1　甲第1号証　売買契約書
2　甲第2号証　登記事項証明書

物 件 目 録

所　　　在　　○○市○○町○丁目○番地○
家 屋 番 号　　○番○
種　　　類　　居 宅
構　　　造　　木造亜鉛メッキ鋼板ぶき2階建
床 面 積　　1階　○○．○○平方メートル
　　　　　　　2階　○○．○○平方メートル

以 上

第2章　訴状審査と訴訟類型別のポイント　　157

3　証拠として、請求の原因を証明することのできる客観的事実
　　（書証等）が提出されているか

　「請求の原因」に記載された事実を証明することができる客観的事実として証拠を記載するに当たっては、上記の記載例のように「請求の原因」中に書証番号を記載するとともに、別途「証拠方法」という欄を設けて書証の内容を示します。証拠方法の欄では一般的には書証の標題を示し、「甲第1号証　売買契約書」等と記載します。

　訴状審査においては、記載された証拠が訴訟に添付されているかも点検されます。

4　「訴訟物の価額」が訴えで主張する利益によって算定されて
　　おり、訴訟の附帯の目的となっている果実、損害賠償、違約金
　　又は費用が算入されていないか

　訴訟物の価額は、訴えで主張する利益によって算定されます（民訴費4①、民訴8①）。訴えで主張する利益とは、「その訴訟物について訴えの提起等をした者が全部勝訴して請求を認容され、その内容が実現された場合に直接もたらせる経済的利益のことをいい」ます（小川英明・宗宮英俊・佐藤裕義共編『事例からみる訴額算定の手引（3訂版）』3頁（新日本法規出版、平成27年））。

　本設問では、「請求の趣旨」に掲げる請求額が訴訟物の価額の算定の基礎になります。金銭支払請求の場合は、その請求金額が訴訟物の価額の算定基準になります（昭31・12・12民甲412民事局長通知）ので、訴訟物の価額は請求額と一致します。ただし、果実、損害賠償、違約金又は費用の請求が訴訟の附帯の目的であるときは、その価額は、訴訟の目的の価額に算入しない（民訴9②）ので、附帯請求として、遅延損害金又は利息の請求をする場合には、その価額は訴訟物の価額に算入しないので注意が必要です。

158 第2章 訴状審査と訴訟類型別のポイント

　具体的には、売買代金100万円並びに確定遅延損害金（又は確定利息）10万円及び売買代金100万円に対する平成○年○月○日から支払済みまで年○パーセントの割合による遅延損害金（又は利息）を請求する場合には、遅延損害金（又は利息）は訴訟物の価額には算入しませんので、この場合、訴訟物の価額は100万円となります。このケースで「110万円及びうち100万円に対する平成○年○月○日から支払済みまで年○パーセントの割合による金員」と「請求の趣旨」に記載した場合には、確定遅延損害金（確定利息）を算入しないよう注意が必要です。

5　「ちょう用印紙額」が民事訴訟費用等に関する法律に基づいて算出され、また印紙が貼付されているか

　訴訟物の価額により手数料の額が決まってきますので、4により算出した訴訟物の価額に対し、民事訴訟費用等に関する法律別表第1の1項により導き出される手数料額に相当する印紙を貼付しなければなりません（民訴費3①・8本文）。

　なお、納付する手数料の額が100万円を超える場合には、現金をもって納付することができます（民訴費8ただし書、民訴費規4の2）。

　民事訴訟費用等に関する法律の規定に従った訴え提起の手数料の納付がない場合は、補正命令の対象になります（民訴137①後段）。

第2章　訴状審査と訴訟類型別のポイント　　159

【25】　売買契約に基づく目的物引渡請求訴訟における訴状審査のポイントは

Q 　売買契約に基づく目的物引渡請求の訴状を作成し、裁判所に提出しようと思いますが、訴状審査において、どのようなことが審査（点検）されるのでしょうか。

A 　まず、訴状記載の不備がないか、手数料の不納付がないか、訴状が提出された裁判所に管轄があるか等について、「訴状審査票」に基づいて、裁判官、書記官が確認します。売買契約（民555）に基づく目的物引渡請求訴訟においては、「売買契約成立の事実」と「目的物」は、請求を特定するために必要な事実ですので、必ず審査（点検）されます。

　目的物の特定については、他のものと識別できる程度に特定されている必要があります。目録を引用している場合には、当該目録の添付漏れがないか、目録の記載内容は正確か、請求の趣旨や請求の原因に記載されている目録の標題と実際の目録の標題に齟齬がないかも併せて審査（点検）されます。さらに、目的物が不動産の場合には、登記簿謄本（登記事項証明書）と訴状に記載された目的物との間に齟齬がないかも審査（点検）されます。

訴状審査の着眼点

記載事項	① 「請求の趣旨」として、引渡しを求める旨が記載され、当該引渡しを求める物が特定されているか
	② 「請求の原因」として、売買契約成立の事実が記載されているか

160　　第２章　訴状審査と訴訟類型別のポイント

	③　証拠として、請求の原因を証明できる書証等が提出されているか。不動産の引渡しを求める場合に、登記簿謄本（登記事項証明書）が添付されているか
手　数　料	④　「訴訟物の価額」が、目的たる物の価格の2分の1となっているか ⑤　「ちょう用印紙額」が民事訴訟費用等に関する法律に基づき算出され、また印紙が貼付されているか

解　説

①　「請求の趣旨」として、引渡しを求める旨が記載され、当該引渡しを求める物が特定されているか

　「請求の趣旨」では、請求が特定されていることが求められます。本設問の場合、求める行為は「引渡し」であり、当該引渡しを求める物が、他のものと区別され特定して記載されているかを、訴状の記載内容や添付書証等と照合して審査（点検）します。引渡しを求める物は、「目録」（不動産の場合には「物件目録」等）を引用する形で記載されることが多いですが、この場合には、「目録」が訴状に添付されているか、目録の記載内容は正確か、請求の趣旨や請求の原因に記載されている目録の標題と実際の目録の標題に齟齬がないかも審査（点検）します。

　なお、引渡しを求める物が「農地」である場合には、農業委員会の許可等が必要な場合がありますので、注意が必要です。

請　求　の　趣　旨

1　被告は、原告に対し、別紙物件目録記載の土地を引き渡せ。

第2章　訴状審査と訴訟類型別のポイント　　　161

```
                物　件　目　録

  所　　在　　○○市○○町○丁目
  地　　番　　○番○
  地　　目　　宅　地
  地　　積　　○○．○○平方メートル

                                    以　上
```

2　「請求の原因」として、売買契約成立の事実が記載されているか

「請求の原因」の一般的な説明については、前掲【24】の2記載のとおりです。

本設問の場合には、請求の原因において、売買契約成立の事実の主張が必要ですので、次のような記載をすることになります。売買の目的物が特定されているか、請求の趣旨に記載した引渡しを求める物と一致しているかについては、特に注意が必要です。

```
              請　求　の　原　因

1　原告は、被告から、平成○年○月○日、別紙目録記載の動産（以下
  「本件動産」という。）を代金○万円で買った（甲第1号証）。
2　よって、原告は、被告に対し、上記売買契約に基づき、本件動産の
  引渡しを求める。

              証　拠　方　法

1　甲第1号証　売買契約書
```

162　第2章　訴状審査と訴訟類型別のポイント

　上記の例では、別紙（物件）目録において、目的物である動産を他の物と識別し特定できる程度に記載することが必要です。

　不動産の引渡し（又は明渡し）を求める場合には、登記簿謄本（登記事項証明書）に記載されている事項と十分に照合する必要があります。

③ 証拠として、請求の原因を証明できる書証等が提出されているか。不動産の引渡しを求める場合に、登記簿謄本（登記事項証明書）が添付されているか

　「請求の原因」に記載された事実を証明することができる客観的事実として証拠を記載するに当たって、「請求の原因」中に書証番号を記載するとともに、別途「証拠方法」という欄を設けて書証の内容を示します。一般的には書証の標題を記載しますので、訴状に記載があるか、書証が添付されているかを審査（点検）します。

　また、不動産（土地、建物）の引渡し（又は明渡し）を求める場合には、当該不動産の登記簿謄本（登記事項証明書）を訴状に添付しなければなりません（民訴規55①一）。訴状審査では、登記簿謄本（登記事項証明書）が添付されているか、登記簿謄本（登記事項証明書）と訴状の記載に齟齬がないかが確認されます。

④ 「訴訟物の価額」が、目的たる物の価格の2分の1となっているか

　訴訟物の価額は、訴えで主張する利益によって算定されます（民訴費4①、民訴8①）。訴えで主張する利益とは、「その訴訟物について訴えの提起等をした者が全部勝訴して請求を認容され、その内容が実現され

第2章　訴状審査と訴訟類型別のポイント　　163

た場合に直接もたらせる経済的利益のことをいい」ます（小川英明・宗宮英俊・佐藤裕義共編『事例からみる訴額算定の手引（3訂版）』3頁（新日本法規出版、平成27年））。

　所有権に基づく物の引渡請求の場合には、目的たる物の価格の2分の1の額を訴訟物の価額（昭31・12・12民甲412民事局長通知）とします。なお、土地については、平成6年4月1日から当分の間その土地の価格の2分の1の価格が「目的たる物の価格」とされています（平6・3・28民二79民事局長通知）（以下「軽減措置」といいます。）。

　引渡しを求める物が不動産の場合は、「目的たる物の価格」は固定資産評価証明書を基準に算定（昭31・12・12民甲412民事局長通知）されるので、売買代金（原告の購入価格）と一致しない場合もありますので、訴額の算定に当たっては注意が必要です。

　引渡しを求める物が動産の場合には、基本的には当該動産の取引価格が「目的たる物の価格」になります（昭31・12・12民甲412民事局長通知）。

　具体的には、次のとおりになります。

①　土地の引渡しを求める場合

　土地の価格×1／2（軽減措置）×1／2

②　建物の明渡しを求める場合

　建物の価格×1／2

　これらの不動産の価格は、前述のとおり固定資産評価証明書の評価額によりますので、訴状に固定資産評価証明書の添付が必要です。なお、固定資産評価額のない不動産については、取引価格が明らかなものは取引価格、明らかでないものは、土地については、近隣地又は類似の物の価額に準じて算定されます。未評価建物の価額は、管轄法務局が作成する「新築建物価格認定基準表」及び「減額限度表」を利用

して算定することが可能です。

③　動産の場合

　動産の価格×1／2

　動産の場合には、原則として、その動産の取引価格によって価額が算定されます。動産の取引価格の疎明を求められる場合もあります。

5　「ちょう用印紙額」が民事訴訟費用等に関する法律に基づいて算出され、また印紙が貼付されているか

　前掲【24】の5を参照してください。

第2章　訴状審査と訴訟類型別のポイント　　165

【26】　貸金返還請求訴訟における訴状審査のポイントは

Q　貸金返還請求の訴状を作成し、裁判所に提出しようと思いますが、訴状審査において、どのようなことが審査（点検）されるのでしょうか。

　また、利息や遅延損害金の請求をする場合に請求の趣旨及び請求の原因の記載で留意すべき点は何でしょうか。

A　まず、訴状記載の不備がないか、手数料の不納付がないかについて、「訴状審査票」に基づいて、裁判官、書記官が確認します。貸金返還請求訴訟においては、「消費貸借契約成立の事実」は、請求を特定するために必要な事実ですので、必ず審査（点検）されます。また、消費貸借契約（民587）は要物契約ですので、「金銭の交付」の事実が記載されているかも審査（点検）されます。さらに、返還時期（弁済期）の合意がある場合はその時期、返還時期（以下「弁済期」といいます。）の合意がない場合は催告の事実と催告期間末日の到来又は客観的相当期間末日の到来も審査（点検）されます。

　附帯請求として利息請求や遅延損害金請求をする場合、「請求の原因」においては、利息請求と遅延損害金請求がそれぞれ特定されているか、利息支払の合意があるか、始期や利率は正確か、約定利息や約定遅延損害金を請求している場合には、約定があるか、利息制限法の制限内の利率によるものかも審査（点検）されますので、この点に留意して請求の趣旨及び原因を記載することが肝要です。

166   第2章　訴状審査と訴訟類型別のポイント

訴状審査の着眼点

記載事項	1 「請求の趣旨」として、支払を求める金額が記載されているか。附帯請求がされているか 2 「請求の原因」として、消費貸借契約成立の事実、金銭の交付及び弁済期が記載されているか。附帯請求の根拠が記載されているか 3 証拠として、請求の原因を証明することのできる客観的事実（書証等）が提出されているか
手 数 料	4 「訴訟物の価額」が訴えで主張する利益によって算定されており、訴訟の附帯の目的となっている果実、損害賠償、違約金又は費用が算入されていないか 5 「ちょう用印紙額」が民事訴訟費用等に関する法律に基づいて算出され、また印紙が貼付されているか

解　説

1 「請求の趣旨」として、支払を求める金額が記載されているか。附帯請求がされているか

　訴状審査においては、請求の趣旨として支払を求める金額が記載されているか、附帯請求がされているかを、請求の原因の記載や添付書証と照合して点検します。附帯請求がされている場合は、請求する利息や遅延損害金が利息制限法の範囲内であるかを審査（点検）します。

第2章　訴状審査と訴訟類型別のポイント　　167

（附帯請求なしの場合）

> 請　求　の　趣　旨
>
> 1　被告は、原告に対し、100万円を支払え。

（附帯請求ありの場合）

> 請　求　の　趣　旨
>
> 1　被告は、原告に対し、120万円及びうち100万円に対する平成○年○
> 月○日から支払済みまで年○パーセントの割合による金員を支払え。

2　「請求の原因」として、消費貸借契約成立の事実、金銭の交付及び弁済期が記載されているか。附帯請求の根拠が記載されているか

貸金返還請求権の発生原因事実は、①金銭の返還の合意、②金銭の交付、③弁済期の合意、④弁済期の到来です。そこで、請求原因に、消費貸借契約成立（民587）の事実や、消費貸借契約は要物契約ですので、金銭の交付の記載が必要になってきます。また、弁済期の合意がある場合は、弁済期の合意とその到来も請求の原因に記載する必要があります。弁済期の定めのない消費貸借契約の場合には、催告（民591①）の事実と催告期間末日の到来又は客観的相当期間末日の到来をしたことの記載が必要です。

具体的な記載例は後記のとおりです。「金銭の返還の合意」と「金銭の交付」の主張（記載）については、実務では、「貸し付けた」という記載や弁済に関する約定の記載の中に含まれると解しています。

利息請求（民589）や、遅延損害金（民415）の請求をする場合には、利息請求と遅延損害金請求の区別を明らかにするとともにその根拠も明らかにする必要があります。利息請求する場合は利息についての合意が必要ですし、民法所定の利率（民404）を超える約定利率の利息や遅延損害金の支払を求める場合は、その旨の合意（約定）の事実を請求の原因に記載する必要があります。なお、法定利率については、民法所定の法定利率が民法の一部を改正する法律（平成29年法律44号）により年5分から年3パーセント（利率は市中の金利の変動に合わせて3年ごとに見直されます。）となります（民404）から注意してください。また、合意（特約）がなければ利息請求できないこともこの改正民法589条により明文化されました（平成32年4月1日施行）。

（附帯請求なし・弁済期の定めがない場合）

請 求 の 原 因

1　原告は、被告に対し、平成○年3月1日、50万円を弁済期の定めなく貸し付けた（甲第1号証）。
2　原告は、被告に対し、平成○年6月30日到達の内容証明郵便（催告書）をもって、催告書到達の翌日から1週間以内に上記50万円を返還するよう催告した（甲第2号証）。
3　しかし、上記1週間を経過しても被告は返済しない。
4　よって、原告は、被告に対し、上記消費貸借契約に基づき、貸金50万円の支払を求める。

証 拠 方 法

1　甲第1号証　金銭消費貸借契約書
2　甲第2号証　催告書（内容証明郵便）

第2章　訴状審査と訴訟類型別のポイント　　169

（附帯請求ありの場合・弁済期の定めがある場合）

請　求　の　原　因

1　原告は、被告に対し、平成○年3月1日、200万円を次の約定で貸し付けた（甲第1号証）。
　　　弁済期　　平成○年11月30日
　　　利　息　　年10パーセント
　　　損害金　　年12パーセント
2　被告は、弁済期を経過しても一向に支払おうとしない。
3　よって、原告は、被告に対し、上記消費貸借契約に基づき、元金200万円並びにこれに対する平成○年3月1日から平成○年11月30日まで約定の年10パーセントの割合による利息及び平成○年12月1日から支払済みまで約定の年12パーセントの割合による遅延損害金の支払を求める。

証　拠　方　法

1　甲第1号証　金銭消費貸借契約書

3　証拠として、請求の原因を証明することのできる客観的事実（書証等）が提出されているか
　前掲【24】の3を参照してください。

4　「訴訟物の価額」が訴えで主張する利益によって算定されており、訴訟の附帯の目的となっている果実、損害賠償、違約金又は費用が算入されていないか
　前掲【24】の4を参照してください。

5　「ちょう用印紙額」が民事訴訟費用等に関する法律に基づいて算出され、また印紙が貼付されているか
　前掲【24】の5を参照してください。

170 第2章 訴状審査と訴訟類型別のポイント

【27】 保証債務履行請求訴訟における訴状審査のポイントは

Q 保証債務履行請求訴訟の訴状を作成し、裁判所に提出しようと思いますが、訴状審査においてどのようなことが審査（点検）されるのでしょうか。また、「保証契約が書面又は電磁的記録によってされた事実」の証拠について、補正の促しを受けた場合には、どのような点に留意して対応すればよいのでしょうか。

A まず、訴状の記載事項に不備がないか、手数料や送達費用の不納付がないか、について「訴状審査票」に基づいて、裁判官・書記官が確認します。保証債務履行請求訴訟においては、「主債務の発生原因事実」と「保証契約の成立の事実」は、請求を特定するために必要な事実ですので、必ず審査（点検）されます。また、「保証契約が書面又は電磁的記録によってされた事実」は、請求を理由づける事実ですので、この事実について補正の促し（民訴規56）を受けた場合には、書証として客観的に証明できる証拠、例えば保証契約書の写しを提出した上で、主張する必要があります。

訴状審査の着眼点

記載事項	① 「請求の趣旨」として、金員を求める旨が記載されているか
	② 「請求の原因」として、「主債務の発生原因事実」と「保証契約の成立の事実」が記載されているか

第2章　訴状審査と訴訟類型別のポイント　　　171

	③　証拠として、「請求の原因」を証明することができる客観的事実（書証など）が提出されているか。また、証拠を記載するに当たって、請求の原因中に書証番号が記載されているか
手 数 料	④　「訴訟物の価額」が請求金額となっているか ⑤　「ちょう用印紙額」が、民事訴訟費用等に関する法律に基づき算出され、また印紙が貼付されているか

解　説

① 　「請求の趣旨」として、金員を求める旨が記載されているか

　「請求の趣旨」では、請求が特定されていることが求められます。本設問の場合、特定の要素は、「債権者」、「債務者」、「支払態様」、「求める金員の額」です。「求める金員の額」は1円単位まで、利息や遅延損害金を同時に請求する場合は「発生の始期」、「利息や遅延損害金の率」が請求の理由と矛盾がないかどうかを確認されます。なお、連帯保証においては、主債務の履行も同時に請求するときは、「債務者」として「被告ら」、「支払態様」には「連帯して」との文言があるかどうかについても確認されます。

（保証人1人に対して請求する場合）

請　求　の　趣　旨

1　被告は、原告に対し、80万円及びこれに対する訴状送達の日の翌日から支払済みまで年5パーセントの割合による金員を支払え。

遅延損害金の定めがなくても、残元金に対する年5パーセントの遅延損害金を請求することができます（民419①・404）が、民法の一部を改正する法律（平成29年法律44号）の施行後は年3パーセントになり、市中金利の変動に合わせて3年ごとに見直されます（民419①・404②〜⑤）（平成32年4月1日施行）。

「訴状送達の日の翌日」とは、被告が訴状副本の送達を受けた日の翌日という意味です。裁判所が訴状を受理した後、訴状副本を被告に送達するため、訴状提出段階では訴状送達の日の翌日は分かりません。そこでこのような記載をします。

（主債務者と連帯保証人に対して請求する場合）

請 求 の 趣 旨

1　被告らは、原告に対し、連帯して、87万2197円及びうち80万円に対する平成30年10月1日から支払済みまで年26.28パーセントの割合による金員を支払え。

「被告ら」とは、被告が複数いる訴訟において、被告全員を指す場合に使用される言葉です。

② 「請求の原因」として、「主債務の発生原因事実」と「保証契約の成立の事実」が記載されているか

「請求の原因」は、請求を特定するのに必要な事実をいいます（民訴規53①）ので、「請求の原因」では「請求の趣旨」記載の請求を特定しているかが確認されます。本設問の場合、「請求の原因」は「主債務の発生原因事実」と「保証契約の成立の事実」です。特定の要素は、前者については主債務の「発生年月日」、「債権者」、「債務者」、「債務の内容」で、後者については保証契約の「成立年月日」、「契約者」、「契約の内容」です。

第2章　訴状審査と訴訟類型別のポイント　　173

　この事実のほかに、請求を理由づける事実（主要事実）を具体的に
記載するとともに、立証を要する事由（原告側において、争点となっ
て立証を要することになると予想する事由）ごとに、当該事実に関連
する事実で重要なもの（重要な間接事実）及び証拠（証拠方法）を記
載しなければならないとしています（民訴規53①）。この場合、請求を
理由づける事実についての主張と当該事実に関連する事実についての
主張とは、できる限り区別して記載しなければなりません（民訴規53
②）。

　本設問の場合、請求を理由づける事実として「保証契約が書面又は
電磁的記録によってされた事実」の記載が求められますので、次のよ
うな記載をする必要があります。

（主債務者と連帯保証人に対して請求する場合）

請　求　の　原　因

1　金銭消費貸借契約の成立
　　原告は、被告Aに対し、次のとおり金員を貸し付けた（甲第1号証の
　1及び2）。
　(1)　貸付日　　平成30年3月31日
　(2)　貸付金額　80万円
　(3)　利息の定め　年18パーセント
　(4)　遅延損害金の定め　年26.28パーセント
　(5)　返済期の定め　平成30年9月30日
2　連帯保証契約の成立
　　被告Bは、原告との間で、書面により、平成30年4月1日、被告Aを
　主債務者とし、第1項の金銭消費貸借契約から生じる一切の債務につ
　いて、連帯保証するとの合意をした（甲第2号証）。
3　返済状況
　　被告らは、第1項の金銭消費貸借契約に基づく返済をしない。
4　よって、原告は、被告らに対し、本件消費貸借契約及び本件保証契

約に基づき、残元金80万円、確定利息金7万2197円及び残元金に対する弁済期の翌日である平成30年10月1日から支払済みまで約定の年26.28パーセントの割合による遅延損害金の連帯支払を求める。

証　拠　方　法

1　甲第1号証の1　金銭消費貸借契約書
2　甲第1号証の2　振込金受取証
3　甲第2号証　　　連帯保証契約書

3　証拠として、「請求の原因」を証明することができる客観的事実（書証など）が提出されているか。また、証拠を記載するに当たって、請求の原因中に書証番号が記載されているか

　請求の原因を証明することができる客観的事実として、証拠を記載するに当たって、請求の原因中に書証番号を記載（前掲2の記載例では、「甲第○号証」と表示しています。）するとともに、別途「証拠方法」という欄を設けて、書証の内容（表題）を表示します。その際、相関関係がわかるようにします。本設問の場合、請求の原因、すなわち「主債務の発生原因事実」及び「保証契約の成立の事実」並びに請求を理由づける事実として「保証契約が書面又は電磁的記録によってされた事実」を証明することができる客観的事実（書証など）が提出されているかについて確認されます。前掲2の記載例では、「主債務の発生原因事実」を証明することができる書証として甲第1号証の1の金銭消費貸借契約書及び甲第1号証の2の振込金受取証、「保証契約の成立の事実」及び「保証契約が書面又は電磁的記録によってされた事実」を証明することができる書証として甲第2号証の連帯保証契約書が提出されています。

第2章　訴状審査と訴訟類型別のポイント　　175

4　「訴訟物の価額」が請求金額となっているか

　訴訟物の価額は、請求金額を前提として、算定されます（昭31・12・12民甲412民事局長通知　6）。しかし、果実、損害賠償、違約金又は費用がその発生原因である主たる請求に附帯して請求されている場合には、訴訟物の価額に算入しない（民訴費4①、民訴9②）とされていますので、注意が必要です。利息は果実とされ（民88②）ていますし、遅延損害金は主たる請求（元本）の履行遅滞による損害賠償（民415）とされ、いずれも主たる請求に附帯して請求されているものなので、原則、訴訟物の価額に算入しません。したがって、「残元本の額」が「訴訟物の価額」となります。なお、前掲2の記載例の場合は、80万円が「訴訟物の価額」となります。ただし、元本は請求しないで、利息、遅延損害金を独立して請求する場合には、その利息等は主たる請求に附帯して請求されていないので、訴訟物の価額に算入します（裁判所書記官研修所編『訴額算定に関する書記官事務の研究（補訂版）』11頁（法曹会、平成14年））。

5　「ちょう用印紙額」が、民事訴訟費用等に関する法律に基づき算出され、また印紙が貼付されているか

　訴訟物の価額により、手数料の額が決まってきますので、前掲4により算出した訴訟物の価額に対し、民事訴訟費用等に関する法律別表第1の1項により導き出される手数料額に相当する印紙を貼付しなければなりません（民訴費3①・8本文）。なお、前掲2の記載例の場合は、80万円が「訴訟物の価額」となるので、相当する印紙は8,000円となります。

176 第2章　訴状審査と訴訟類型別のポイント

【28】　所有権に基づく動産引渡請求訴訟における訴状審査のポイントは

Q 　所有権に基づく動産引渡請求訴訟の訴状を作成し、裁判所に提出しようと思いますが、訴状審査においてどのようなことが審査（点検）されるのでしょうか。また、「目的とする動産を特定する事実」について、補正命令を受けた場合には、どのような点に留意して対応すればよいのでしょうか。

A 　まず、訴状の記載事項に不備がないか、手数料や送達費用の不納付がないか、について「訴状審査票」に基づいて、裁判官・書記官が確認します。所有権に基づく動産引渡請求訴訟においては、「原告が動産を所有している事実」は、請求を特定するために必要な事実ですので、必ず審査（点検）されます。また、「対象物件（動産）を特定する事項」について補正命令（民訴137①）を受けた場合には、書証として客観的に証明できる証拠、例えば目的とする対象物件の製造番号が撮影された写真等他の動産と区別をするための事実を証明する書証を提出した上で、より具体的に特定する必要があります。

訴状審査の着眼点

記載事項	① 「請求の趣旨」として、動産の引渡しを求める旨が記載されているか ② 「請求の原因」として、「原告が動産を所有している事実」が記載されているか

第2章　訴状審査と訴訟類型別のポイント　　177

	③　証拠として、「請求の原因」を証明することができる客観的事実（書証など）が提出されているか。また、証拠を記載するに当たって、請求の原因中に書証番号を記載しているか
手数料	④　「訴訟物の価額」が目的物の価額の2分の1となっているか
	⑤　「ちょう用印紙額」が、民事訴訟費用等に関する法律に基づき算出され、また印紙が貼付されているか

解　説

①　「請求の趣旨」として、動産の引渡しを求める旨が記載されているか

　「請求の趣旨」では、請求が特定されているか、また、別紙目録がある場合は当該目録が付いているかが確認されます。本設問の場合、求める行為が「引渡し」、対象物件が「物件目録」にて、具体的に特定されています。将来の強制執行に備えて、可能な限り詳細に特定され、かつ、提出された書証と矛盾がないかどうかを確認されます。例えば、次の事項を記載して特定することが考えられます。

①　機械……商品名、型式名、製造番号、数量

②　犬……犬種、匹数、愛称、毛色、年齢、購入価格

③　貴金属……種類、個数、宝石の種類、宝石の色、宝石の個数、写真、購入価格

④　書類……タイトル、作成年月日、作成者

178 第2章 訴状審査と訴訟類型別のポイント

⑤ 家具……品目、サイズ（縦約○センチメートル、幅約○センチメートル、高さ約○センチメートル)、図面、写真

⑥ 絵画……作家名、作品名、サイズ（○号）

請 求 の 趣 旨

1 被告は、原告に対し、別紙物件目録記載の動産を引き渡せ。

2 前項の強制執行ができないときは、被告は、原告に対し、別紙物件目録1項記載の動産につき12万円、別紙物件目録2項記載の動産につき8万円を支払え。

（別　紙）

物 件 目 録

1 商 品 名　ノート型パソコン
　　型 式 名　○○○○
　　製造番号　○○○○
　　数　　量　1個

2 商 品 名　レーザープリンター
　　型 式 名　○○○○
　　製造番号　○○○○
　　数　　量　1個

以　上

　1項は動産の引渡しの請求です。「目的とする動産を特定する事項」は別紙物件目録に記載しています。

第2章　訴状審査と訴訟類型別のポイント　　179

　将来の強制執行が不能だった場合に備えて、あらかじめ目的動産の時価相当額の金銭（損害賠償）を請求することができます（最判昭30・1・21民集9・1・22、塚原朋一『事例と解説民事裁判の主文』116頁（新日本法規出版、平成18年）、田中永司『民事訴状モデル文例集』199頁（新日本法規出版、平成2年））。これを代償請求といい、2項はその請求です。

② 「請求の原因」として、「原告が動産を所有している事実」が記載されているか

　「請求の原因」は、請求を特定するのに必要な事実をいいます（民訴規53①）ので、「請求の原因」では「請求の趣旨」記載の請求を特定しているかが確認されます。本設問の場合、「請求の原因」は「原告が動産を所有している事実」です。また、代償請求をする場合、口頭弁論期日当時における「価額」を特定するべきですが、将来の「価額」は不明なので、訴状提出時の「価額」を特定することになります。

　この事実のほかに、請求を理由づける事実（主要事実）を具体的に記載するとともに、立証を要する事由（原告側において、争点となって立証を要することになると予想する事由）ごとに、当該事実に関連する事実で重要なもの（重要な間接事実）及び証拠（証拠方法）を記載しなければならないとしています（民訴規53①）。この場合、請求を理由づける事実についての主張と、当該事実に関連する事実についての主張とは、できる限り区別して記載しなければなりません（民訴規53②）。

　本設問の場合、請求を理由づける事実として「被告が動産を占有している事実」の記載が求められますので、次のような記載をする必要があります。

180　　第2章　訴状審査と訴訟類型別のポイント

請　求　の　原　因

1　原告の所有権
　　原告は、訴外○○株式会社から、別紙物件目録記載の動産（以下、「本件動産」という。）を購入した（甲第1号証）。
　(1)　購入日　　平成30年4月1日
　(2)　購入金額　別紙物件目録1項記載の動産につき12万円
　　　　　　　　　別紙物件目録2項記載の動産につき8万円
2　被告の占有
　　被告は、平成30年4月2日、原告の自宅から本件動産を窃取した（甲第2号証）。
3　よって、原告は、被告に対し、所有権に基づき、本件動産の引渡しを求め、本件動産の引渡しの強制執行ができないときは、別紙物件目録1項記載の動産につき12万円、別紙物件目録2項記載の動産につき8万円の支払を求める。

証　拠　方　法

1　甲第1号証　領収書
2　甲第2号証　刑事事件判決謄本

3　証拠として、「請求の原因」を証明することができる客観的事実（書証など）が提出されているか。また、証拠を記載するに当たって、請求の原因中に書証番号を記載しているか

　請求の原因を証明することができる客観的事実として、証拠を記載するに当たって、請求の原因中に書証番号を記載（前掲**2**の記載例では、「甲第○号証」と表示しています。）するとともに、別途「証拠方法」という欄を設けて、書証の内容（表題）を表示します。その際、

第2章　訴状審査と訴訟類型別のポイント　　181

相関関係がわかるようにします。前掲②の記載例の場合、請求の原因、すなわち「原告が動産を所有している事実」及び請求を理由づける事実として「被告が動産を占有している事実」を証明することができる客観的事実（書証など）が提出されているか確認されます。前掲②の記載例では、「原告が動産を所有している事実」を証明することができる書証として甲第1号証の領収書、「被告が動産を占有している事実」を証明することができる書証として甲第2号証の刑事事件判決謄本が提出されています。

④　「訴訟物の価額」が、目的物の価額の2分の1となっているか

　訴訟物の価額は、目的物（引渡しを求める動産）の価額の2分の1を前提として、算定されます（昭31・12・12民甲412民事局長通知　7(1)）。目的物の価額は、地方税法341条4号の償却資産に当たる場合には、固定資産税の課税標準となる価格（固定資産評価額）となりますので、固定資産評価証明書を提出して、目的物の価額を証明しなければなりません。償却資産以外の目的物の価額は、購入金額が分かればその金額、分からなければ市場価格（同種の物を新たに購入する場合に要する費用）となりますので、前者の場合は領収書など、後者の場合はその金額を証明する書類又は原告作成の上申書等を提出して、目的物の価額を証明しなければなりません。ただし、遺骨の引渡しは、非財産権上の請求と解され、目的物の価額は160万円とみなされます（民訴費4②前段）。なお、前掲②の記載例の場合は、物件目録記載のノート型パソコンとレーザープリンターの購入金額や市場価格の2分の1が「訴訟物の価額」となります（10万円）。しかし代償請求もする場合には、動産の引渡請求と経済的利益が共通であるため、両者の多額の一方の価額が

全体の「訴訟物の価額」となります（民訴9①ただし書）。代償請求の価額は、通常、購入金額や市場価格と同一の20万円であり、引渡請求の「訴訟物の価額」は10万円ですから、全体の「訴訟物の価額」は、より多額の20万円となります。

5　「ちょう用印紙額」が、民事訴訟費用等に関する法律に基づき算出され、また印紙が貼付されているか

　訴訟物の価額により、手数料の額が決まってきますので、前掲4により算出した訴訟物の価額に対し、民事訴訟費用等に関する法律別表第1の1項により導き出される手数料額に相当する印紙を貼付しなければなりません（民訴費3①・8本文）。なお、前掲2の記載例の場合は、代償請求がない場合は10万円が「訴訟物の価額」となるので相当する印紙は1,000円、代償請求がある場合は20万円が「訴訟物の価額」となるので相当する印紙は2,000円となります。

第2章　訴状審査と訴訟類型別のポイント　　183

【29】　譲受債権請求訴訟における訴状審査のポイントは

Q　譲受債権請求訴訟の訴状を作成し、裁判所に提出しようと思いますが、訴状審査においてどのようなことが審査（点検）されるのでしょうか。また、「譲受債権の取得原因事実」の証拠について、補正の促しを受けた場合には、どのような点に留意して対応すればよいのでしょうか。

A　まず、訴状の記載事項に不備がないか、手数料や送達費用の不納付がないか、について「訴状審査票」に基づいて、裁判官・書記官が確認します。譲受債権請求訴訟においては、「譲受債権の発生原因事実」は、請求を特定するために必要な事実ですので、必ず審査（点検）されます。また、「譲受債権の取得原因事実」は、請求を理由づける事実ですので、この事実について補正の促し（民訴規56）を受けた場合には、書証として客観的に証明できる証拠、例えば債権譲渡契約書の写しを提出した上で、主張する必要があります。以下、主債務が金銭支払債務であることを前提にします。

訴状審査の着眼点

記載事項	① 「請求の趣旨」として、金員を求める旨が記載されているか ② 「請求の原因」として、「譲受債権の発生原因事実」が記載されているか ③ 証拠として、「請求の原因」を証明することができる客観的事実（書証など）が提出されているか。また、

184　第２章　訴状審査と訴訟類型別のポイント

	証拠を記載するに当たって、請求の原因中に書証番号が記載されているか
手 数 料	④　「訴訟物の価額」が請求金額となっているか ⑤　「ちょう用印紙額」が、民事訴訟費用等に関する法律に基づき算出され、また印紙が貼付されているか

解　説

① 「請求の趣旨」として、金員を求める旨が記載されているか

「請求の趣旨」では、請求が特定されていることが求められます。本設問の場合、特定の要素は、「債権者」、「債務者」、「支払態様」、「求める金員の額」です。「求める金員の額」は1円単位まで、利息や遅延損害金を同時に請求する場合は「発生の始期」、「利息や遅延損害金の率」が請求の理由と矛盾がないかどうかを確認されます。

請 求 の 趣 旨

1　被告は、原告に対し、50万円及びこれに対する平成30年10月1日から
　　支払済みまで年5パーセントの割合による金員を支払え。

---

② 「請求の原因」として、「譲受債権の発生原因事実」が記載されているか

「請求の原因」は、請求を特定するのに必要な事実をいいます（民訴規53①）ので、「請求の原因」では「請求の趣旨」記載の請求を特定して

第2章　訴状審査と訴訟類型別のポイント　　185

いるかが確認されます。本設問の場合、「請求の原因」は「譲受債権の発生原因事実」です。特定の要素は、「発生年月日」、「債権者」、「債務者」、「債権の内容」です。

　この事実のほかに、請求を理由づける事実（主要事実）を具体的に記載するとともに、立証を要する事由（原告側において、争点となって立証を要することになると予想する事由）ごとに、当該事実に関連する事実で重要なもの（重要な間接事実）及び証拠（証拠方法）を記載しなければならないとしています（民訴規53①）。この場合、請求を理由づける事実についての主張と当該事実に関連する事実についての主張とは、できる限り区別して記載しなければなりません（民訴規53②）。

　本設問の場合、請求を理由づける事実として「譲受債権の取得原因事実」の記載が求められますので、次のような記載をする必要があります。

　なお、債権譲渡は、譲渡人が債務者に通知し、又は債務者が承諾しなければ、債務者その他の第三者に対抗することができません（民467①）。この通知・承諾は、対抗要件であり、被告の抗弁事由と解されており、理論的には請求の原因としては記載する必要はありません。

　しかし、実務では通知又は承諾の事実を記載し、通知書（内容証明郵便及び配達証明書）又は承諾書等を書証として提出する例も少なくありません。

　　　　　　　　　　　請　求　の　原　因

　1　金銭消費貸借契約の成立
　　　訴外Aは、被告に対し、次のとおり金員を貸し付けた（甲第1号証の1及び2）。

186 第2章 訴状審査と訴訟類型別のポイント

- (1) 貸付日　　平成30年4月1日
- (2) 貸付金額　80万円
- (3) 利息の定め　なし
- (4) 遅延損害金の定め　なし
- (5) 最終弁済期の定め　平成30年9月30日

2　返済状況

　被告は、前項の金銭消費貸借契約に基づき平成30年8月30日、30万円を返済した。

3　訴外Aは、原告に対し、平成30年9月30日、第1項の債権を譲り渡した（甲第2号証）。

4　よって、原告は、被告に対し、本件消費貸借契約に基づき、50万円及びこれに対する弁済期の翌日である平成30年10月1日から支払済みまで民法所定の年5パーセントの割合による遅延損害金の支払を求める。

証　拠　方　法

1　甲第1号証の1　金銭消費貸借契約書
2　甲第1号証の2　振込金受取証
3　甲第2号証　　　債権譲渡契約書

　遅延損害金の定めがなくても、残元金に対する年5パーセントの遅延損害金を請求することができます（民419①・404）が、民法の一部を改正する法律（平成29年法律44号）の施行後は年3パーセントになり、市中金利の変動に合わせて3年ごとに見直されます（民419①・404②～⑤）（平成32年4月1日施行）。

3　証拠として、請求の原因を証明することができる客観的事実（書証など）が提出されているか。また、証拠を記載するに当たって、請求の原因中に書証番号が記載されているか

　請求の原因を証明することができる客観的事実として、証拠を記載

第2章　訴状審査と訴訟類型別のポイント　　187

するに当たって、請求の原因中に書証番号を記載（前掲②の記載例では、「甲第○号証」と表示しています。）するとともに、別途「証拠方法」という欄を設けて、書証の内容（表題）を表示します。その際、相関関係がわかるようにします。本設問の場合、請求の原因、すなわち「譲受債権の発生原因事実」及び請求を理由づける事実として「譲受債権の取得原因事実」を証明することができる客観的事実（書証など）が提出されているかを確認されます。前掲②の記載例では、「譲受債権の発生原因事実」を証明することができる書証として、甲第1号証の1の金銭消費貸借契約書及び甲第1号証の2の振込金受取証、「譲受債権の取得原因事実」を証明することができる書証として甲第2号証の債権譲渡契約書が提出されています。

④　「訴訟物の価額」が請求金額となっているか

　訴訟物の価額は、請求金額を前提として、算定されます（昭31・12・12民甲412民事局長通知　6）。しかし、果実、損害賠償、違約金又は費用がその発生原因である主たる請求に附帯して請求されている場合には、訴訟物の価額に算入しない（民訴費4①、民訴9②）とされていますので、注意が必要です。利息は果実とされ（民88②）ていますし、遅延損害金は主たる請求（元本）の履行遅滞による損害賠償（民415）とされ、いずれも主たる請求に附帯して請求されているものなので、原則、訴訟物の価額に算入しません。したがって、「残元本の額」が「訴訟物の価額」となります。なお、前掲②の記載例の場合は、50万円が「訴訟物の価額」となります。ただし、元本は請求しないで、利息、遅延損害金を独立して請求する場合には、その利息等は主たる請求に附帯して請求されていないので、訴訟物の価額に算入します（裁判所書記官研修所編『訴額算定に関する書記官事務の研究（補訂版）』11頁（法曹会、平成14年））。

188 第2章 訴状審査と訴訟類型別のポイント

5 「ちょう用印紙額」が、民事訴訟費用等に関する法律に基づき算出され、また印紙が貼付されているか

訴訟物の価額により、手数料の額が決まってきますので、前掲4により算出した訴訟物の価額に対し、民事訴訟費用等に関する法律別表第1の1項により導き出される手数料額に相当する印紙を貼付しなければなりません（民訴費3①・8本文）。なお、前掲2の記載例の場合は、50万円が「訴訟物の価額」となるので、相当する印紙は5,000円となります。

第2章　訴状審査と訴訟類型別のポイント　　189

【30】　不当利得返還（過払金）請求訴訟における訴状審査のポイントは

Q　貸金業者に対し、利息制限法の制限利率を超える金利で返済していたことに基づく不当利得返還（過払金）請求訴訟の訴状を作成し、裁判所に提出しようと思いますが、訴状審査においてどのようなことが審査（点検）されるのでしょうか。

A　原告が、被告との間で、利息制限法の制限利率を超過する約定利率で金銭消費貸借取引を行ったことの記載が必要です。通常、その取引の経過（借入と返済）は別紙として添付する引直計算書（以下「別紙計算書」といいます。）に記載されますが、業者から取り寄せた取引履歴に基づき正確に記載されていなければなりません。

被告が悪意の受益者であるとして民法704条の法定利息を請求する場合には、被告が貸金業者であることの記載も必要です。附帯請求の法的性質が民法704条の法定利息なのか遅延損害金なのかも明らかにする必要があります。

訴状審査の着眼点

記載事項	① 「請求の趣旨」の記載は、別紙計算書の記載と整合しているか
	② 「請求の原因」として、①原告の損失、②被告の利得、③①と②との間の因果関係、④被告の利得が法律上の原因に基づかないことを示す記載がなされているか

	③ 取引経過は取引履歴に基づき正確に記載されているか
	④ 基本的な書証として取引履歴が添付されているか
手 数 料	⑤ 併合請求の場合、過払金元金の合計額により算出されているか。事物管轄はどうなるか

解　説

① 「請求の趣旨」の記載は、別紙計算書の記載と整合しているか

　「請求の趣旨」は、通常、最終取引日における過払金と同日までの確定過払利息の合計額及び過払金に対するその翌日から支払済みまでの法定利息の請求という記載がなされますが、別紙計算書の末尾の記載（過払金額、確定過払利息額、附帯請求の起算日）と整合していなければなりません。

　附帯請求については、請求の時から利得金に対する遅延損害金を請求する場合（民412③）と相手方が悪意の受益者であるとして法定利息を請求する場合（民704前段）とがあります。いずれの場合でも利率は年5分であるためか性質を明らかにしていない訴状がまま見られますが、訴訟物を明らかにするのは原告の責任ですからいずれの請求なのかをよって書において明示することが必要です。実務上、遅延損害金の場合は、起算日が通常訴状送達の日の翌日からとされることが多いのに対し、法定利息は過払金が発生した時から請求できる（最判平21・9・4裁判集民231・477）ため、原告にとって有利な法定利息としての請求がほとんどです（なお、過払となったその当日から請求できるのか、翌日から請求できるのかについては考え方が分かれているため、いず

れによっても指摘を受けることはありません。)。

　なお、法定利率については、民法所定の法定利率が民法の一部を改正する法律（平成29年法律44号）により年3パーセントとなり、市中の金利の変動に合わせて3年ごとに見直されます（民404②～⑤）から注意してください（平成32年4月1日施行）。

請　求　の　趣　旨

1　被告は、原告に対し、○万○円及びうち△万△円に対する平成○年○月○日から支払済みまで年5分の割合による金員を支払え。

(注)　「○万○円」は最終取引日における過払金と同日までの確定過払利息の合計、「△万△円」は最終取引日における過払金、「平成○年○月○日」は最終取引日の翌日

2　「請求の原因」として、①原告の損失、②被告の利得、③①と②との間の因果関係、④被告の利得が法律上の原因に基づかないことを示す記載がなされているか

　不当利得に基づく利得返還請求権の発生要件については、一般的には、上記のとおり整理されますが、過払金返還請求の場合には、原告が被告との間の金銭消費貸借取引において、利息制限法の制限利率を超過する約定利率により利息、遅延損害金を支払ったことを主張すれば上記の事実が表れることになります。

　以上に加えて、被告が利得の際に悪意であったことを基礎付ける事情として被告が貸金業者であるとの主張があれば、被告は「悪意の受益者」であるとの事実上の推定がなされ、被告から反証がされない限り悪意が認定されることになります（最判平19・7・13判タ1252・110参照）。

　なお、貸金業者に吸収合併などがあった場合には、その経過についての記載も必要となります。

192 第2章 訴状審査と訴訟類型別のポイント

請 求 の 原 因

1 被告は、貸金業の登録を受けた貸金業者である。
2 原告は、被告との間で、平成○年○月○日から平成○年○月○日までの間、別紙計算書のとおり継続的な金銭消費貸借取引を行った（甲第1号証）。
3 前項の取引について、利息制限法の利率に引き直して計算すると、別紙計算書記載のとおり過払金が生じている。同過払金について、被告は、法律上の原因なくして利益を受け、これによって、原告は同額の損失を受けた。
4 被告は、貸金業の登録業者であり、利息制限法の制限利率を超える金利で貸し付けていることを知りながら、原告から返済を受けていたのであるから、悪意の受益者である。
5 よって、原告は、被告に対し、不当利得返還請求権に基づき、過払金○万円及び平成○年○月○日までの過払利息○万円の合計○万円並びにうち○万円に対する平成○年○月○日から支払済みまで民法所定の年5分の割合による利息の支払を求める。

証 拠 方 法

1 甲第1号証 取引履歴

---

③ 取引経過は取引履歴に基づき正確に記載されているか

引直計算書を作成する際に取引日や取引金額の入力が誤っていると直接に請求金額に影響してしまいますから、被告である業者から入手した取引履歴に基づき正確に記載することが必要です。計算過程において日割計算をする場合、うるう年については分母を366日として計算しなければなりません。

取引開始当初の借入金額が10万円未満の場合には利率は年20パーセ

ントとしなければなりません（利息制限法1一）。しかし、取引の途中で
借入残高が10万円以上となって一旦適用利率が年18パーセント（利息
制限法1二）に下がった場合には、その後借入残高が10万円未満となっ
ても適用利率を年20パーセントに戻す必要はありません。一旦無効と
なった利息の約定が有効になることはないからです（最判平22・4・20判
タ1326・115参照）。元本が100万円以上の15パーセント（利息制限法1三）と
100万円未満の18パーセントの場合でも同様です（なお、原告が上記に
反し高い利率で引直計算していても処分権主義の観点から指摘を受け
ることはありませんから注意してください。）。

4　基本的な書証として取引履歴が添付されているか

　基本的な書証として、被告である業者から取り寄せた取引履歴が添
付されている必要があります（民訴規53①）。

5　併合請求の場合、過払金元金の合計額により算出されている
　か。事物管轄はどうなるか

　過払金返還請求訴訟においては、しばしば、1通の訴状で、複数の債
務者が原告となり同じ貸金業者を被告としたり、1人の原告が数社の
貸金業者を被告とするなどの主観的併合の形態で訴えが提起されるこ
とがありますが、これらの場合の訴額は、各過払金元金を合算して算
定し（民訴9）、140万円を超える場合には地方裁判所の事物管轄となり
ます（最高裁平成23年5月18日決定（判タ1352・152）は、1名の原告が3社
の貸金業者を被告とし、各請求額はいずれも140万円を超えないがこ
れらを合算した額が140万円を超える併合請求の事案について、地方
裁判所の事物管轄に属すると判断しています。逆に、複数の債務者が
原告となり同一の貸金業者を被告として同様の併合請求をする場合で
も同様に解されています（竹内努「過払金返還請求訴訟の審理の実情」判タ
1306号44頁（平成21年））。）。

194　　第2章　訴状審査と訴訟類型別のポイント

【31】　賃金請求訴訟における訴状審査のポイントは

Q　使用者に対し、未払賃金請求訴訟の訴状を作成し、裁判所に提出しようと思いますが、訴状審査において、どのような点が審査（点検）されるのでしょうか。

　超過勤務手当や付加金も併せて請求したいと考えていますので、留意点を教えてください。

A　労働契約（雇用契約）の締結と、労働に従事したこと（労契6、民623）の記載がなされているかについて審査されます。また、労働契約については、賃金に関する定めが記載されているかについて審査されます。遅延損害金を請求する場合には、賃金の締日と支払日の記載も審査されます。

　超過勤務手当の請求については、勤務時間の把握が重要になります。その点についての証拠が薄いという場合には、民事調停手続によることも考慮してください。

訴状審査の着眼点

記載事項	① 「請求の趣旨」の附帯請求の利率や始期が正確に記載されているか ② 「請求の原因」に雇用契約の締結や労務提供の事実等が記載されているか ③ 時間外手当請求について、1時間当たりの賃金額の算定等が正しくなされているか ④ 雇用契約書等の基本的な書証が添付されているか

第2章　訴状審査と訴訟類型別のポイント　　195

| 手 数 料 | ⑤ 付加金を訴額に含めていないか |

解　説

1 「請求の趣旨」の附帯請求の利率や始期が正確に記載されているか

　遅延損害金の利率は、退職していない労働者の場合、使用者が商人であれば商事法定利率（年6分）、その他は年5分となります（最判昭51・7・9判タ337・197）。始期は賃金支払期日の翌日です。

　退職労働者の場合、退職日までは上記と同様ですが、退職の日（退職の日後に支払期日が到来する賃金にあっては、当該支払期日）の翌日からは年14.6パーセントの利率によることができます（賃金の支払の確保等に関する法律6①、賃金の支払の確保等に関する法律施行令1）。

　付加金の支払義務は、これを命ずる判決の確定により初めて発生します（最判昭35・3・11判時218・6）から、遅延損害金の始期は判決確定日の翌日であり、判決主文中の付加金に関する部分には仮執行宣言を付することはできません。付加金に係る遅延損害金の利率は年5分です（前記最判昭51・7・9）。

　なお、法定利率については、民法所定の法定利率が民法の一部を改正する法律（平成29年法律44号）により年3パーセントと改正され（民404②）（市中の金利の変動に合わせて3年ごとに見直されます（民404③〜⑤）。）、商事法定利率については民法の一部を改正する法律の施行に伴う関係法律の整備等に関する法律（平成29年法律45号）により商法514条が削除されましたから注意してください（いずれも平成32年4月1日施行）。

請 求 の 趣 旨

1　被告は、原告に対し、〇〇万円及びこれに対する平成〇年〇月〇日
　から支払済みまで年6分の割合による金員を支払え。
2　被告は、原告に対し、〇〇万円及びこれに対する本判決確定の日の
　翌日から支払済みまで年5分の割合による金員を支払え。
3　訴訟費用は被告の負担とする。
4　第1項につき仮執行宣言

（注）　前記請求の趣旨第2項は付加金の請求

② 「請求の原因」に雇用契約の締結及び労務提供の事実等が記載されているか

　雇用契約の締結の事実として、仕事の内容、賃金の種類（月給、日給、時給など）、賃金額、締日及び支払期日を記載します。給料額は、扶養手当などの諸手当を含む金額で、税金などを控除される前の額を記載します。

　原告が賃金未払期間中、契約に従って労務を提供した事実を記載しなければなりません（ノーワークノーペイの原則）。

　また、附帯請求の関係で、使用者が商人であること（年6分の請求の場合）や労働者が退職したこと及びその日（年14.6パーセントの請求の場合）の記載が必要となる場合があります。

③ 時間外手当等の請求について、割増賃金の基礎となる1時間当たりの賃金額の算定等が正しくなされているか

　1　時間外、休日及び深夜の割増賃金は、単価×時間数×割増率により算出されます。

　2　単価（通常の労働時間の賃金）の算定方法については、労働基準法施行規則19条に賃金の種類ごとに定めがあり、労働基準法37条5

項及び同施行規則21条に計算の基礎に算入しない手当についての定めがありますので、これらの規定に従った計算がなされているかの確認のため、その計算方法について記載してください。

3　実労働時間（始業時刻から終業時刻までの拘束時間）から休憩時間を除いた時間が、法定労働時間（1日8時間、1週間40時間（労基32））を超える場合に、その超えた時間数が割増賃金の支給対象となります。

4　割増率は、労働基準法37条、同施行規則20条及び労働基準法第37条第1項の時間外及び休日の割増賃金に係る率の最低限度を定める政令により、以下のように定められています。

	平　　日		法定休日
	時 間 内	時 間 外	
通　　常	－	25%	35%
深　　夜	25%	50%	60%

5　実務上は、表計算ソフトを活用して算出した別表が訴状に添付されるのが一般的です。裁判所からデータの提供を求められる（民訴規3の2①）場合もありますから、操作が容易で信頼できるものを使用してください。

④　基本的な書証が添付されているか

雇用契約書、労働条件通知書、求人票、給与明細、就業規則などの基本的な書証の写しが訴状に添付されていなければなりません。実労働時間の認定が争点となることが想定される場合には、これを裏付ける証拠（タイムカード、日誌、日記等）の提出が必要となりますが、それが膨大であるときには、相手方の認否を待って提出することが相当なケースもあるでしょう（藤井聖悟「実労働時間の認定・評価・判断に関す

る諸問題」白石哲編著『労働関係訴訟の実務』57・58頁（商事法務、平成24年）参照）。

請 求 の 原 因

1　被告は、○業を主たる目的とする株式会社である。
2　原告は、平成○年○月○日、被告との間で、次の内容の労働契約を締結した（甲第1号証、甲第2号証）。
　　職務内容、期間の定めの有無、賃金（月給・日給・時給の別、基本給額、各種手当額）、支払期日、締日、所定労働時間（始業時間、終業時間、休憩時間）、所定休日
3　通常の時間の賃金額、積算方法
　※　月給制の場合
　　　賃金・手当額を1月の所定労働時間数（月により異なる場合は、1年間における1月平均所定労働時間数）で割った金額（労働基準法施行規則19①四）。
4　労務提供の事実
　　原告は、平成○年○月○日から平成○年○月○日まで職務に従事し、同期間中、別表記載のとおり、時間外労働に従事した。
5　原告は、平成○年○月○日、被告を退職した。
6　よって、原告は、被告に対し、賃金支払請求権に基づき、未払賃金○○万円及びこれに対する各支払期日の翌日から退職の日である平成○年○月○日まで商事法定利率である年6分の割合による遅延損害金○○万円並びに未払賃金（時間外手当）○○万円に対する退職日（退職日の後に支払期日が到来する部分については当該支払期日）の翌日である平成○年○月○日から支払済みまで賃金の支払の確保等に関する法律所定の年14.6パーセントの割合による遅延損害金の支払を、付加金請求権に基づいて、未払賃金（時間外手当）○○万円と同額の付加金及びこれに対する本判決確定の日の翌日から支払済みまで民法所定の年5分の割合による遅延損害金の支払を求める。

証 拠 方 法

1　甲第1号証　雇用契約書
2　甲第2号証　就業規則

第2章 訴状審査と訴訟類型別のポイント 199

⑤ 付加金を訴額に含めていないか

　未払の解雇手当、休業手当、残業代などについては、それと同額の付加金を課することができます（労基114）。この付加金の請求については、損害賠償又は違約金の請求に含まれるものとして（民訴9②）訴額に算入されませんので注意してください（最決平27・5・19判タ1416・61）。

【32】 保険金請求訴訟における訴状審査のポイントは

Q 車が盗難被害に遭いました。車両保険に入っていたので保険会社に保険金を請求しましたが、保険会社から支払を拒絶されてしまいました。訴えを起こそうと思っていますが、訴状審査においてどのようなことが審査（点検）されるのでしょうか。

A 保険金請求事件については、適用される規定が違ってくるため、保険契約の締結日が保険法施行（平成22年4月1日）より前なのか後なのかが審査（点検）されます。保険法施行前の契約であっても経過規定によって保険事故が施行日以後に発生した場合には適用される規定もあるため注意が必要です。

保険契約の具体的な内容は約款に規定されていますから、その保険契約に適用される約款の文言も審査（点検）されます。

また、車両保険金請求事件に関しては重要な最高裁判決がありますので、その趣旨に沿って的確に記載されているか審査（点検）されます。

訴状審査の着眼点

記載事項	① 「請求の趣旨」の附帯請求の利率や起算日に誤りはないか
	② 「請求の原因」は、最高裁判例の趣旨に沿って盗難につき外形的事実（存在事実と持去り事実）が的確に記載されているか

	第2章　訴状審査と訴訟類型別のポイント　　201
	③　保険証券などの基本的な証拠が添付されているか
手 数 料	④　「訴訟物の価額」が、請求する保険金額と一致しているか

解　説

1　「請求の趣旨」の附帯請求の利率や起算日に誤りはないか

　保険契約に基づく保険給付請求の附帯請求（遅延損害金請求）の利率は年6分です（商514）。被告保険会社が保険相互会社の場合でも商法514条が準用されます（保険業法21②）。

　なお、民法の一部を改正する法律（平成29年法律44号）の施行（平成32年4月1日）に合わせて、平成29年法律45号により商法514条は削除され、民法に規定する法定利率（年3パーセント（民404②）。市中の金利の変動に合わせて3年ごとに見直されます（民404③〜⑤）。）が適用されることとなりますから注意してください。

　起算日は履行期の定めがある場合はその翌日です（民412①）。約款では、履行期は、原則として、保険給付請求完了日から30日以内と定められているのが通例です。履行期を定めた場合であっても、それが、保険事故、てん補損害額、保険者が免責される事由その他の保険給付を行うために確認をすることが損害保険契約上必要とされる事項の確認をするための相当の期間を経過する日後の日であるときは、当該期間を経過する日をもって保険給付を行う期限となります（保険法21①）

　（平成22年4月1日に保険法が施行されましたが、施行日前に締結された旧損害保険契約でも保険事故が施行日以後に発生した場合には、保険法21条の規定が適用されます（保険法附則3②）。）。

202　　第2章　訴状審査と訴訟類型別のポイント

請　求　の　趣　旨

1　被告は、原告に対し、○○万円及びこれに対する訴状送達の日の翌日から支払済みまで年6分の割合による金員を支払え。

2　訴訟費用は被告の負担とする。

との判決並びに第1項につき仮執行の宣言を求める。

---

[2]　「請求の原因」は、最高裁判例の趣旨に沿って盗難につき外形的事実（存在事実と持去り事実）が的確に記載されているか

　要件事実としては、①車両保険契約の成立、②被保険自動車につき保険期間中の保険事故の発生、③損害の発生及び額並びに④②と③の因果関係が挙げられます。

　車両が盗難に遭った旨の記載があれば、②、③の損害の発生、④が表れます。③の損害額については、車両保険金額となります。

　主要な争点となる②について、原告は、「被保険者以外の者が被保険者の占有に係る被保険自動車をその所在場所から持ち去ったこと」という外形的な事実を主張、立証しなければならず（最判平19・4・17判タ1242・104）、請求原因には、その外形的事実を構成する被保険者の占有に係る被保険自動車が保険金請求者の主張する所在場所に置かれていたこと（存在事実）及び被保険者以外の者がその場所から被保険自動車を持ち去ったという事実（持去り事実）を記載する必要があります。当該盗難の事実を争う保険会社において故意免責（持去りが被保険者たる原告の意思に基づくこと）を主張立証していくことになります（最判平19・4・23判タ1242・100）。

訴状の段階ではある程度概括的な記載でもよいでしょうが、被告の認否により争点が明らかになった段階では、より具体的に、占有に係る車両の保管状況、それが所在不明となった時の状況、当該車両が破損された痕跡の有無、盗難防止装置の有無、同装置による警告音等の発生の有無、警察への盗難届の提出等の様々な間接事実を主張立証していくことになります。

なお、裁判所が早期に事件の全体像及び争点を把握するためには、被告に対し適切な主張立証の促しが必要となりますが、それを容易にするために、原告においても、請求原因事実の主張に加えて、訴訟提起前における被告との交渉経過、被告が説明した支払拒絶理由及びその点に対する原告の反論の骨子等についても主張することも考えられるとの指摘があります（志田原信三ほか「保険金請求訴訟をめぐる諸問題（下）」判タ1399号15頁（平成26年））。

請 求 の 原 因

1　被告は、損害保険業を主たる目的とする株式会社である。

2　原告は、平成〇年〇月〇日、被告との間で、本件車両につき、車両損害保険金額を〇万円、保険期間を同日午後〇時から平成〇年〇月〇日午後〇時までとする一般自動車総合保険契約を締結した（甲第1号証）。本件保険契約に適用される約款の車両条項1条1項には、被告は、「衝突、接触、墜落、転覆、物の飛来、物の落下、火災、爆発、台風、こう水、高潮その他偶然な事故」によって被保険自動車に生じた損害及び「被保険自動車の盗難」によって生じた損害に対して、車両条項及び一般条項に従い、被保険自動車の所有者に車両損害保険金を支払う旨の定めがある（甲第2号証）。

3　原告は、平成〇年〇月〇日午後〇時ころ、買物のために訪れた〇〇所在のショッピングセンターの5階屋上駐車場に本件車両を駐車していたところ、同日午後〇時ころから同日午後〇時〇分ころまでの間に

盗難に遭った（甲第3号証）。
4　よって、原告は、被告に対し、本件保険契約に基づき車両保険金○万円及びこれに対する訴状送達の日の翌日から支払済みまで年6分の割合による遅延損害金の支払を求める。

証　拠　方　法

1　甲第1号証　保険証券
2　甲第2号証　約款写し
3　甲第3号証　防犯ビデオテープ

③　保険証券などの基本的な証拠が添付されているか

　保険契約の内容を明らかにするために保険証券やその保険契約に適用される約款が必要です。

　盗難の外形的事実（存在事実及び持去り事実）を証する証拠は様々なものが考えられますが、盗難現場の防犯ビデオなどの客観的証拠については訴状に添付して提出することが相当です。客観的証拠がない場合には、様々な間接事実を証する証拠により立証することになりますが、それらについては争点整理の進行に合わせて適時に必要かつ十分な範囲に絞って提出すれば足りると考えられます（志田原信三ほか「保険金請求訴訟をめぐる諸問題（下）」判タ1399号16頁（平成26年））。

④　「訴訟物の価額」が、請求する保険金額と一致しているか

　盗難事案の場合、契約で定めた車両保険金額の満額を請求することになりますから、訴訟物の価額はその請求する保険金額となり、それをもとに民事訴訟費用等に関する法律に基づき手数料額を算出し、同額に相当する印紙を貼付しなければなりません（民訴費3①・8本文）。

【33】 詐害行為取消訴訟における訴状審査のポイントは

Q 私は長年の取引相手である事業者のAにお金を貸していますが、最近Aは、A名義の土地を売却して買主に登記も移してしまいました。Aは私以外にも銀行などに多額の債務を負っており返済が滞っていることが分かりましたが、Aにはこの土地以外にめぼしい財産は有りません。このままでは私の貸金が返してもらえなくなったときが心配です。その売買契約を取り消して土地を戻すように訴えを起こしたいと思いますが、訴状審査においてどのようなことが審査（点検）されるのでしょうか。

A 詐害行為取消権は、債務者が債権者の最後の守りである一般財産を積極的に減少する行為をする場合に、その効果を奪ってその減少を防止するものです。

このような制度趣旨からして解釈上、取消権を行使するためには、保全の必要性すなわち債務者の無資力が要件とされていますので、その旨の記載がなされているか、証拠が添付されているか、審査（点検）されます。

なお、そのような行為をした債務者自身は被告とはなりませんし、登記を自分に移転せよということもできませんから注意してください。

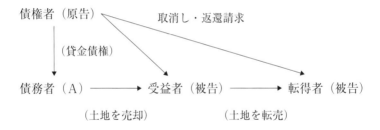

206　　第２章　訴状審査と訴訟類型別のポイント

訴状審査の着眼点

記載事項	1 被告の選定及び「請求の趣旨」の記載は適切か 2 「請求の原因」として、①②に先立つ被保全債権の発生原因事実、②債務者が財産権を目的とする法律行為をしたこと、③②が債権者を害するものであること、④債務者において②の法律行為が債権者を害するものであることを知っていたことの記載がされているか 3 被保全債権の発生原因事実を証する書証や対象不動産の登記事項証明書などが添付されているか
手 数 料	4 原告の債権額を訴額として算定しているか

解　説

※以下において引用する民法の条文は平成32年4月1日施行の民法の一部を改正する法律（平成29年法律44号）による改正後のものです。

1 被告の選定及び「請求の趣旨」の記載は適切か

　詐害行為取消請求訴訟は、債権者の共同担保を保全するため、債務者の一般財産を減少させる法律行為を取り消して、一般財産から逸出した財産又は利益を返還させることを目的とするものです。その取消しは、訴訟の当事者である債権者と受益者又は転得者との間において、相対的に取り消すものです（折衷説（相対的取消説））。

　したがって、債務者は被告とはなりません（民424の7①）（なお同条2項で債務者に対する訴訟告知を要することとされました。）。「請求の趣旨」には法律行為の取消しと目的物の返還との双方を掲げることが必要になります（民424の6）。共同担保の保全が目的ですから、目的物

の返還先は債務者となります。目的物が不動産である場合には移転登記を抹消することでその目的が達成されますから、それ以上に債権者への移転登記を求めることはできません。なお、判例は、受益者から債務者へ真正な登記名義の回復を原因とする所有権移転登記を求めることも許容されるとしています（最判昭40・9・17裁判集民80・341）。また、目的物が金銭や動産の場合は債務者の受領拒否に備えて債権者への支払請求や引渡請求が認められますが（民424の9）、詐害行為取消しの裁判が確定して初めて請求権が発生するものであるため、仮執行宣言を付けることはできません。

請 求 の 趣 旨

1　訴外Aと被告が平成○年○月○日にした別紙物件目録記載の土地についての売買契約を取り消す。
2　被告は、別紙物件目録記載の土地について、○○地方法務局平成○年○月○日受付第○号所有権移転登記の抹消登記手続をせよ。

2　「請求の原因」として、①②に先立つ被保全債権の発生原因事実、②債務者が財産権を目的とする法律行為をしたこと、③②が債権者を害するものであること、④債務者において②の法律行為が債権者を害するものであることを知っていたことの記載がされているか

詐害行為取消しの要件事実は、上記のとおりです。

①の「②に先立つ」とは、「詐害行為取消権の行使により保全されるべき債権は、詐害行為よりも前に発生していることを要する」（最判昭55・1・24判タ409・72）ということです（民424③）。

③は詐害性（無資力要件）あるいは客観的要件と呼ばれています。

詐害行為により債務者が無資力になるか、その無資力状態がより悪化することです。④は主観的要件であり、債務者が債権者を害することを知って法律行為をしたという認識で足りるとされています（最判昭35・4・26判タ105・46）。なお、現在の実務は、客観的要件と主観的要件（法律行為の目的を含む債務者の主観的態様や法律行為後の事情を含みます。）を相関的に判断して当該法律行為の詐害性を判断しているといわれています（相関関係説）。

不動産の売却について、従前の裁判例では、廉価で売却した場合はもちろんですが、たとえ売却価額が相当なものであっても、費消されやすい金銭に換えること自体が債務者の担保力を弱めることになるため、原則として、詐害行為に該当するとされ、売却価額が相当であり弁済や生活費などの有用の資に充てたという被告の抗弁が認められれば例外的に詐害性が否定されるとされてきました。

しかし、今般の民法改正では、相当の対価を得てした財産の処分行為の特則として424条の2が創設され、この場合の詐害行為取消権行使の要件が破産法の否認権（破161）等の類似する制度と整合的に規定されました。それによれば、適正価格による不動産等の処分については原則として取消しの対象とならないものとされましたから、注意してください。

例外的に、取消しの対象となる場合の要件は、①その行為が、不動産の金銭への換価その他の当該処分による財産の種類の変更により、債務者において隠匿、無償の供与その他の債権者を害することとなる処分（隠匿等の処分）をするおそれを現に生じさせるものであること、②債務者が、その行為の当時、対価として取得した金銭その他の財産について、隠匿等の処分をする意思を有していたこと、③受益者が、その行為の当時、債務者が隠匿等の処分をする意思を有していたことを知っていたことです。

第2章　訴状審査と訴訟類型別のポイント　209

請 求 の 原 因

1　原告は、訴外A（以下「A」という。）に対し、平成○年○月○日、弁済期を平成○年○月○日として1000万円を貸し渡した(甲第1号証)。

2　Aは、平成○年○月○日当時、別紙物件目録記載の土地を所有していた（甲第2号証）。

3　Aは、被告に対し、同日、同土地を1000万円で売却した(甲第2号証)。

4　Aは、被告に対し、平成○年○月○日、同土地につき、本件売買に基づき、所有権移転登記手続をした（甲第2号証）。

5　Aは、3の本件売買契約当時、約○名の債権者に対して約○万円の債務を負っていた一方、同土地以外に見るべき資産がなかった（甲第3号証）。

6　Aは、本件売買の代金1000万円を、Aが別に経営する会社Bへ無担保で融資した。Bは、本件売買契約の際、無資力であった(甲第3号証)。

7　Aの長年の友人である被告は、本件売買契約の際、Aが上記6の意思を有していることを知っていた。

8　よって、原告は、被告に対し、詐害行為取消権に基づき、同土地につき、上記売買契約の取消しと上記所有権移転登記の抹消登記手続を求める。

証 拠 方 法

1　甲第1号証　金銭消費貸借契約書
2　甲第2号証　土地登記事項証明書
3　甲第3号証　調査報告書

---

③　被保全債権の発生原因事実を証する書証や対象不動産の登記事項証明書などが添付されているか

　被保全債権の存在や債権額を証する金銭消費貸借契約書など、目的土地が債務者の所有であったことや被告へ売却されて移転登記がなさ

れていることを証する土地登記事項証明書の添付は必須です。また、債務者が無資力であることは、本来自由であるはずの債務者の財産処分に介入するための要件として債権者である原告に主張立証責任がありますから、債務者の資力についての調査報告書なども添付しなければなりません。

相当の対価を得てした財産の処分行為について取消しを求める場合には、処分行為の当時、債務者が処分行為の対価について隠匿等の処分をする意思を有していたこと及び受益者がそれにつき悪意であったことを証する証拠も必要となります。

4 原告の債権額を訴額として算定しているか

訴額は、原告が有する債権額です。ただし、訴え提起時に、原告が取り消される法律行為の目的の価額の方が低額であることを疎明したときは、その額となります。その適用を求める場合には、適宜の疎明資料の添付が必要となります（昭31・12・12民甲412民事局長通知）。

第2章　訴状審査と訴訟類型別のポイント　　211

【34】　請負代金請求訴訟における訴状審査のポイントは

Q　建築業を営んでいます。相手方から建物建築を請け負い、その後完成して引き渡しましたが、相手方は請負代金の一部は支払ってくれたものの残金を支払ってくれません。訴えを起こそうと思いますが、訴状審査においてどのようなことが審査（点検）されるのでしょうか。

A　請負契約の内容を明らかにした上、契約に基づき仕事を完成させて引き渡したことの記載がなされているか審査（点検）されます。また、基本的な証拠として、請負契約書、見積書などが添付されているかも審査（点検）されます。

訴状審査の着眼点

記載事項	① 「請求の趣旨」において、附帯請求の起算日や利率に誤りはないか ② 「請求の原因」において、契約の内容、仕事の完成及び引渡しの事実が記載されているか ③ 請負契約書等が基本的な書証として添付されているか
手 数 料	④ 「訴訟物の価額」が、請求する請負代金額と一致しているか

212　　第２章　訴状審査と訴訟類型別のポイント

解　説

1　「請求の趣旨」において、附帯請求の起算日や利率に誤りはないか

　請負契約においては、代金請求権は目的物の引渡しと同時に遅滞になると解されますから、引渡日の翌日が遅延損害金の起算日となります（民633）。支払期限を定めている場合にはその期限の翌日が起算日となります。

　利率は、原告か被告のいずれかが商人であれば商事法定利率（年6分（商514））によることができます（それ以上の約定利率が合意されているのであればもちろんそれによることができます。）。

　なお、法定利率については、民法所定の法定利率が民法の一部を改正する法律（平成29年法律44号）により年3パーセントに改正され（民404②）（平成32年4月1日施行。市中の金利の変動に合わせて3年ごとに見直されます（民404③～⑤）。）、民法の一部を改正する法律の施行に伴う関係法律の整備等に関する法律（平成29年法律45号）により商法514条は削除され（平成32年4月1日施行）、民法に規定する法定利率が適用されることとなりますから注意してください。

請　求　の　趣　旨

1　被告は、原告に対し、○○万円及びこれに対する平成○年○月○日から支払済みまで年6分の割合による金員を支払え。

2　「請求の原因」において、契約の内容、仕事の完成及び引渡しの事実が記載されているか

　請負契約に基づく請負代金請求の要件事実は、①請負契約の成立、②仕事の完成です。

第2章　訴状審査と訴訟類型別のポイント　　213

　①の請負契約の成立に関しては、契約年月日、仕事の内容、報酬などを記載して特定します。なお、報酬を支払う旨の合意があれば足り、報酬額の定めがないことは請負契約の成立を妨げるものではないとされています。この場合には、その報酬額をいかなる根拠により算定したかについて記載してください。

　報酬請求権の発生時期に関して学説上は、契約時説と仕事完成時説に分かれていますが、いずれの説であろうと、特約がなければ報酬は後払いが原則であり、完成した仕事の引渡しと報酬支払とは同時履行の関係に立つことから（民633）、報酬支払請求の請求原因に完成の記載を要することに差異はありません。

　遅延損害金を請求する場合には、1に記載のとおり、引渡し済みであることの記載も必要となります（目的物の引渡しを要する場合）。

　民法633条と異なる合意、例えば、前払い、分割払いなどの特約があり、これにより報酬を請求する場合は、その特約の成立の事実とその特約で定めた条件等が具備したこと（例えば、第1回支払期日の到来、仕事の一部完成など）を記載する必要があります。

　建設業法（同法19）や下請代金支払遅延等防止法（同法3）は、書面の作成や交付を必要としていますが、これらは公法上の義務であり、契約成立の要件ではないと解されています。

請　求　の　原　因

1　当事者等
　(1)　原告は、土木工事事業等を目的とする会社である。
　(2)　被告は、倉庫業等を目的とする会社である。
2　基本工事請負契約等
　(1)　原告は、平成○年○月下旬ころ、被告との間で、原告が別紙物件目録記載(2)の建物（以下「本件建物」という。）を別紙物件目録

記載(1)の土地上に建築することを内容とし、代金額を○○万円（消費税相当額を含む。）とする請負契約を締結した（甲第1号証。以下、この契約を「本件建物建築請負契約」といい、同契約に基づく工事を「本件建物建築工事」という。）。

(2)　原告は、平成○年○月○日までに本件建物建築工事を完成し、本件建物を被告に引き渡した。

(3)　被告は、原告に対し、現在に至るまで、本件建物建築工事代金○○万円のうち、合計○○万円を支払った。よって、本件建物建築工事の残代金は、○○万円である。

3　よって、原告は、被告に対し、本件建物建築請負契約に基づく請負代金残金として○○万円及びこれに対する本件建物建築工事の完成引渡後である平成○年○月○日から支払済みまで商事法定利率年6分の割合による遅延損害金の支払を求める。

証　拠　方　法

1　甲第1号証　請負契約書

③　請負契約書等が基本的な書証として添付されているか

　請負契約の成立、報酬額を明らかにする請負契約書の添付は必須です。少額の請負契約の場合には契約書が作成されていないケースが多いのですが、この場合には、見積書、設計図などを添付してください。

④　「訴訟物の価額」が、請求する請負代金額と一致しているか

　請求する請負代金額が、訴訟物の価額となりますから、それをもとに民事訴訟費用等に関する法律に基づき手数料額を算出し、同額に相当する印紙を貼付しなければなりません（民訴費3①・8本文）。

第2章　訴状審査と訴訟類型別のポイント　　215

【35】　和解金請求訴訟における訴状審査のポイントは

Q　妻が妻子ある男性と不倫関係にあることが発覚しました。そこで、私は、相手の男性と面会し、慰謝料100万円の支払を求めましたが、そんなに多額は支払えないと言われたりなどしたことから、譲歩して慰謝料50万円を1か月以内に私に支払うことを約束させ、その旨の示談書を交わしました。しかし、相手の男性は私に脅されて示談書を書いたから無効などと言って、約束どおりの支払をしません。示談書どおり慰謝料を払うように、相手の男性を訴えようと思いますが、訴状審査においてどのようなことが審査（点検）されるのでしょうか。

A　「示談」とは、私法上の紛争を当事者の合意という形で解決するもので、民法上の和解契約に当たります。以下の説明においては、「和解」という言葉で説明します。

　本設問のケースでは問題はありませんが、裁判所に訴えを出すからには、和解の内容が、公序良俗や強行法規に反しないものであることが必要であるのはいうまでもありません。請求原因には、当事者間にいかなる事項について争いが存在して、それについて、どのような和解が成立したのかが的確に記載されているか審査（点検）されます。

訴状審査の着眼点

記載事項	① 「請求の趣旨」の記載は和解条項と整合しているか ② 「請求の原因」として、①当事者間に法律関係について争いがあること、②互いに譲歩して一定の法律関係の合意をしたことの記載がなされているか

216　第２章　訴状審査と訴訟類型別のポイント

	③　示談書（和解契約書）等が基本的な書証として添付されているか
手 数 料	④　「訴訟物の価額」が、請求する和解金額と一致しているか

解　説

１　「請求の趣旨」の記載は和解条項と整合しているか

　「請求の趣旨」の記載は示談書（和解契約書）中の支払約束をしている条項の内容と整合していなければなりません。和解条項では、50万円の支払を約束しているのに過ぎないのに、100万円に増額請求することは、和解契約に基づく和解金支払請求としてはできません。不法行為に基づく損害賠償請求とするなど別の請求原因を構成する必要があります。

　また、和解条項で分割払と定めたものの期限の利益喪失約款を入れなかった場合、原則として、既に履行期が到来している分しか請求することができません。相手方の支払が条件にかかっている場合には、その条件が具備されていなければならず、訴状にもその旨の記載が必要です。例えば、今後は妻に接触しないこと、それに違反したときは100万円を支払うとの和解条項になっている場合、その条件に違反して相手方が妻に接触した旨の記載が必要です。

　支払期限を定めた場合にはその翌日から（民412①）、法定利率による遅延損害金を請求することができます（民419①）（民法の一部を改正する法律（平成29年法律44号）の施行後は、債務者が遅滞の責任を負った最初の時点における法定利率となります（民419①）。また、法定利率は、市中の金利の変動に合わせて3年ごとに見直されます（民404③〜⑤）。）が、期限を定めなかったときは、履行の請求を受けた時から遅

第2章　訴状審査と訴訟類型別のポイント　　217

滞に陥ることになります（民412③）から、訴状送達の日の翌日からの
請求とすることが考えられます。

　法定利率よりも高い約定利率が定められている場合は、約定利率に
よる遅延損害金を請求することができます。

請　求　の　趣　旨

1　　被告は、原告に対し、○○万円及びこれに対する訴状送達の日の翌
　　日から支払済みまで年5分の割合による金員を支払え。

---

②　「請求の原因」として、①当事者間に法律関係について争い
　があること、②互いに譲歩して一定の法律関係の合意をしたこ
　との記載がなされているか

　和解契約に基づく和解金支払請求の要件事実は、上記のとおりです
（民695）。支払を約束している条項のみを記載すれば足りるのではあ
りませんから注意してください。

　また、訴状審査において指摘されることは少ないでしょうが、当然
の前提として、和解の内容が、強行法規違反あるいは公序良俗違反な
どにより無効なものではないことが必要です。本設問に関していえ
ば、夫婦の一方による他方の不貞の相手方に対する慰謝料請求は大審
院以来認められています（最判昭54・3・30民集33・2・303など）から、不貞
慰謝料についての支払約束の和解は公序良俗に反するものではありま
せん（なお、現在においては、学説上は否定説の方が有力であるとい
われています。）。

　裁判所に争点を早期に明らかにする意味で、相手方が支払に応じな
い理由（単に手元不如意なのか、錯誤・強迫による取消しを主張して
いるのか）などについても事情として記載するのが相当です。

218　　第2章　訴状審査と訴訟類型別のポイント

請　求　の　原　因

1　被告は、平成○年○月頃から平成○年○月頃までの間、原告の妻A
と不倫関係にあった。
2　原告と被告は、被告A間の不倫関係解消に向けて話し合ったところ、
当初被告はAとの不倫関係を否定したものの、結局不倫関係を認める
に至った。しかし、慰謝料の金額について折り合いがつかなかった。
3　原告と被告は、その後も話合いを継続し、平成○年○月○日、次の
内容の和解契約を締結した（甲第1号証）。
　(1)　被告は、今後一切Aと会わないことを約束する。
　(2)　被告は、原告に対し、和解金として○○万円の支払義務があるこ
　とを認め、これを平成○年○月○日まで、原告の指定する銀行口座
　に振り込んで支払う。
　(3)　本件に関し、債権・債務がないことを相互に確認する。
4　しかし、被告は、上記和解金の支払をしない。
5　よって、原告は、被告に対し、和解契約に基づき和解金○○万円と
これに対する訴状送達の日の翌日から支払済みまで民法所定の年5分
の割合による遅延損害金の支払を求める。

証　拠　方　法

1　甲第1号証　示談書

---

③　示談書（和解契約書）等が基本的な書証として添付されてい
　るか

　和解契約に基づく和解金請求ですから、当然、基本的な書証として
和解契約書など和解契約の成立を証する証拠が訴状に添付されていな
ければなりません。なお、和解契約も民法の基本原則どおり諾成契約
ですから、口頭による和解契約ということもあり得るわけですが、書
面がないときには、被告がその成立を争っている場合、事実認定の問

第2章　訴状審査と訴訟類型別のポイント　　219

題として和解契約の成立が認められない可能性が高くなりますから注
意してください。

4　「訴訟物の価額」が、請求する和解金額と一致しているか

　請求する和解金額が、訴訟物の価額となりますから、それをもとに
民事訴訟費用等に関する法律に基づき手数料額を算出し、同額に相当
する印紙を貼付しなければなりません（民訴費3①・8本文）。

220 第2章 訴状審査と訴訟類型別のポイント

第2 損害賠償請求訴訟

【36】 交通事故による損害賠償請求訴訟における訴状審査のポイントは

Q 物損事故による被害車両の修理費等を請求するため、訴状を作成したいと思いますが、訴状の記載については、主にどのようなことが審査されるのでしょうか。また、どのような証拠を提出する必要がありますか。それから、訴状の提出先の裁判所はどこですか。

A 訴状の記載については、①当事者、②交通事故の内容、③責任原因、④損害の発生とその額などが必ず審査されます。

また、上記各事実は、請求を理由づける事実でもあるので、争いがある場合には、これらを客観的に証明するための証拠として、交通事故証明書、事故現場の写真（カラー）、被害車両の自動車検査証、修理見積書・領収書、損傷箇所の写真（カラー）などを提出する必要があります。

訴状の提出先は被告の住所地（民訴4）はもちろん、財産権上の訴えですので、義務履行地である原告の住所地（民訴5一、民484）を管轄する簡易裁判所又は地方裁判所でもかまいません。

訴状審査の着眼点

記載事項	① 「請求の趣旨」として、請求金額、附帯請求の起算日、利率などに間違いはないか ② 「請求原因」として、当事者の根拠が記載されているか

第2章　訴状審査と訴訟類型別のポイント　　221

	③ 「請求原因」として、交通事故の内容が具体的に記載されているか
	④ 「請求原因」として、責任原因が記載されているか
	⑤ 「請求原因」として、損害の発生、その額が記載されているか
	⑥ 請求原因を証明するための証拠（書証など）があるか。ある場合には請求原因中に書証番号が記載されているか
手数料	⑦ 「訴訟物の価額」が請求金額（ただし、附帯請求不算入）となっているか
	⑧ 「ちょう用印紙額」が、民事訴訟費用等に関する法律に基づき算出され、また印紙が貼付されているか

解　説

①　「請求の趣旨」として、請求金額、附帯請求の起算日、利率などに間違いはないか

　各損害項目の計算関係はもちろん、一部弁済金などがある場合にはこれを控除した金額が、過失相殺を主張している場合にはその割合で控除した金額が請求金額となっているかなどについて審査されます。

　遅延損害金の起算日は事故日です。不法行為による損害賠償債務は損害発生と同時に遅滞に陥るとされているからです（最判昭37・9・4民集16・9・1834）。弁護士費用も同様です。

　利率は、民法所定の年5分です（民404）（民法の一部を改正する法律（平成29年法律44号）の施行後は年3分（民404②）。その後、市中金利の変動に合わせて3年ごとに見直し（民404③〜⑤）（平成32年4月1日施

行))。

なお、運転者と使用者（民715）を共同被告とする場合には、不真正連帯債務の関係になります。

請 求 の 趣 旨

1　被告らは、原告に対し、連帯して、〇万円及びこれに対する平成〇年〇月〇日から支払済みまで年5分の割合による金員を支払え。

---

② 「請求原因」として、当事者の根拠が記載されているか

1　原　告

不法行為による損害賠償請求における原告は、侵害された権利又は保護法益の帰属主体です。物損事故の場合は車両所有者あるいはその使用者（所有権留保特約付売買）などが原告となりますので、その旨の記載が必要です。

2　被　告

被告となるのは、加害行為者ですので、加害車両の運転者です。運転者の使用者も被告とする場合には、その根拠（民715）を記載する必要があります。

なお、運行供用者（自動車損害賠償保障法3）を被告にできるのは、人身事故の場合に限ります。

③ 「請求原因」として、交通事故の内容が具体的に記載されているか

加害行為の具体的内容として、交通事故が発生して、原告車両が破損したこと、すなわち、交通事故の日時、場所、加害車両の車種とそ

第2章　訴状審査と訴訟類型別のポイント　　223

の運転者、被害車両の損傷状況等を記載する必要があります。

　事故態様（状況）については、後記④の運転者の過失を裏付ける主要事実でもあり、事故現場の状況、事故前の走行状況、衝突箇所等は、事故態様を推認させる重要な間接事実です。

　車両同士の事故の場合には過失割合が争点と見込まれますので、これらの間接事実の記載も必要となります。

④　「請求原因」として、責任原因が記載されているか

　運転者である被告については、故意又は過失があったことが必要ですが（民709）、これ自体は評価です。原告が主張、証明すべき事実は、この評価を基礎づける事実（評価根拠事実）とされています。

　具体的には、道路交通法等の注意義務（安全運転義務（道交70）、速度遵守義務（道交22①）、交差点における義務（道交36③④・37）、一時停止義務（道交43）、徐行義務（道交42）、前方注視義務（自動車運転者の基本的義務）など）を参考に、①予見可能性を前提にした結果回避義務の発生と②その違反が記載されていなければなりません。

　なお、使用者（民715）である被告については、その責任原因（使用関係・事業執行性）も記載する必要があることは前記②のとおりです。

⑤　「請求原因」として、損害の発生、その額が記載されているか

　交通事故によって発生した損害のうち、相当因果関係にある損害が賠償の対象となります。原告は、損害の発生の事実だけでなく、損害の数額も立証すべき責任を負うこととされています（最判昭28・11・20民集7・11・1229）。

　具体的な損害賠償金の算定方法は、日弁連交通事故相談センター東京支部編『民事交通事故訴訟損害賠償額算定基準上巻（基準編）』（通

称赤い本）などに記載の基準や計算方式が参考となります。

　訴状審査では、それぞれの損害項目（修理費、代車使用料、休車損など）と、その計算要素（代車使用料であれば1日当たりの使用料と使用日数）、計算結果等が記載されているかどうかについて審査されます。

　なお、弁護士費用も損害として認められ、その額は、認容額（過失相殺のときは、相殺後の金額）の1割程度が一般的です。

　最後に、請求原因事実として、加害行為と損害発生との間の因果関係の記載については、「本件交通事故により、以下の損害が発生した。」旨の記載があれば足りると考えられています。

　以上から、請求原因事実として、次のような記載をする必要があります。

請　求　の　原　因

1　交通事故の発生（甲第1号証）
　(1)　発生日時　平成○年○月○日
　(2)　発生場所
　　　　○○市○○町○丁目○番地先路上交差点（「本件交差点」）
　　　　本件交差点の状況は別紙図面のとおり（甲第2号証）
　(3)　原告車両及び運転者・所有者（使用者）
　　　　○○、訴外○○・原告（甲第3号証）
　(4)　被告車両及び運転者　　○○、Y₁
　(5)　事故態様
　　　　本件交差点において、Ａ町方面（西）から本件交差点に進入し、対面信号の右折可矢印信号に従ってＢ町方面へ右折しようとした原告車両と、Ｂ橋方面（東）からＡ町方面（西）に向かって本件交差点を直進しようとした被告車両が衝突した（甲第4号証）。
　　　　衝突箇所は、原告車両の左後部側面と被告車両の前部である（甲第5号証）。

第2章 訴状審査と訴訟類型別のポイント

2 責任原因

(1) 被告 Y_1

　被告 Y_1 は、対面信号機が既に赤色表示になっていたにもかかわらず、これに従わずにそのまま本件交差点に進入した過失（信号遵守義務違反）があるので、民法709条に基づき、

(2) 被告 Y_2

　被告 Y_1 の上記運転行為は、被告 Y_2 の社員として業務の執行として行ったものであるから、民法715条に基づき、

　いずれも、原告に生じた損害を連帯して賠償すべき責任がある。

3 損害の発生・額

　本件事故により原告に生じた損害及び損害額は次のとおりである。

(1) 修理費（甲第6号証）　　　　○円

(2) 代車使用料（甲第7号証）　　○円

　　　1日の利用料金○円×使用日数○日

(3) 弁護士費用　　　　　　　　○円

4 結 論

　よって、原告は被告らに対し、不法行為による損害賠償として、連帯して、○円及びこれに対する本件事故日である平成○年○月○日から支払済みまで年5分の割合による遅延損害金の支払を求める。

証　拠　方　法

1 甲第1号証　交通事故証明書

2 甲第2号証　事故現場の地図及び写真

3 甲第3号証　自動車検査証

4 甲第4号証　事故状況説明図

5 甲第5号証　車両の損傷状況の写真

6 甲第6号証　修理の見積書、領収書

7 甲第7号証　代車の領収書

6 請求原因を証明するための証拠（書証など）があるか。ある
　場合には請求原因中に書証番号が記載されているか

　請求原因中には、立証を要する事由ごとに、その認定に役立つ具体
的な証拠方法を「(甲第1号証)、(証人甲)」などと記載します（民訴規53
①)。

7 「訴訟物の価額」が請求金額（ただし、附帯請求不算入）と
　なっているか

　金銭の支払を求める訴えなので、請求金額が訴訟物の価額（訴額）
となります。遅延損害金は訴額に算入しません。また、連帯支払を求
める場合は、利益が共通するので合算しません。

　なお、訴額が140万円を超えるときは、簡易裁判所に管轄権はありま
せん（裁判所法33①一)。

8 「ちょう用印紙額」が、民事訴訟費用等に関する法律に基づ
　き算出され、また印紙が貼付されているか

　7により算出した訴額に対する手数料額に相当する印紙を、訴状に
貼付しなければなりません（民訴費3①・8本文)。

第２章　訴状審査と訴訟類型別のポイント　　227

【37】　医療過誤による損害賠償請求訴訟における訴状審査のポイントは

Q 　診察ミスを理由に、病院に対して休業損害、慰謝料などを請求するため、訴状を作成したいと思いますが、訴状の記載については、主にどのようなことが審査されるのでしょうか。また、どのような証拠を提出する必要がありますか。それから、訴状の提出先の裁判所はどこですか。

A 　訴状の記載については、①当事者の地位、②診療経過を含めた医療事故の内容、③医師等の具体的注意義務の内容とその義務違反、④医療事故と上記③義務違反との間の因果関係、⑤損害の発生とその額、⑥責任原因などが必ず審査されます。

　また、上記各事実は、請求を理由づける事実でもあるので、これらを客観的に証明するための証拠として、診療録やＭＲＩ画像、医学文献（医学用語の解説等を含みます。）、源泉徴収票などを提出する必要があります。

　なお、医療機関が保管する診療録やＭＲＩ画像（保存期間5年）などは、証拠保全手続（民訴234）などを利用して訴え提起前に入手するのが一般的です。

　訴状の提出先は被告の住所地（民訴4）のほか、義務履行地である原告の住所地（民訴5一、民484）を管轄する簡易裁判所又は地方裁判所でもかまいません。

訴状審査の着眼点

記載事項	1　「請求の趣旨」として、請求金額、附帯請求の起算日、利率などに間違いはないか 2　「請求原因」として、当事者の地位が記載されているか 3　「請求原因」として、診療経過を含めた医療事故の内容が記載されているか 4　「請求原因」として、医師等の具体的注意義務の内容とその義務違反が記載されているか 5　「請求原因」として、医療事故と前記4の義務違反との間の因果関係が記載されているか 6　「請求原因」として、損害の発生、その額が記載されているか 7　「請求原因」として、責任原因が記載されているか 8　請求原因を証明するための証拠（書証など）があるか。ある場合には請求原因中に書証番号が記載されているか
手 数 料	9　「訴訟物の価額」が請求金額（ただし、附帯請求不算入）となっているか 10　「ちょう用印紙額」が、民事訴訟費用等に関する法律に基づき算出され、また印紙が貼付されているか

第2章　訴状審査と訴訟類型別のポイント　　229

解　説

1　「請求の趣旨」として、請求金額、附帯請求の起算日、利率
などに間違いはないか

　各損害項目の計算関係はもちろん、既払金などを控除した金額が請
求金額となっているかなどについて審査されます。

　遅延損害金の起算日は、後記7の責任原因を債務不履行責任とした
場合には、履行請求日の翌日（民412③）となります。

　利率は、民法所定の年5分です（民404）（民法の一部を改正する法律
（平成29年法律44号）の施行後は年3分（民404②）。その後、市中金利
の変動に合わせて3年ごとに見直し（民404③〜⑤）（平成32年4月1日施
行））。

請　求　の　趣　旨

1　被告は、原告に対し、○円及びこれに対する本訴状送達の日の翌日
　から支払済みまで年5分の割合による金員を支払え。

2　「請求原因」として、当事者の地位が記載されているか

　原告となるのは患者本人又は相続人です。相続人の場合には、相続
の事実の記載も必要になります。

　被告となるのは、後記7の責任原因を債務不履行責任とした場合、
医療契約の契約主体である医療機関です。この場合には、医療契約成
立の事実を記載する必要があります。

3　「請求原因」として、診療経過を含めた医療事故の内容が記
載されているか

　医療事故の内容として、後遺症の残存や死亡などの結果が発生する

230 第2章 訴状審査と訴訟類型別のポイント

に至るまでの経過が重要となります。これは、後述する④の医師等の注意義務違反、⑤の因果関係等の法的判断を導き出す具体的事実でもあるからです。

この事実は、診療記録等に基づいて具体的に記載する必要があります。

④ 「請求原因」として、医師等の具体的注意義務の内容とその義務違反が記載されているか

前記③の診療経過等を踏まえ、担当医師に、どの時点で、どのような注意義務があったのかを具体的に記載する必要があります。例えば「○○の検査を実施、△△と診断して、××の治療を実施すべき注意義務があった」との主張については、診察は検査の実施を、治療は診察を前提とすることが多いので、検査義務を過失の内容として、後の診断と治療は因果の流れ（この検査を実施していれば、適切な診断と治療が可能であった）として整理するのがよいです。

その上で、医師のどのような行為が上記義務違反に当たるのかが記載されていなければなりません。

なお、注意義務の設定とその義務違反があったかどうかの判断は、その診療行為が当時の一般的な医学常識（医学水準）から見て妥当であったのかどうかによるので、これを裏付ける医療分野の専門的知識・医学的知見も合わせて記載することが望ましいです。医学専門書や協力医の意見書などは、その医学的知見を裏付ける証拠です。

⑤ 「請求原因」として、医療事故と前記④の義務違反との間の因果関係が記載されているか

因果関係として、担当医師が前記④の注意義務を尽くしていれば、医療事故を避けることができたことについて合理的に説明する記載が

第2章　訴状審査と訴訟類型別のポイント　　231

必要です。併せて、そのことを裏付ける医療分野の専門的知識・医学的知見も記載することが望ましいです。

　なお、患者死亡の場合、死亡との間の因果関係（注意義務違反がなければ生存していたであろうことを是認し得る高度の蓋然性）を立証することは困難なことが多いようです。そこで、被害者救済の観点から、上記高度の蓋然性が認められない場合でも「生命維持の可能性（医療水準にかなった医療行為が行われていたならば患者がその死亡の時点において、なお生存していた相当程度の可能性）」が認められれば、医師は責任を負うものとされています。

　ただし、このような立証の緩和は、死亡のほか、重大な後遺障害が残存した場合に限定されます（最判平12・9・22民集54・7・2574等）。

6　「請求原因」として、損害の発生、その額が記載されているか

　医療事故によって発生した損害のうち、相当因果関係にある損害が賠償対象となります。原告は、損害の発生の事実だけでなく、損害の数額も立証すべき責任を負うこととされています（最判昭28・11・20民集7・11・1229）。

　具体的な損害賠償金の算定方法は、交通事故による場合と異なることはなく、日弁連交通事故相談センター東京支部編『民事交通事故訴訟損害賠償額算定基準上巻（基準編)』（通称赤い本）などに記載の基準や計算方式が参考となります。

　訴状審査では、それぞれの損害項目（通院交通費、休業損害など）、その計算要素（通院日数、基礎収入、休業期間など）、計算結果が記載されているかどうかについて審査されます。

232　　第2章　訴状審査と訴訟類型別のポイント

7　「請求原因」として、責任原因が記載されているか

　請求原因は前述した医療契約に基づく診療義務の不完全履行等を理由とする債務不履行構成と、医療従事者の過失に基づく不法行為構成が可能であり、両者は請求権競合の関係になります。したがって、いずれか一方又は両方を主張することができます。

　不完全履行において何が不完全かということと、不法行為における過失とは同一内容とされており、主張立証の対象に差異はありませんが、被告の範囲、遅延損害金の起算日、近親者等の固有の慰謝料請求の可否、時効期間と除斥期間に差異があるとされています。

　以上から、請求原因事実として、次のような記載をする必要があります。

　　　　　　　　　　　　　請　求　の　原　因

1　当事者
　(1)　原告は、昭和○年○月○日生まれ（当時53歳）の主婦である。
　(2)　被告は、肩書住所地において、診療所を経営し、整形外科の治療
　　　に従事している。
2　医療契約の成立
　　　被告は、平成○年5月17日午後3時頃、自宅2階から1階に降りる際に、
　　誤って足を踏み外して転落し（「本件事故」という。）、臀部、右下肢を
　　負傷し、当日、近所である被告の診療所で診療を受けた。
3　診療経過（甲A第1号証）
　(1)　被告は、同日、原告を問診、触診した上で、X線写真を撮った。
　(2)　被告は、原告に対し、単なる打撲である旨説明し、鎮痛剤等を投
　　　与しただけで、これ以外の処置をせず、自宅安静を指示した。
　(3)　原告は、その後も臀部等の痛みや腫れが引かず、歩行も困難な状
　　　態が続いたため、同月19日、被告診療所に通院し、その旨症状を訴
　　　えたが、被告はこれといった検査等もすることなく鎮痛剤を処方
　　　しただけで何等の処置もしなかった。

第2章　訴状審査と訴訟類型別のポイント　　233

　(4)　原告は、症状が一向に改善しないことから、同年5月25日、○○
　　　総合病院で診察を受け、同病院での検査により、骨盤、大腿骨の骨
　　　折が発見され、直ちに、同病院に入院し、同年6月30日に退院した。
　(5)　原告は、同年9月25日まで、○○総合病院に通院治療したが、最
　　　終的に股関節の運動機能に障害を残して治療を終えた（甲A第2号
　　　証）。
4　注意義務とその違反
　(1)　注意義務の具体的内容とその違反
　　　一般的に、医師は、問診等から何らかの疾患が疑われる場合、X
　　線検査など、その他予想される疾患に対して必要な検査をすべき
　　義務がある。
　　　被告は、遅くとも再度診察した同年5月19日時点で、骨盤、大腿
　　骨の骨折を疑って必要な検査をすべき義務があったのに、このよ
　　うな必要な検査をしなかった。
　(2)　医学的知見（甲B第1号証）
　　　（……という症状があれば、骨盤、大腿骨の骨折を疑って当該検
　　　査を行うのが通常との医学的知見を記載する。）
5　因果関係
　(1)　検査義務違反と後遺障害
　　　被告が必要な検査として、同月19日時点で、X線写真を各方向か
　　ら充分に撮っていれば、骨折は容易に判明し、かつ速やかに骨折部
　　位の整復手術をしていれば、障害を残すことはなかった。
　　　しかし、○○総合病院で治療を始めたのが、本件事故後1週間以
　　上経過していたため、骨折部位が変形癒合し始めており、手術等に
　　よるもその改善が困難となった。
　(2)　医学的知見（甲B第2号証）
　　　（骨盤骨折、大腿骨骨折を○日以上放置すると、骨折部位が変形
　　　癒合するのが通常で、改善が困難であることなどの医学的知
　　　見を記載する。）
6　損害の発生・額
　　　原告は、被告の上記医療事故により、次の損害を蒙った。
　(1)　医療費　　　　　　　　○円（○○総合病院分）（甲C第1号証）
　(2)　入院雑費　　　　　　　○円（入院期間○日）

(3)	休業損害	○円（主婦の基礎収入○円、休業期間○日）
(4)	逸失利益	○円（股関節運動障害、後遺障害○級相当）
(5)	入通院慰謝料	○円（入院期間○日、通院期間のうち○日）

合計　○○円

7　責任原因

　　被告は、診療契約上の債務不履行に基づき、原告に対し、損害を賠償すべき義務がある（民法415条）。

8　交渉の経過

　　‥‥‥‥‥‥‥‥

9　証拠保全事件の表示

　(1)　証拠保全をした裁判所　　　○○地方裁判所民事○部

　(2)　事件番号　　　　　　　　　平成○年（モ）第○号

10　結　論

　　よって、原告は被告に対し、損害賠償金○円及びこれに対する本訴状送達の日の翌日から支払済みまで民法所定の年5分の割合による遅延損害金の支払を求める。

証　拠　方　法

1　甲A第1号証　診療録（抜粋）

2　甲A第2号証　診断書

　　　　　　　　　　⋮

6　甲B第1号証　医学文献

7　甲B第2号証　意見書

　　　　　　　　　　⋮

9　甲C第1号証　診療報酬明細書　　1通

　　　　　　　　　　⋮

8　請求原因を証明するための証拠（書証など）があるか。ある場合には請求原因中に書証番号が記載されているか

前掲【36】の6記載のとおりです。

第2章　訴状審査と訴訟類型別のポイント　　235

　なお、医療過誤事件では、書証が膨大になるので、次の分類によっ
て、番号を付けるのが一般的です（例：甲A第1号証、甲B第5号証）
（東京地方裁判所医療訴訟対策委員会「医療訴訟の審理運営指針（改訂版）」判タ
1389号5頁（平成25年））。
　A号証：医療・看護・投薬行為等の事実経過に関する書証
　B号証：医療行為等の評価に関する書証、一般的な医学的知見に関
　　　　　する書証
　C号証：損害立証のための書証、その他

9　「訴訟物の価額」が請求金額（ただし、附帯請求不算入）と
　なっているか
　前掲【36】の7記載のとおりです。

10　「ちょう用印紙額」が、民事訴訟費用等に関する法律に基づ
　き算出され、また印紙が貼付されているか
　前掲【36】の8記載のとおりです。

【38】 不貞行為による損害賠償請求訴訟における訴状審査のポイントは

Q 不貞行為の相手方に対して慰謝料を請求するため、訴状を作成したいと思いますが、訴状の記載については、主にどのようなことが審査されるのでしょうか。また、どのような証拠を提出する必要がありますか。それから、訴状の提出先の裁判所はどこですか。

A 訴状の記載については、①婚姻関係等、②不貞行為の内容又はこれを推認する事実、③損害の発生とその額などが必ず審査されます。

また、上記各事実は、請求を理由づける事実でもあるので、争いがある場合には、②の事実を中心に、これを客観的に証明するための証拠として、メールやＬＩＮＥの内容を印刷した書面、日記、メモなどを提出する必要があります。

訴状の提出先は被告の住所地（民訴4）のほか、義務履行地である原告の住所地（民訴5一、民484）を管轄する簡易裁判所又は地方裁判所でもかまいません。

なお、不貞行為開始時に、既に婚姻関係等が破綻していた場合（最判平8・3・26民集50・4・993）には侵害される権利又は利益を欠くことになります。仮に婚姻関係が破綻していなくとも、相手方がそれを信じたことに相当の理由がある場合には過失がないことになります。いずれの場合も不法行為は成立しません。これらの事実は、相手方が主張立証すべき事実になります。

第2章　訴状審査と訴訟類型別のポイント　　237

訴状審査の着眼点

記載事項	① 「請求の趣旨」として、請求金額、附帯請求の起算日、利率などに間違いはないか ② 「請求原因」として、婚姻関係等が記載されているか ③ 「請求原因」として、不貞行為の内容又はこれを推認する事実が具体的に記載されているか ④ 「請求原因」として、損害の発生、その額が記載されているか ⑤ 請求原因を証明するための証拠（書証など）があるか。ある場合には請求原因中に書証番号が記載されているか
手数料	⑥ 「訴訟物の価額」が請求金額（ただし、附帯請求不算入）となっているか ⑦ 「ちょう用印紙額」が、民事訴訟費用等に関する法律に基づき算出され、また印紙が貼付されているか

解　説

① 「請求の趣旨」として、請求金額、附帯請求の起算日、利率などに間違いはないか

　この事件類型では、通常、損害発生日が不明なため、遅延損害金の起算日は「訴状送達の日の翌日」とすることが多いようです。しかし、婚姻関係等が破綻に至った場合には、離婚届日、別居開始日を起算日とすることができます。この場合、離婚届出日等は請求原因事実中に

明記する必要があります。

利率は、民法所定の年5分です（民404）（民法の一部を改正する法律（平成29年法律44号）の施行後は年3分（民404②）。その後、市中金利の変動に合わせて3年ごとに見直し（民404③～⑤）（平成32年4月1日施行））。

請　求　の　趣　旨

1　被告は、原告に対し、○円及びこれに対する本訴状送達の日の翌日から支払済みまで年5分の割合による金員を支払え。

---

② 「請求原因」として、婚姻関係等が記載されているか

不法行為（民709）による損害賠償請求ですので、加害行為によって侵害される権利又は保護法益として、原告と加害配偶者との婚姻関係等（内縁関係又は婚約の関係でもよい。）の記載が必要になります。

子供は原告となることはできませんが、後述する慰謝料算定の考慮事情とされています。

被告となるのは、不貞関係にあった相手方と加害配偶者の両名又はその一方です。この両名は共同不法行為者（民719）であり、不真正連帯債務の関係にあります。そこで、相手方が、自己の負担部分（責任割合）を超えて慰謝料を支払った場合、加害配偶者との関係で求償関係が問題となります。

原告と加害配偶者との間の離婚調停において、原告が加害配偶者に対し、不貞行為に基づく慰謝料の支払を免除したとしても、不貞行為の相手方に対し債務を免除する意思を含むものではないとして、相手方に対し慰謝料の支払を命じた判例があります（最判平6・11・24裁判集民173・431）。

第2章　訴状審査と訴訟類型別のポイント　　239

③　「請求原因」として、不貞行為の内容又はこれを推認する事実が具体的に記載されているか

　不貞行為を基礎づける事実として、典型的なのが性行為・肉体関係、同棲です。この点が争われることが多いので、その内容又はこれを推認する事実を時間的順序に従って、具体的に記載する必要があります。

　なお、相手方の故意については、「配偶者がいることを知りながら」との記載で足ります。

④　「請求原因」として、損害の発生、その額が記載されているか

　不貞行為によって、被害配偶者の被る損害は、主に婚姻共同生活が侵害・破壊されたことによる精神的苦痛です。不貞行為が認定されれば、通常、精神的苦痛が生じるといえます。

　慰謝料については、裁判所において、諸般の事情を斟酌して賠償を命じることができるとされており、①婚姻期間、②不貞行為の回数、期間、態様、③未成年の子の有無、④相手方の訴訟態度などの事情が考慮されるので、これらの事情も可能な限り訴状に記載するのが望ましいです。

　以上から、請求原因事実として、次のような記載をする必要があります。

　　　　　　　　　　　　　請　求　の　原　因

1　婚姻関係
　　原告は、平成25年○月○日、訴外Ａ子と婚姻し、平成25年○月○日長男○が生まれた（甲第1号証）。
2　不貞行為
　　被告は、訴外Ａ子に配偶者がいることを知りながら、次のとおり、平成29年○月ころから、訴外Ａ子と不倫関係になった。

240　　第2章　訴状審査と訴訟類型別のポイント

　　(1)　（不倫関係及びこれを推認する事実を記載）（甲第2号証）
　　(2)　………………
　3　損　害
　　(1)　慰謝料　　○万円
　　　原告と訴外A子との婚姻関係は、前記不倫関係により、継続し難
　くなり、原告と訴外A子とは、平成30年○月○日に離婚した。
　　　被告の行為によって、原告が受けた精神的苦痛に対する慰謝料は、
　少なくとも○万円を下らない。
　　(2)　弁護士費用　　　○万円
　4　結　論
　　　よって、原告は、被告に対し、不法行為による損害賠償として、○
　万円及びこれに対する離婚届日である平成30年○月○日から支払済み
　まで年5分の割合による遅延損害金の支払を求める。

証　拠　方　法

1　甲第1号証　戸籍謄本（全部事項証明書）
2　甲第2号証　被告と訴外A子の間のメッセージを印刷した書面（又
　　　　　　　はその画面の写真）

---

⑤　請求原因を証明するための証拠（書証など）があるか。ある
　場合には請求原因中に書証番号が記載されているか
　前掲【36】の⑥記載のとおりです。

⑥　「訴訟物の価額」が請求金額（ただし、附帯請求不算入）と
　なっているか
　前掲【36】の⑦記載のとおりです。

⑦　「ちょう用印紙額」が、民事訴訟費用等に関する法律に基づ
　き算出され、また印紙が貼付されているか
　前掲【36】の⑧記載のとおりです。

第2章　訴状審査と訴訟類型別のポイント　　241

【39】　動物占有者に対する損害賠償請求訴訟における訴状審査のポイントは

Q 　犬に噛まれ怪我をしたので、その飼主に対して、治療費等を請求するため、訴状を作成したいと思いますが、訴状の記載については、主にどのようなことが審査されるのでしょうか。また、どのような証拠を提出する必要がありますか。それから、訴状の提出先の裁判所はどこですか。

A 　訴状の記載については、①動物の占有者、②侵害行為の内容、③損害の発生とその額などが必ず審査されます。

　また、上記各事実は、請求を理由づける事実でもあるので、争いがある場合には、これらを客観的に証明するための証拠として、現場の写真（カラー）、診断書などを提出する必要があります。

　訴状の提出先は被告の住所地（民訴4）のほか、義務履行地である原告の住所地（民訴5一、民484）を管轄する簡易裁判所又は地方裁判所でもかまいません。

　なお、被害者の行動によって犬を興奮させてしまった場合のように、被害者側にも落ち度が認められるときには、過失相殺され（民722②）、請求額が減額されることがあります。

訴状審査の着眼点

記載事項	① 「請求の趣旨」として、請求金額、附帯請求の起算日、利率などに間違いはないか
	② 「請求原因」として、被告が動物の占有者であることが具体的に記載されているか

	③ 「請求原因」として、侵害行為の内容が具体的に記載されているか
	④ 「請求原因」として、損害の発生、その額が記載されているか
	⑤ 請求原因を証明するための証拠（書証など）があるか。ある場合には請求原因中に書証番号が記載されているか
手数料	⑥ 「訴訟物の価額」が請求金額（ただし、附帯請求不算入）となっているか
	⑦ 「ちょう用印紙額」が、民事訴訟費用等に関する法律に基づき算出され、また印紙が貼付されているか

解　説

① 「請求の趣旨」として、請求金額、附帯請求の起算日、利率などに間違いはないか

　治療費や通院交通費などの各損害項目の計算関係はもちろん、見舞金などを控除した金額が請求金額となっているかなどについて審査されます。

　遅延損害金の起算日は、損害発生日である負傷日です。利率は、民法所定の年5分です（民404）（民法の一部を改正する法律（平成29年法律44号）の施行後は年3分（民404②）。その後、市中金利の変動に合わせて3年ごとに見直し（民404③〜⑤）（平成32年4月1日施行））。

　なお、生活妨害における慰謝料など損害発生の日が不明な場合は「訴状送達の日の翌日」とするのが一般的です。

第2章　訴状審査と訴訟類型別のポイント　　243

> ### 請 求 の 趣 旨
>
> 1　被告は、原告に対し、○円及びこれに対する平成○年○月○日から支払済みまで年5分の割合による金員を支払え。

② 「請求原因」として、被告が動物の占有者であることが具体的に記載されているか

　被告となるのは、動物の占有者又は動物保管者（民718）です。占有補助者が含まれない反面、その占有補助者が動物の管理について過失のあるときは、占有者は占有補助者の選任・監督上になんらの過失がなくとも当然に責任を負うこととされています。

　動物の飼主は占有者、飼主の家族は占有補助者、飼犬の散歩を任された第三者は動物保管者と考えられます。

　なお、自宅建物内及び裏庭において放し飼いにされていた飼犬が道路に出て人に咬みついた事案について、「一般に、庭や居宅内など家族全員の居住空間で犬などのペットを飼う場合には、ペットの占有・管理は家族全員が日常生活の一部として各自が責任を持ってするものであると解される。」との裁判例があります（名古屋地判平14・9・11判タ1150・225）。

③ 「請求原因」として、侵害行為の内容が具体的に記載されているか

　侵害行為には、直接的な人身に対する侵害、財産に対する侵害はもちろん、騒音・悪臭などの生活妨害も該当します。

　訴状には、動物の種類（可能な限りその大きさ、年齢）のほか、侵

244　　第2章　訴状審査と訴訟類型別のポイント

害行為の内容として、日時、場所、態様などを具体的に記載する必要
があります。

　違法性については、人身や財産に対する侵害行為の場合、それだけ
で違法と評価されますが、ペットの鳴き声、糞尿の悪臭等による生活
妨害の場合には、被告から受忍限度内であるとの反論が見込まれます。
これに対し、原告は受忍限度を超える旨を再反論する必要があります
ので、これを裏付ける事実をあらかじめ記載しておくのがよいでしょ
う。

　なお、被害者（原告）には、動物占有者等の故意・過失について主
張、立証する責任はありません（民718①ただし書）。

4　「請求原因」として、損害の発生、その額が記載されている
　か

　負傷によって生じた損害については、前掲【37】の6を参照。

　なお、ペットの鳴き声、糞尿の悪臭等による生活妨害における慰謝
料の算定については、①侵害行為の内容、程度（期間、頻度）、②被害
の内容、程度、生活への影響、③侵害行為の回避行動（防止措置）及
び交渉経緯などが考慮されますので、これらの事情も可能な限り記載
するのが望ましいです。

　以上から、請求原因事実として、次のような記載をする必要があり
ます。

請　求　の　原　因

1　侵害行為

　　原告は、平成〇年〇月〇日午後3時ころ、東京都新宿区〇〇町〇番Ｘ
児童公園において（甲第1号証）、被告が散歩させていた犬（秋田犬、
2歳、雄、体長約120cm）（以下「本件犬」という。）に、右足首を噛ま

れ、次のとおり負傷し（以下「本件侵害行為」という。）、治療を受けた。

(1)　傷病名　　　○○（甲第2号証）

(2)　治療状況

平成○年○月○日から平成○年○月○日まで○○病院に通院した。

2　動物の占有者

被告は、本件犬を所有する飼主であり、動物の占有者である。

3　損害の発生・額

本件侵害行為により原告に生じた損害及び損害額は次のとおりである。

(1)　治療費関係

ア　治療費　　　　○円（甲第3号証）

イ　通院交通費　　○円（甲第4号証）

(2)　通院慰謝料　　○円（通院実日数○日）

(3)　弁護士費用　　○円

4　結　論

よって、原告は被告に対し、民法718条に基づく損害賠償として、○円及びこれに対する負傷日である平成○年○月○日から支払済みまで年5分の割合による遅延損害金の支払を求める。

証　拠　方　法

1　甲第1号証　現場写真

2　甲第2号証　診断書

3　甲第3号証　治療費に係る領収書

4　甲第4号証　交通費に係る領収書

5　請求原因を証明するための証拠（書証など）があるか。ある場合には請求原因中に書証番号が記載されているか

前掲【36】の6記載のとおりです。

6　「訴訟物の価額」が請求金額（ただし、附帯請求不算入）と
なっているか
前掲【36】の7記載のとおりです。

7　「ちょう用印紙額」が、民事訴訟費用等に関する法律に基づ
き算出され、また印紙が貼付されているか
前掲【36】の8記載のとおりです。

第2章　訴状審査と訴訟類型別のポイント　　247

【40】　名誉毀損による損害賠償請求訴訟における訴状審査のポイントは

Q 名誉毀損による慰謝料を請求するため、訴状を作成したいと思いますが、訴状の記載については、主にどのようなことが審査されるのでしょうか。また、どのような証拠を提出する必要がありますか。それから、訴状の提出先の裁判所はどこですか。

A 訴状の記載については、①名誉毀損行為の内容、②社会的評価の低下、③損害の発生とその額などが必ず審査されます。

また、上記各事実は、請求を理由づける事実でもあるので、争われた場合には、①の事実を中心に、これを客観的に証明するための証拠として、名誉を毀損する文書、記事、メールの内容を印刷した書面などを提出する必要があります。

訴状の提出先は被告の住所地（民訴4）のほか、義務履行地である原告の住所地（民訴5一、民484）を管轄する簡易裁判所又は地方裁判所でもかまいません。

なお、表現の自由（日本国憲法21）との調整により、その行為の違法性又は責任が阻却されることがあります。被告において、①公共の利害に関する事実に係ること、②専ら公益を図る目的でされたこと、③真実であること、又は真実と信じるに足りる相当の理由があったことを証明したときは、不法行為は成立しません（真実の抗弁）。

訴状審査の着眼点

記載事項	① 「請求の趣旨」として、請求金額、附帯請求の起算日、利率などに間違いはないか

	② 「請求原因」として、名誉毀損行為の内容が具体的に記載されているか
	③ 「請求原因」として、社会的評価の低下が記載されているか
	④ 「請求原因」として、損害の発生、その額が記載されているか
	⑤ 請求原因を証明するための証拠（書証など）があるか。ある場合には請求原因中に書証番号が記載されているか
手数料	⑥ 「訴訟物の価額」が請求金額（ただし、附帯請求不算入）となっているか
	⑦ 「ちょう用印紙額」が、民事訴訟費用等に関する法律に基づき算出され、また印紙が貼付されているか

解　説

① 「請求の趣旨」として、請求金額、附帯請求の起算日、利率などに間違いはないか

　遅延損害金の起算日は、損害発生日として、原告の社会的評価が低下又はそのおそれが生じた名誉毀損行為があった日とすることができます。

　その損害発生日が不明な場合には、「訴状送達の日の翌日」とするのが一般的です。利率は、民法所定の年5分です（民404）（民法の一部を改正する法律（平成29年法律44号）の施行後は年3分（民404②）。その後、市中金利の変動に合わせて3年ごとに見直し（民404③〜⑤）（平成32年4月1日施行））。

　なお、新聞掲載の場合には、新聞が発行され、読者がこれを閲読し

第2章　訴状審査と訴訟類型別のポイント　　249

得る状態になった時点で損害が発生するとされています（最判平9・5・27民集51・5・2024）。

請 求 の 趣 旨

1　被告は、原告に対し、〇円及びこれに対する本訴状送達の日の翌日から支払済みまで年5分の割合による金員を支払え。

---

② 「請求原因」として、名誉毀損行為の内容が具体的に記載されているか

　不法行為による損害賠償請求における加害行為として、名誉毀損行為の日時、場所、態様及び内容等（新聞記事の場合は、掲載日、掲載内容等）を具体的に記載する必要があります。

　名誉とは、人がその品性、徳行、名声、信用等の人格的価値について、社会から受ける客観的評価（社会的評価）であって、人が自己自身の人格的価値について有する主観的評価、すなわち名誉感情は含まれません。

　名誉毀損行為は、この社会的評価を低下させる行為のことをいい、その態様は事実の流布、摘示によります。意見ないし論評の表明は、人身攻撃に及ばない限り名誉毀損に当たりません。

　なお、名誉毀損行為があれば、通常、故意又は過失は肯定されますので、殊更故意、過失についての記載は要しません。

③ 「請求原因」として、社会的評価の低下が記載されているか

　社会的評価が低下したかどうかは、表現行為の対象とされた被害者の品位、職業等、その人の社会における位置、状況等を考慮して判断

されます。

　これが争点と見込まれる場合には、実際に社会的評価が低下したことを立証するのは困難ですので、そのおそれが発生したことを裏付ける具体的事実を記載することで足ります。

　なお、表現行為は、不特定又は多数人に対して行われること（公然）が必要ですので、その表現行為が特定の者に対して示されたに過ぎない場合には、当時の状況等からその表現内容が他人に伝播する可能性について記載する必要があります。

4　「請求原因」として、損害の発生、その額が記載されているか

　名誉毀損における損害は、被害者の社会的評価の低下と考えられており、名誉毀損行為があれば、通常、損害の発生とその間の因果関係は肯定することができます。もちろん、社会的評価の低下による精神的苦痛を損害として慰謝料請求することもできます。

　慰謝料については、加害者側の事情として、①動機、目的、②記事内容（不適切表現、顔写真掲載、個人攻撃的表現）、③真実性、④相当性（公共利益、公益目的の有無）、⑤配布の方法と範囲、⑥配布による利益が考慮されます。他方、被害者側の事情として、①社会的地位（年齢、職業、経歴）、②社会的評価の低下、③営業上の不利益、④社会生活上の不利益（退職等の致命的打撃）、⑤配布後の加害者の態度（反論文の掲載許可等）が考慮されますので（司法研修所「損害賠償請求訴訟における損害額の算定－平成13年度損害賠償実務研究会結果要旨」判タ1070号4頁（平成13年））、これらの事情も可能な限り訴状に記載するのが望ましいです。

　以上から、請求原因事実として、次のような記載をする必要があります。

請 求 の 原 因

1 名誉毀損行為

　被告は、平成○年○月○日、原告の居住する東京都新宿区○○町○丁目○番地所在のＡマンションの原告宅を除く35室のポストに以下の記載のあるビラを配布した（甲第1号証）。

　「前理事長原告が管理組合の管理費を横領していました。刑事告訴を検討しています、情報を集めています。みなさまご協力を」

2 社会的評価の低下

　上記1のビラは、原告が理事長として管理組合の管理費を横領したとの事実を摘示するものであり、これにより原告の社会的評価は低下した。

3 損　害　　合計○円

　原告に生じた損害額は次のとおりである。

　(1) 慰謝料　　○万円

　　　（慰謝料の考慮事情を記載）

　　以上から、原告が受けた名誉毀損による慰謝料は、少なくとも○万円を下らない。

　(2) 弁護士費用　○円

4 結　論

　よって、原告は、被告に対し、不法行為に基づく損害賠償として、○円及びこれに対する本訴状送達の日の翌日から支払済みまで年5分の割合による遅延損害金の支払を求める。

証　拠　方　法

1 甲第1号証　ビラ

5 請求原因を証明するための証拠（書証など）があるか。ある
場合には請求原因中に書証番号が記載されているか
前掲【36】の6記載のとおりです。

6 「訴訟物の価額」が請求金額（ただし、附帯請求不算入）と
なっているか
前掲【36】の7記載のとおりです。

7 「ちょう用印紙額」が、民事訴訟費用等に関する法律に基づ
き算出され、また印紙が貼付されているか
前掲【36】の8記載のとおりです。

第2章　訴状審査と訴訟類型別のポイント　253

【41】　労働災害（安全配慮義務違反）による損害賠償請求訴訟における訴状審査のポイントは

Q 　労災保険の給付を受けましたが、支給対象外である慰謝料などを雇用主に対して請求するため、訴状を作成したいと思います。訴状の記載については、主にどのようなことが審査されるのでしょうか、また、どのような証拠を提出する必要がありますか。それから、訴状の提出先の裁判所はどこですか。

A 　訴状の記載については、①原告と被告との間の雇用関係、②労災事故の内容、③安全配慮義務の具体的内容とその義務の不履行（義務違反）、④負傷・疾病等と業務との間の因果関係、⑤損害の発生とその額などが必ず審査されます。

　また、上記各事実は、請求を理由づける事実でもあるので、争いがある場合には、これらを客観的に証明するための証拠として、診療報酬明細書、後遺障害診断書、労災保険給付の支給決定などを提出する必要があります。

　なお、労働基準監督署が保管する労災記録、医療機関が保管する医療記録、捜査機関が保管する刑事記録などは、裁判所から送付嘱託（民訴226）などにより入手することができます。

　訴状の提出先は被告の住所地（民訴4）のほか、義務履行地である原告の住所地（民訴5一、民484）を管轄する簡易裁判所又は地方裁判所でもかまいません。

254 　　第2章　訴状審査と訴訟類型別のポイント

訴状審査の着眼点

記載事項	1 「請求の趣旨」として、請求金額、附帯請求の起算日、利率などに間違いはないか 2 「請求原因」として、原告と被告との間の雇用関係が具体的に記載されているか 3 「請求原因」として、労災事故の内容が具体的に記載されているか 4 「請求原因」として、安全配慮義務の具体的内容とその義務の不履行（義務違反）が記載されているか 5 「請求原因」として、負傷・疾病等と業務との間の因果関係（業務起因性）が記載されているか 6 「請求原因」として、損害の発生、その額が記載されているか 7 請求原因を証明するための証拠（書証など）があるか。ある場合には請求原因中に書証番号が記載されているか
手数料	8 「訴訟物の価額」が請求金額（ただし、附帯請求不算入）となっているか 9 「ちょう用印紙額」が、民事訴訟費用等に関する法律に基づき算出され、また印紙が貼付されているか

第2章　訴状審査と訴訟類型別のポイント　　255

解　説

1　「請求の趣旨」として、請求金額、附帯請求の起算日、利率などに間違いはないか

　各損害項目の計算関係はもちろん、労災給付金を控除した金額（ただし労働者の福祉増進を目的とする特別給付金は控除しません。）が請求金額となっているかなどについてが審査されます。

　法的構成は、安全配慮義務違反による債務不履行責任（労契5、民415）とするが一般的ですので、遅延損害金の起算日は履行請求日の翌日（民412③）となります。

　利率は、民法所定の年5分です（民404）（民法の一部を改正する法律（平成29年法律44号）の施行後は年3分（民404②）。その後、市中金利の変動に合わせて3年ごとに見直し（民404③～⑤）（平成32年4月1日施行））。

請　求　の　趣　旨

1　被告は、原告に対し、〇円及びこれに対する本訴状送達の日の翌日から支払済みまで年5分の割合による金員を支払え。

2　「請求原因」として、原告と被告との間の雇用関係が具体的に記載されているか

　原告となるのは被災した労働者又はその相続人です。相続人の場合には、相続の事実の記載も必要になります。

　被告となるのは、通常、雇用契約関係にある雇用主ですが、直接雇用関係にない元請企業と下請企業労働者、派遣先企業と派遣労働者の間にも安全配慮義務が肯定される限り、元請企業、派遣先企業も被告とすることができます。直接雇用関係にない場合には、その管理監督

256　　第2章　訴状審査と訴訟類型別のポイント

関係の具体的状況を記載する必要があります。

3　「請求原因」として、労災事故の内容が具体的に記載されて
　いるか

　負傷の場合は負傷の日時、場所、状況など、疾病の場合は病名、発
症経過など、過労死や自殺のような場合は被災者の業務内容、健康状
態、勤務状況などを記載する必要があります。

　この事実は、4で後述する雇用主の安全配慮義務を導き出す事実に
もなります。

4　「請求原因」として、安全配慮義務の具体的内容とその義務
　の不履行（義務違反）が記載されているか

　安全配慮義務の内容を特定し、かつ、義務違反に該当する事実を主
張・立証する責任は、義務違反を主張する原告（被災者）にあります。
もっとも、債務不履行構成によれば、故意、過失の立証責任は被災者
にありません。

　安全配慮義務の具体的内容は、労働者の職種、労務内容、労働提供
場所等によって異なります。労働安全衛生法規、省令、通達などが参
考となるほか、大きくは、①物的・環境的危険防止義務、②作業内容
上の危険防止義務、③作業行動上の危険防止義務、健康管理義務、④
寮・宿泊施設の管理義務に分類することができます（菅野和夫ほか『論点
体系　判例労働法3』284頁（第一法規、平成26年））。

5　「請求原因」として、負傷・疾病等と業務との間の因果関係
　（業務起因性）が記載されているか

　3で前述した労災事故の内容から、負傷・疾病等と業務との間の因
果関係が容易に読み取れる（作業中の負傷など）以外、例えば、脳・

第2章　訴状審査と訴訟類型別のポイント　　257

心臓疾患や過労死のような場合には、業務起因性を記載する必要があります。事案によっては、これを裏付ける医学的な専門知識（医学的知見）の記載を求められることがあります。

6　「請求原因」として、損害の発生、その額が記載されているか

前掲【37】の6と同様に、それぞれの損害項目（通院交通費、休業損害、入院慰謝料、逸失利益、後遺症慰謝料など）、その計算要素（基礎収入、入院期間、後遺障害の認定等級など）、計算結果が記載されているかどうかについて審査されます。

以上から、請求原因事実として、次のような記載をする必要があります。

請　求　の　原　因

1　雇用関係
　　原告は、被告会社の従業員として働いていた者であり、被告会社は、解体業等を目的とする株式会社である。
2　労災事故
　(1)　日　時　　平成○年○月○日午後2時20分頃
　(2)　場　所　　○○市○○町○丁目○番所在の建物の解体工事現場
　(3)　状　況
　　　建物は、スレート葺き屋根であったところ、原告は、同屋根上に親綱（作業員が着用する安全帯に通す命綱）を設置するための補助作業を行っていた際、本件スレート屋根を踏み抜き、約4m下の当該建物内部のコンクリート製の床面に落下し（以下「本件事故」という。）、負傷した。
3　安全配慮義務とその違反
　　スレート葺きの屋根に上がる作業を行う際には、踏み抜きによる落

下事故の発生するおそれがあることから、被告会社には、落下事故の発生を防止するため、現場監督者をして、作業に従事する者に対し、その危険をあらかじめ周知し、あるいは、作業に従事する者が安全帯を親綱に掛けていない場合には、これを掛けるよう注意するなどの安全配慮義務があったにもかかわらず、これらの義務を怠ったために、本件事故が発生した。

　被告会社には、労働契約における債務不履行による賠償責任がある。

4　負傷の内容、治療経過

(1)　傷病名　　　右大腿骨骨折（甲第1号証）

(2)　加療期間

　ア　平成○年○月○日～平成○年○月○日（○日）

　　　○○病院　　入院

　イ　平成○年○月○日～平成○年○月○日（実日数○日）

　　　同病院　　　通院

(3)　後遺障害（甲第2号証）

　　　労災等級10級（右膝関節に著しい運動障害）

5　損害　合計　　　○○円

(1)　入院雑費　　　○円（○日分）

(2)　通院交通費　　○円（甲第3号証）

(3)　休業損害　　　○円（3か月間の平均給与○円　休業期間○日）

(4)　入通院慰謝料　○円（入院○日、実通院○日）

(5)　逸失利益　　　○円

　　　原告は、事故当時35歳であったから、67歳までの逸失利益は、○○円（年収）×0.27（労働能力喪失率）×15.8027（32年間のライプニッツ係数）

(6)　後遺症慰謝料　550万円（10級相当）

6　控除（損益相殺）

　原告は、労災保険から次のとおり合計○円の支払を受けた（甲第4号証）。

(1)　傷害補償給付金　　　○円

(2)　休業補償給付金　　　○円

第2章　訴状審査と訴訟類型別のポイント　　259

7　よって、原告は被告会社に対し、損益相殺後の残損害金〇円及びこれに対する本訴状送達の日の翌日から支払済みまで民法所定の年5分の割合による遅延損害金の支払を求める。

証　拠　方　法

1　甲第1号証　　診断書
2　甲第2号証　　後遺障害診断書
3　甲第3号証　　交通費に係る領収書
4　甲第4号証　　労災支給決定書

7　請求原因を証明するための証拠（書証など）があるか。ある場合には請求原因中に書証番号が記載されているか

前掲【36】の6記載のとおりです。

8　「訴訟物の価額」が請求金額（ただし、附帯請求不算入）となっているか

前掲【36】の7記載のとおりです。

9　「ちょう用印紙額」が、民事訴訟費用等に関する法律に基づき算出され、また印紙が貼付されているか

前掲【36】の8記載のとおりです。

第3 不動産訴訟

【42】 所有権に基づく土地明渡請求訴訟における訴状審査のポイントは

Q 所有地に勝手に車を放置し、土地の一部を占有している被告に対し、所有権に基づく土地明渡請求訴訟の訴状を作成し、裁判所に提出したいのですが、訴状審査では、どのような点が審査（点検）されるのでしょうか。

　また、被告が当該土地を占有していることについては、具体的態様まで主張する必要がありますか。

A 所有権に基づく返還請求権としての土地明渡請求権の要件事実は、①原告がその土地を所有していること、②被告がその土地を占有していること、であり、この点の主張立証がなされているかが特に審査（点検）されます。

　そして、明渡しの対象である土地は、強制執行ができるように土地の登記簿謄本（登記事項証明書）に従って特定されているか審査されます。土地の一部を占有している場合には、さらにその範囲を特定する必要があります。

　また、被告が当該土地を占有していることについては、当事者間に争いがないときは、単に「占有している」と主張すれば足りますが、訴状には、占有が否認される場合に備え、攻撃防御の対象が分かる程度に占有の具体的態様を主張した方がよいでしょう。

第2章　訴状審査と訴訟類型別のポイント　　261

訴状審査の着眼点

記載事項	① 「請求の趣旨」として、対象の土地が特定され、その明渡しを求める旨が記載されているか ② 「請求の原因」として、原告が所有権を有することと、被告が占有していることが記載されているか ③ 証拠として、原告が所有権を有すること、被告が占有していることを証明することができる客観的証拠（書証など）が提出されているか
手数料	④ 「訴訟物の価額」が、目的たる物の価格の2分の1となっているか ⑤ 「ちょう用印紙額」が、民事訴訟費用等に関する法律に基づき算出され、また印紙が貼付されているか

解　説

① 「請求の趣旨」として、対象の土地が特定され、その明渡しを求める旨が記載されているか

　「請求の趣旨」については、対象の土地が特定され、その明渡しを求める旨が記載され、請求が特定されているか審査されます。また、土地の表示について物件目録を引用している場合は、物件目録が添付されているかが確認されます。

　土地の場合、物件目録には、登記簿謄本（登記事項証明書）により「所在」、「地番」、「地目」及び「地積」を記載して特定します（不登34①）。一筆の土地の一部分について明渡しを求める場合には、同記載の次に、「上記のうち別紙図面のイ、ロ、ハ、ニ、イを順次結んだ直線

で囲まれた部分○○．○○平方メートル」などと記載し、同図面を別紙として添付して特定する方法や、「上記のうち別紙図面の斜線部分」と記載し、同図面を別紙として添付して特定する方法もあります（駐車場の場合はさらに駐車番号を記載する例もあります。）。

　附帯請求として、所有権侵害による不法行為に基づく損害賠償請求をしている場合には、その請求の始期が何の時点からなのか（占有開始時からの請求なのか、その途中からの請求（一部請求）なのか）が確認されます。なお、一部請求である場合は、訴訟物の範囲を明らかにするために、請求の原因のよって書きの中で一部請求であることを明示するのが通常です。

請 求 の 趣 旨

1　被告は、原告に対し、別紙物件目録記載の土地を明け渡せ。
2　被告は、原告に対し、平成○○年○月○日から上記明渡済みまで1か月○万円の割合による金員を支払え。

物 件 目 録

所　　在　　○○市○○町○丁目
地　　番　　○番○
地　　目　　○○
地　　積　　○○．○○平方メートル
　上記のうち別紙図面のイ、ロ、ハ、ニ、イを順次結んだ直線で囲まれた部分○○．○○平方メートル（駐車番号3）

以　上

第2章　訴状審査と訴訟類型別のポイント　　263

2　「請求の原因」として、原告が所有権を有することと、被告
が占有していることが記載されているか

1　原告が現在（口頭弁論終結時）土地を所有していること

原告が現在土地を所有していることに争いがなければ、請求原因事
実としては「原告は、甲土地を所有している」と主張すれば足ります
が、争っている場合には、被告との間で所有関係について争いがない
時点まで遡り、争いのない過去の時点での所有関係について権利自白
を認めることとなります。過去の前主であるＡが所有していたことに
権利自白が成立する場合には、Ａ所有を主張し（権利自白が成立）、Ａ
からの所有権移転原因事実を主張立証しなければなりません。

なお、土地を共有している原告が、その共有持分に基づき、単独で
共有物の全部を原告一人に引き渡すよう請求できるかについては、判
例は、共有物の引渡請求権は不可分請求であることを理由に（大判大10・
3・18民録27・547）、あるいは保存行為（民252ただし書）に当たることを理
由に（大判大10・6・13民録27・1155）、これを肯定しています。よって、共
有者は、単独でその持分権に基づき、不法占有者に対し、共有物全部
について、自分への明渡しを求める訴訟を提起することができると解
されます。

2　被告が土地を占有していること

判例は、占有権原を有することについて被告が立証責任を負うとし
ています（最判昭35・3・1民集14・3・327）。したがって、被告が占有権原
を有しないことは請求原因とはならず、被告が占有権原を有すること
が抗弁となります。そこで、原告は、請求原因として単に「被告が土
地を占有していること」を記載して主張すれば足ります。

なお、占有が否認される場合に備え、攻撃防御の対象が分かる程度
に占有の具体的態様を主張した方がよいでしょう。

264   第２章　訴状審査と訴訟類型別のポイント

請 求 の 原 因

1　原告は、別紙物件目録記載の土地（以下「本件土地」という。）を所
　有している（甲第1号証）。
2　被告は、○○○社製○○○○（登録番号　岩手○○は○○○○、車
　台番号○○○○○○○○、以下「本件自動車」という。）を所有する者
　であるが、平成○○年○月ころ、原告に無断で本件自動車を本件土地
　上に、放置し、現在まで、本件土地を権原なく占有している（甲第2号
　証、甲第3号証）。
3　本件土地の賃料相当額は1か月○○○○円である（甲第4号証）。
4　よって、原告は、被告に対し、所有権に基づき本件土地の明渡しを
　求めるとともに、不法行為に基づき、平成○○年○月○日から本件土
　地の明渡し済みまで1か月○万円の割合によるに賃料相当損害金の支
　払を求める。

証 拠 方 法

1　甲第1号証　土地登記簿謄本
2　甲第2号証　登録事項等証明書
3　甲第3号証　本件自動車の放置状況報告書
4　甲第4号証　月極駐車場の料金表

3　証拠として、原告が所有権を有すること、被告が占有してい
　ることを証明することができる客観的証拠（書証など）が提出
　されているか

　証拠のうち、①原告が所有権を有することについては、不動産に関
する事件なので土地の登記簿謄本（登記事項証明書）（民訴規55①一）、
争いない所有権者以降の所有権取得原因事実についての、例えば土地
売買契約書、相続関係を証する戸籍謄本（全部事項証明書）等が考え
られます。②被告が占有していることについては、被告の占有状況を
撮影した写真やこれまで撤去を求めた経緯をまとめた報告書、被告が

第2章　訴状審査と訴訟類型別のポイント　　265

所有車両を放置して占有している場合は、その車両の登録事項につい
て弁護士法23条の2に基づく照会回答書を添付することが考えられま
す。③附帯請求（所有権侵害による不法行為に基づく損害賠償請求）
の損害額については、占有期間の賃料相当額とされるのが通常です（司
法研修所編『紛争類型別の要件事実（改訂）』52頁（法曹会、平成18年））。駐車場
料金表、駐車場として貸し出していない場合は、近隣の駐車場料金表、
土地の賃料相当額を認定する資料がない場合は、当該土地の固定資産
評価額に年間利回りとして年5分を乗じたものを賃料相当損害金とす
るか（福岡高判平19・12・20判タ1284・253）、又は、固定資産税及び都市計
画税の額の2倍を賃料相当損害額にします（東京高判昭50・4・30判時783・
110）。

4　「訴訟物の価額」が、目的たる物の価格の2分の1となってい
　　るか

　本設問は所有権に基づく場合であり、訴訟物の価額は目的物の価額
の2分の1となります（昭31・12・12民甲412民事局長通知　7(1)）。目的物の
価額は、原則として固定資産評価額（昭31・12・12民甲412民事局長通知　1）
によります。そして、土地については、平成6年4月1日以降から当分の
間、受付事務の取扱いとして、固定資産評価額に2分の1を乗じた金額
を基準とする暫定的措置をとるべきこととされています（平6・3・28民
二79民事局長通知）。以上から、具体的な算定方法は、「土地の評価額×
1／2（目的たる物の価格）×1／2（引渡し（明渡し））」となります。

5　「ちょう用印紙額」が、民事訴訟費用等に関する法律に基づ
　　き算出され、また印紙が貼付されているか

　4により算出した訴訟物の価額に対し、民事訴訟費用等に関する法
律別表第1の1項により導き出される手数料額に相当する印紙を貼付し
なければなりません（民訴費3①・8本文）。

第2章　訴状審査と訴訟類型別のポイント

【43】　所有権に基づく建物収去土地明渡請求訴訟における訴状審査のポイントは

Q　所有権に基づく建物収去土地明渡請求訴訟の訴状審査では、特にどのような点が審査（点検）されますか。

A　被告が土地上に建物を所有して原告の土地所有権を侵害している場合は、土地明渡しの債務名義のみでは別個の不動産である建物を収去することまではできないため（民執168⑤参照）、建物収去という執行方法を判決主文で明示する必要があります。そこで、占有についての争いの有無にかかわらず、被告が土地上に建物を所有して土地を占有していることを主張しなければなりません。

したがって、訴状には、請求の趣旨に「建物を収去して土地明渡しを求める」旨を記載し、請求の原因に①原告がその土地を所有していること、②被告が建物を所有して土地を占有していること、を記載する必要があります。訴状審査においては、この記載があるか、明渡しの対象である土地及び収去すべき建物が特定されているかが審査のポイントになります（土地の特定方法については、前掲【42】の①を参照してください。）。

訴状審査の着眼点

記載事項	① 「請求の趣旨」として、対象の土地、建物が特定され、建物を収去して土地の明渡しを求める旨が記載されているか
	② 「請求の原因」として、原告が土地を所有していること、被告が建物を所有して土地を占有していることが記載されているか

第2章　訴状審査と訴訟類型別のポイント　267

	③　証拠として、原告が所有権を有することと被告が建物を所有して土地を占有していることを証明することができる客観的証拠（書証など）が提出されているか
手数料	④　「訴訟物の価額」が、目的たる物の価格の2分の1となっているか ⑤　「ちょう用印紙額」が、民事訴訟費用等に関する法律に基づき算出され、また印紙が貼付されているか

解　説

①　「請求の趣旨」として、対象の土地、建物が特定され、建物を収去して土地の明渡しを求める旨が記載されているか

「請求の趣旨」については、収去すべき建物及び明渡すべき土地が特定され、その建物を収去して土地の明渡しを求める旨が記載されているか審査されます。また、土地、建物の表示について物件目録を引用している場合は、物件目録が添付されているかが確認されます。

物件目録には、土地については、土地の登記簿謄本（登記事項証明書）により「所在」「地番」「地目」及び「地積」を記載して特定します（不登34①）。建物についても、建物の登記簿謄本（建物登記事項証明書）により「所在（地番も含みます。）」「家屋番号」「種類」「構造」及び「床面積」（不登44①）を、附属建物がある場合は「符号」「種類」「構造」及び「床面積」（不登44①、不登規112②）を記載して特定します。未登記建物の場合は、家屋番号が定められていないことから、家屋番号欄は空欄のままとします。その他、「家屋番号（未登記につきなし）」「家屋番号（未登記）」とする記載例もあります。現況が登記簿謄本（登記事項証明書）と異なる場合には現況も記載することが考えられます。場

合によっては図面等で特定する必要が出てくることもあります。

請 求 の 趣 旨

1　被告は、原告に対し、別紙物件目録2記載の建物を収去して同目録1
　　記載の土地を明け渡せ。
2　被告は、原告に対し、平成○年○月○日から上記明渡済みに至るま
　　で、1か月○万円の割合による金員を支払え。

物 件 目 録

1　所　　　在　　○○市○○区○丁目
　　地　　　番　　○番○
　　地　　　目　　宅地
　　地　　　積　　○○．○○平方メートル
2　所　　　在　　○○市○○区○丁目○番地○
　　家 屋 番 号　　○番○
　　種　　　類　　居宅
　　構　　　造　　木造亜鉛メッキ鋼板ぶき2階建
　　床 面 積　　1階　○○．○○平方メートル
　　　　　　　　　2階　○○．○○平方メートル

以　上

　なお、建物所有者である被告以外の第三者が建物を独占して占有し
ている場合、同第三者も被告に加え、同第三者には建物からの退去を
求める必要があります。例えば、被告Aが建物を所有し、被告Bが同
建物を占有していた場合の、所有権に基づく土地明渡しを請求する場
合の請求の趣旨の記載例は次のとおりです。

第2章　訴状審査と訴訟類型別のポイント　　269

（被告Aと被告Bで請求の趣旨を分けた記載例）

> 1　被告Aは、原告に対し、別紙物件目録2記載の建物を収去して同目録1記載の土地を明け渡せ。
> 2　被告Bは、原告に対し、別紙物件目録2記載の建物から退去して同目録1記載の土地を明け渡せ。

（被告らに対する請求を一つの請求の趣旨にまとめた記載例）

> 　原告に対し、被告Aは別紙物件目録2記載の建物を収去し、被告Bは同建物を退去して、それぞれ同目録1記載の土地を明け渡せ。

　所有権に基づく建物収去土地明渡しを請求する場合の訴訟物については、建物収去請求権と土地明渡請求権の2個の請求権があるとする見解もありますが、所有権に基づく返還請求権としての土地明渡請求権1個であると解するのが通説です。

2　「請求の原因」として、原告が土地を所有していること、被告が建物を所有して土地を占有していることが記載されているか

　1　原告が現在（口頭弁論終結時）土地を所有していること

前掲【42】の2を参照してください。

　2　被告が建物を所有して、土地を占有していること

　被告が土地上に建物を所有して土地を占有しているとして、建物収去土地明渡しを請求する場合には、建物収去の主文を導くため、占有についての争いの有無にかかわらず、被告が土地上に建物を所有して

土地を占有していることを主張しなければなりません。したがって、建物の敷地が土地の大部分を占めている場合を前提とすると、その土地上に建物が存在し、被告がその建物を所有していることを主張・立証する必要があります。

なお、判例（最判平6・2・8民集48・2・373）によると、他人の土地上の建物の所有権を取得した者が自らの意思に基づいて所有権取得の登記を経由した場合には、その建物を他に譲渡したとしても、引き続き登記名義を保有する限り、土地所有者に対し、建物収去・土地明渡しの義務を免れることはできないと解されています。

したがって、他に建物を譲渡した登記名義を有する所有者を被告とすることができます。もっとも建物の譲渡を受けた譲受人を被告として建物収去土地明渡請求の訴えを提起することができるのは当然です。

「請求の原因」としては、次のような記載をする必要があります。

請 求 の 原 因

1　訴外亡○○○○（以下「一郎」という。）は、別紙物件目録1記載の土地（以下「本件土地」という。）を所有していた（甲第1号証）。
2　一郎は、平成○年○月○日死亡し、子である原告が相続し、本件土地の所有権を取得した（甲第2号証、甲第3号証）。
3　被告は、遅くとも平成○年○月○日から別紙物件目録2記載の建物（以下「本件建物」という。）を所有し、現在に至るまでの間、本件土地を占有している（甲第4号証）。
4　本件土地の賃料相当損害金は、1か月当たり○万円を下らない（甲第5号証）。
5　よって、原告は、被告に対し、本件土地の所有権に基づき、本件建物を収去して本件土地を明け渡すことを求めるとともに、不法行為に基づき平成○年○月○日から本件土地の明渡済みまで1か月○万円の

第2章　訴状審査と訴訟類型別のポイント　　271

　　割合による賃料相当損害金の支払を求める。

証　拠　方　法

1　甲第1号証　土地登記簿謄本
2　甲第2号証　除籍謄本
3　甲第3号証　戸籍謄本
4　甲第4号証　建物登記簿謄本
5　甲第5号証　固定資産評価証明書

　記載例では、登記記録上所有者が元所有者のままとなっている場合を想定しています。そのため、原告が相続により本件土地を相続したことを証明するために除籍謄本（全部事項証明書）等を提出しています。なお、相続人が複数のため本件土地が共有となっている場合など、共有物の全部を共有者のうちの一人に引き渡すよう請求できるかについては、前掲【42】の②を参照してください。

③　証拠として、原告が所有権を有することと被告が建物を所有して土地を占有していることを証明することができる客観的証拠（書証など）が提出されているか

　証拠のうち、①原告が所有権を有することについては、土地の登記簿謄本（登記事項証明書）（民訴規55①一）、争いない所有権者以降の所有権取得原因事実についての、例えば売買契約書、相続関係を証する戸籍謄本（全部事項証明書）等が考えられます。②被告が建物を所有して土地を占有していることについては、建物の登記簿謄本（登記事項証明書）（民訴規55①一）、未登記建物の場合には固定資産評価証明書、写真撮影報告書等が考えられます。③附帯請求（所有権侵害による不法行為に基づく損害賠償請求）の損害額については、前掲【42】の③記載のとおりです。

272　　第2章　訴状審査と訴訟類型別のポイント

4　「訴訟物の価額」が、目的たる物の価格の2分の1となっているか

　本設問は所有権に基づく場合であり、訴訟物の価額は目的物の価額の2分の1となります（昭31・12・12民甲412民事局長通知　7(1)）。目的物の価額は、原則として固定資産評価額（昭31・12・12民甲412民事局長通知　1）によります。そして、土地については、固定資産評価額に2分の1を乗じた金額を基準とされています（平6・3・28民二79民事局長通知）。具体的な算定方法は、「土地の評価額×1／2（目的たる物の価格）×1／2（引渡し（明渡し））」となります。

5　「ちょう用印紙額」が、民事訴訟費用等に関する法律に基づき算出され、また印紙が貼付されているか

　4により算出した訴訟物の価額に対し、民事訴訟費用等に関する法律別表第1の1項により導き出される手数料額に相当する印紙を貼付しなければなりません（民訴費3①・8本文）。

第2章　訴状審査と訴訟類型別のポイント　273

【44】　賃貸借契約終了に基づく建物収去土地明渡請求訴訟における訴状審査のポイントは

Q　土地を賃借し建物を建てて所有している賃借人が、賃料を滞納しています。無催告解除特約はありません。その賃借人に対し、建物収去土地明渡請求の訴状を作成し、裁判所に提出しようと思いますが、訴状審査において、どのような点が審査（点検）されるのでしょうか。

A　賃料滞納による建物収去土地明渡しを請求するためには、賃貸借契約を解除する必要があります。賃貸借契約解除に基づく建物収去土地明渡請求訴訟においては、「賃貸借契約成立の事実」と「同契約解除の事実」は、請求を特定するために必要な事実ですので、この点が必ず審査（点検）されます。

無催告解除特約がない場合に賃貸借契約を解除するためには、賃借人に対し、民法541条に基づいて相当の期間を定めて賃料の支払を催告する必要があります（通説・判例）。その上で、その期間内に支払がない場合に、賃貸借契約を解除する旨の意思表示をする必要があります。その点の主張立証がなされているかが特に審査されます。

なお、民法の一部を改正する法律（平成29年法律44号）による改正後の民法541条（平成32年4月1日施行）では、判例を踏まえ、契約及び取引通念に照らして不履行が軽微であるときは解除することができない旨明文化されている点に留意する必要があります。

274　　　第2章　訴状審査と訴訟類型別のポイント

訴状審査の着眼点

記載事項	1 「請求の趣旨」として、対象の土地、建物が特定され、建物を収去して土地の明渡しを求める旨が記載されているか 2 「請求の原因」として、賃貸借契約成立の事実と同契約解除の事実（賃貸借契約の終了原因）が記載されているか 3 証拠として、賃貸借契約書、土地及び建物の登記事項証明書、賃貸借契約終了を証明する書証等が提出されているか。また、請求の原因中に証拠を記載しているか
手数料	4 「訴訟物の価額」が、目的たる物の価格の2分の1となっているか 5 「ちょう用印紙額」が、民事訴訟費用等に関する法律に基づき算出され、また印紙が貼付されているか

解　説

1 「請求の趣旨」として、対象の土地、建物が特定され、建物を収去して土地の明渡しを求める旨が記載されているか

　「請求の趣旨」については、収去すべき建物及び明け渡すべき土地が特定され、その建物を収去して土地の明渡しを求める旨が記載されているか審査されます。また、土地、建物の表示について物件目録を引用している場合は、物件目録が添付されているかが確認されます。

　物件目録の記載方法は、前掲【43】の1を参照してください。

第2章　訴状審査と訴訟類型別のポイント　　275

　賃貸借契約終了に基づく不動産明渡請求訴訟の訴訟物は、賃貸借の終了原因ごとに異なるとする見解（多元説）がありますが、1個の賃貸借契約に基づく明渡請求である限り、終了原因のいかんにかかわらず、訴訟物は常に1個であるとする見解（一元説）が通説、実務です。

　附帯請求について、未払賃料があればその請求をするほかに、賃貸借契約の終了後明渡しまでの間の賃料相当額の金員の支払を請求するのが通常です。この場合の訴訟物としては、不法行為に基づく損害賠償請求権、不当利得に基づく利得返還請求権も考えられますが、目的物返還債務の履行遅滞に基づく損害賠償請求権がされることが多いです（司法研修所編『紛争類型別の要件事実（改訂）』91頁（法曹会、平成18年））。

請　求　の　趣　旨

1　被告は、原告に対し、別紙物件目録2記載の建物を収去して同目録1記載の土地を明け渡せ。
2　被告は、原告に対し、○○万円及びこれに対する平成○年○月○日から支払済みに至るまで年5分の割合による金員を支払え。
3　被告は、原告に対し、平成○年○月○日から第1項の明渡済みに至るまで、1か月○万円の割合による金員を支払え。

2　「請求の原因」として、賃貸借契約成立の事実と同契約解除の事実（賃貸借契約の終了原因）が記載されているか

　賃料滞納（不払）を理由に賃貸借契約を解除して建物収去土地明渡を求める場合の要件事実は、次のとおりです。

①　土地の賃貸借契約の成立

②　①に基づく賃借人への土地の引渡し

③　賃料不払期間の経過

④　民法614条所定の支払時期の経過

⑤　催　　告

⑥　催告後相当期間が経過したこと

⑦　解除の意思表示

⑧　②の引渡し後、契約終了までの間に、土地上に建物が建てられ、契約終了時にその建物が土地上に存していたこと

　このように、賃貸借契約解除に基づく建物収去土地明渡請求訴訟においては、「賃貸借契約成立の事実」と「同契約解除の事実」は、要件事実であり請求を特定するために必要な事実ですので、この点が必ず審査（点検）されます。

　「賃貸借契約成立の事実」については、後記記載例のとおり、賃貸人・賃借人、契約日、対象物件、賃貸借期間、賃料と支払方法、特約があれば特約を記載し、当該物件を引き渡した事実を記載します。

　原告に所有権が存することの主張は不要です。他人物の賃貸借も有効だからです。

　土地の賃貸人がその土地の所有者でもあり、所有権に基づく返還請求権としての明渡請求権と賃貸借契約の終了に基づく目的物返還請求権としての明渡請求権のいずれを訴訟物とすることも可能な場合があります。このような場合は訴状の記載から明確になっているかが審査されます。不明確の場合は訴状の補正又は釈明権の行使によって明確にしてもらうことになります（司法研修所編『紛争類型別の要件事実（改訂）』90頁（法曹会、平成18年））。

　なお、賃貸借契約は、当事者間の信頼関係を基礎とする継続的契約ですから、賃借人の債務不履行の程度、態様が軽微な場合には、信頼関係が破壊されていないとして解除が否定される場合がありますので、この点に留意する必要があります。

　本設問の場合（賃貸借終了原因事実として賃料不払いによる解除を理由とする場合）、次のような記載をします。

第2章 訴状審査と訴訟類型別のポイント 277

請 求 の 原 因

1 賃貸借契約の成立等

　原告は、被告に対し、平成〇年〇月〇日、次の約定で、別紙物件目録1記載の土地（以下「本件土地」という。）を賃貸し（以下「本件賃貸借契約」という。）、引き渡した（甲第1号証）。

(1) 契約期間　　平成〇年〇月〇日から平成〇年〇月〇日

(2) 賃　　料　　月額〇万円

(3) 支払期限　　翌月分賃料を毎月末日支払

2 本件建物の建築

　被告は、その後本件土地上に別紙物件目録2記載の建物（以下「本件建物」という。）を建築し、現在も同建物に居住し本件土地を占有している（甲第2号証、甲第3号証）。

3 本件賃貸借契約の解除

　被告は、本件土地の賃料を平成〇年〇月分から滞納するようになり、平成〇年〇月〇日時点で、同月分の賃料を含め滞納賃料合計〇〇万円となった。

　原告は、被告に対し、平成〇年〇月〇日付け内容証明郵便により、同月分を含め合計〇〇万円を同月末日限り支払うことを催告するとともに、上記期間内に支払のないときは、本件賃貸借契約を解除する旨を通知した（甲第4号証の1）。

　同通知は、〇月〇日に被告に到達したが、同月末日までに滞納賃料を支払わず、本件賃貸借契約は、同日をもって解除された（甲第4号証の2）。

　なお、本件土地の賃料相当損害金は、本件賃貸借契約の賃料月額〇万円を下らない。

4 結　論

　よって、原告は、被告に対し、本件賃貸借契約終了に基づき本件建物を収去して本件土地を明け渡すことを求めるとともに、本件賃貸借契約に基づき、未払地代〇〇万円及びこれに対する支払期限経過後の平成〇年〇月〇日から支払済みに至るまで民法所定の年5分の割合による遅延損害金、並びに本件土地返還債務の履行遅滞に基づく解除の

278　　第2章　訴状審査と訴訟類型別のポイント

日の翌日である平成○年○月1日から本件土地明渡済みまで1か月○万
円の割合による賃料相当損害金の支払を求める。

証　拠　方　法

1　甲第1号証　土地賃貸借契約書
2　甲第2号証　土地登記簿謄本
3　甲第3号証　建物登記簿謄本
4　甲第4号証の1　通知書（内容証明郵便）
5　甲第4号証の2　配達証明書

（注1）　解除について、上記記載例のように、催告とともに○月○日までに
　　　　履行しなければ解除する、との意思表示がされることが多く、この
　　　　場合の解除は、催告期間内に履行がないことを解除の停止条件とす
　　　　るもので、この期間の経過により契約が解除されたことになります
　　　　（大判明43・12・9民録16・910）。
（注2）　請求の原因4項結論中の未払地代に対する遅延損害金の利率を民法
　　　　所定の年5分（民404）としていますが、民法の一部を改正する法律
　　　　（平成29年法律44号）施行後は年3パーセントになります（民404②）。
　　　　その後、市中の金利の変動に合わせて3年ごとに見直されます（民
　　　　404③〜⑤）（平成32年4月1日施行）。

3　証拠として、賃貸借契約書、土地及び建物の登記事項証明書、
賃貸借契約終了を証明する書証等が提出されているか。また、
請求の原因中に証拠を記載しているか

　賃貸借契約終了（解除）を前提にしていますので、賃貸借契約書、
明渡しの対象である土地の登記簿謄本（登記事項証明書）、収去すべき
建物の登記簿謄本（登記事項証明書）、未登記建物の場合には固定資産
評価証明書、そして、契約解除を証明する催告書面（内容証明郵便）
等が考えられます。これらの証拠を請求の原因中に記載する（民訴規
53①）とともに、別途「証拠方法」という欄を設けて、証拠の内容を表
示します。

第2章　訴状審査と訴訟類型別のポイント　　279

4　「訴訟物の価額」が、目的たる物の価格の2分の1となっているか

　本設問は賃貸借契約の解除等による場合であり、訴訟物の価額は目的物の価額の2分の1となります（昭31・12・12民甲412民事局長通知　7(4)）。目的物の価額は、原則として固定資産評価額（昭31・12・12民甲412民事局長通知　1）によります。そして、土地については、固定資産評価額に2分の1を乗じた金額を基準とされています（平6・3・28民二79民事局長通知）。具体的な算定方法は、「土地の評価額×1／2（目的たる物の価格）×1／2（引渡し（明渡し））」となります。

　なお、1の記載例の、「請求の趣旨」2項において、未払賃料及びこれに対する遅延損害金の請求をしていますが、未払賃料のみを請求する場合は1項の附帯請求であることに争いはありません。未払賃料に遅延損害金を付して請求する場合には、これを附帯請求とせず、訴額に算入するとする見解がありますが、1項の請求の附帯請求として扱うのが相当であり、その価額は訴額に算入しません（裁判所書記官研修所編『訴額算定に関する書記官事務の研究（補訂版）』227頁（法曹会、平成14年））。

5　「ちょう用印紙額」が、民事訴訟費用等に関する法律に基づき算出され、また印紙が貼付されているか

　4により算出した訴訟物の価額に対し、民事訴訟費用等に関する法律別表第1の1項により導き出される手数料額に相当する印紙を貼付しなければなりません（民訴費3①・8本文）。

280 第2章 訴状審査と訴訟類型別のポイント

【45】 賃貸借契約の解除に基づく建物明渡等請求訴訟における訴状審査のポイントは

Q 賃借人が賃料不払のまま行方不明となっているため、訴状中で賃貸借契約を解除する建物明渡等請求訴訟の訴状を作成し、裁判所に提出しようと思いますが、訴状審査においてどのようなことが審査（点検）されるのでしょうか。

A 契約解除に基づく建物明渡等請求訴訟においては、「契約成立の事実」と「契約解除の事実」は、請求を特定するために必要な事実ですので、必ず審査（点検）されます。

賃貸借契約の解除を訴状中で行う場合、その旨の意思表示の記載、例えば「本訴状をもって、本件賃貸借契約を解除する。」といった記載がなされているかが審査（点検）されます。また、賃料不払があっても、特段の事情がない限り、無催告で解除することはできません（最判昭35・6・28民集14・8・1547）。そこで、賃借人の背信性を主張立証する必要がありますので、その記載があるかも審査（点検）されます。

なお、相手方が行方不明の場合、公示送達の申立書及び相手方の住所、居所その他送達をすべき場所が知れないことの証明資料が提出されているかも審査されます。

訴状審査の着眼点

記載事項	① 「請求の趣旨」として、対象の建物が特定され、建物の明渡しを求める旨が記載されているか
	② 「請求の原因」として、賃貸借契約成立の事実と同契約解除の事実が記載されているか。また、無催告解

第2章　訴状審査と訴訟類型別のポイント　　281

	除を認める程度の背信的行為と認めるに足りる特段の事情が記載されているか ③　証拠として、建物の登記簿謄本（登記事項証明書）、建物賃貸借契約書や賃貸人に対する背信的行為と認めるに足りる特段の事情に関する証拠が提出されているか
手数料	④　「訴訟物の価額」が、目的たる物の価格の2分の1となっているか ⑤　「ちょう用印紙額」が、民事訴訟費用等に関する法律に基づき算出され、また印紙が貼付されているか

解　説

① 「請求の趣旨」として、対象の建物が特定され、建物の明渡しを求める旨が記載されているか

　「請求の趣旨」については、明渡しを求める建物が特定され、その建物の明渡しを求める旨が記載されているか審査されます。また、建物の表示について物件目録を引用している場合は、物件目録が添付されているかが確認されます。物件目録における建物の特定方法については、前掲【43】の①を参照してください。

請　求　の　趣　旨

1　被告は、原告に対し、別紙物件目録記載の建物を明け渡せ。
2　被告は、原告に対し、○○万円及びこれに対する訴状送達の日の翌日から支払済みまで年5分の割合による金員を支払え。
3　被告は、原告に対し、平成○年○月○日から第1項の明渡し済みに至るまで、1か月○万円の割合による金員を支払え。

```
                    物 件 目 録
    所     在    ○○市○○町○丁目○番地
    家 屋 番 号    ○番○
    種     類    居宅
    構     造    木造亜鉛メッキ鋼板ぶき2階建
    床 面 積    1階  ○○. ○○平方メートル
                2階  ○○. ○○平方メートル
    上記のうち1階部分
                                            以  上
```

　なお、建物の明渡しを求める申立てをする場合には、原則として建物の表示のみを記載すれば足り、敷地を記載する必要はありません。請求の趣旨の2項は確定した未払賃料及び附帯請求で、同3項は平成○年○月○日から訴状送達の日までの未払賃料と解除後の賃料相当損害金の請求です。

2　「請求の原因」として、賃貸借契約成立の事実と同契約解除の事実が記載されているか。また、無催告解除を認める程度の背信的行為と認めるに足りる特段の事情が記載されているか

　賃料不払を原因とする賃貸借契約の解除に基づく建物明渡請求の要件事実は、次のとおりです。

① 　賃貸借契約の成立

② 　①に基づく賃借人への建物の引渡し

③ 　一定期間の経過

④ 　民法614条所定の支払時期の経過（前払特約がある場合は④に代えて、「特約の締結」、「支払時期の経過」が要件事実）

第2章　訴状審査と訴訟類型別のポイント　　283

⑤　支払時期が経過した賃料の催告

⑥　催告期間の経過（⑤で催告期間の主張をしない場合は、「相当期間
の経過」）

⑦　解除の意思表示

　このように、賃貸借契約解除に基づく建物明渡請求訴訟においては、
「賃貸借契約成立の事実」と「同契約解除の事実」は、要件事実であ
り請求を特定するために必要な事実ですので、この点が必ず審査（点
検）されます。

　「賃貸借契約成立の事実」については、後記記載例のとおり、賃貸
人・賃借人、契約日、対象物件、賃貸借期間、賃料と支払方法、特約
があれば特約を記載し、当該物件を引き渡した事実を記載します。

　また、上記のとおり、賃料不払により賃貸借契約を解除する場合に
は、特段の事情がない限り、解除の意思表示に先立って、民法541条に
基づいて催告をする必要がありますが、賃借人に背信的行為と認める
に足りる特段の事情があれば無催告で解除することができると解され
ています（岡口基一『要件事実マニュアル民法2（第4版）』300頁（ぎょうせい、
平成26年））。

　なお、民法の一部を改正する法律（平成29年法律44号）による改正
後の民法541条（平成32年4月1日施行）では、判例を踏まえ、契約及び
取引通念に照らして不履行が軽微であるときは解除することができな
い旨明文化されている点に留意する必要があります。

　本設問の場合、催告せずに解除をするために、特段の事情を主張す
る必要があり、次のような記載をする必要があります。記載例では、
賃料の長期未払、賃借人の行方不明を挙げています。

第2章　訴状審査と訴訟類型別のポイント

請　求　の　原　因

1　原告は、被告に対し、平成○年○月○日、次の約定で、別紙物件目録記載の建物（以下「本件建物」という。）（甲第1号証）を賃貸し（以下「本件賃貸借契約」という。）、同日、引き渡した（甲第2号証）。

(1)　期間　定めなし

(2)　賃料　1か月○万円

(3)　毎月末日限り翌月分の賃料を支払う。

2　被告は、平成○年○月分までの賃料は支払ったが、以後現在まで、同年○月分からの賃料の支払をしない（平成○年○月分から平成○年○月分までの未払賃料合計○○万円）（甲第3号証）。

3　原告は、未払賃料の催促をするため、平成○年○月○日以降、何度も被告に電話したが出てもらえず、そのうち同電話は使われなくなった。原告は、平成○年○月○日、本件建物に赴いたが、既に被告が住んでいないことが判明し（甲第4号証、甲第5号証）、その頃から被告は行方不明となっている。

　以上のとおり、被告は、原告に何ら連絡することなく行方不明となっているものであり、また賃料不払も長期にわたっている。

4　そこで、原告は、被告に対し、この訴状の送達をもって、賃料不払を理由として、本件賃貸借契約を解除する旨の意思表示をする。

5　よって、原告は、被告に対し、本件賃貸借契約の解除に基づき、本件建物の明渡しを求めるとともに、未払賃料○○万円及びこれに対する訴状送達の日の翌日から支払済みまで民法所定の年5分の割合による遅延損害金並びに平成○年○月○日から明渡し済みに至るまで、1か月○万円の割合による未払賃料及び賃料相当損害金の支払を求める。

証　拠　方　法

1　甲第1号証　建物登記簿謄本

2　甲第2号証　建物賃貸借契約書

3　甲第3号証　預金通帳

第2章　訴状審査と訴訟類型別のポイント　　285

```
4　甲第4号証　陳述書
5　甲第5号証　現地調査報告書
```

　記載例の請求の原因1項には、要件事実のうち①賃貸借契約の成立、②賃貸借契約に基づく被告への建物の引渡しを記載しています。実務上①と②を併せて、「貸し渡した」とか「賃貸した」と表現する例があります（大島明『書式民事訴訟の実務（全訂10版）』238頁（民事法研究会、平成29年））。

　請求の原因5項中の、未払賃料に対する遅延損害金の利率を、民法所定の年5分（民404）としていますが、民法の一部を改正する法律（平成29年法律44号）の施行後は年3パーセントになります（民404②）。その後、市中の金利の変動に合わせて3年ごとに見直されます（民404③～⑤）（平成32年4月1日施行）。

3　証拠として、建物の登記簿謄本（登記事項証明書）、建物賃貸借契約書や賃貸人に対する背信的行為と認めるに足りる特段の事情に関する証拠が提出されているか

　本設問は、不動産（建物）に関する事件なので、建物の登記簿謄本（登記事項証明書）（民訴規55①一）、重要な書証である建物賃貸借契約書（民訴規55②）が添付されているかが審査されます。

　また、特段の事情としての、「賃料の長期未払」の証拠としては、賃料が入金になっている通帳や賃料を手渡ししている場合の賃料の授受に関する台帳、「賃借人の行方不明」の証拠としては、住民票写し、戸籍の附票謄本、市町村の住民登録がない旨の証明書、弁護士法23条の2による照会書及びその回答書、当事者又はその補助者の調査報告書、住所が記載された契約書等、民生委員、近隣者の所在不明証明書（陳述書）、近親者の所在不明証明書（陳述書）等が考えられます（裁判所職

員総合研修所『民事訴訟関係書類の送達実務の研究－新訂－』184頁（司法協会、平成18年））。

なお、不出頭の当事者が公示送達によって呼出しを受けた場合には、擬制自白は成立せず（民訴159③ただし書）、相手方は、その主張事実を否認された場合と同様に、立証をしなければなりません。したがって、建物の登記簿謄本（登記事項証明書）、建物賃貸借契約書、通帳写し、現地調査報告書など、主張事実ごとに漏れなく提出する必要があります。

4 「訴訟物の価額」が、目的たる物の価格の2分の1となっているか

本設問は賃貸借契約の解除等による場合であり、訴訟物の価額は目的物の価額の2分の1となります（昭31・12・12民甲412民事局長通知 7(4)）。目的物の価額は、原則として固定資産評価額（昭31・12・12民甲412民事局長通知 1）によります。目的物が建物であるため、土地の場合のように、2分の1に減額されることはありません（平6・3・28民二79民事局長通知）。具体的な算定方法は、「建物の評価額（目的たる物の価格）÷床面積×専有面積×1／2」となります。

5 「ちょう用印紙額」が、民事訴訟費用等に関する法律に基づき算出され、また印紙が貼付されているか

訴訟物の価額により、手数料の額が決まってきますので、4により算出した訴訟物の価額に対し、民事訴訟費用等に関する法律別表第1の1項により導き出される手数料額に相当する印紙を貼付しなければなりません（民訴費3①・8本文）。

第2章　訴状審査と訴訟類型別のポイント　　287

【46】　所有権確認請求訴訟における訴状審査のポイントは

Q　隣人との間で、土地の一部につき、所有権の争いがあります。そこで、その一部土地につき所有権確認請求訴訟の訴状を作成し、裁判所に提出しようと思いますが、訴状審査においてどのようなことが審査（点検）されるのでしょうか。

A　所有権確認の訴えでは、請求の趣旨として、目的物が特定されているか、そして原告がその所有権を有することを確認する旨の記載がされているかが審査（点検）されます。

また、請求原因に原告の所有権取得原因事実が記載されているか、確認の利益を有する事実（被告が原告の所有権を争っている旨）の記載があるかが審査（点検）されます。

訴状審査の着眼点

記載事項	① 「請求の趣旨」として、目的物を特定し、原告がその所有権を有することを確認する旨の記載がされているか ② 「請求の原因」として、原告が所有権を取得した原因事実が記載されているか。また、被告が原告の所有権を争っている旨（確認の利益を有する事実）が記載されているか

	③　土地の登記簿謄本（登記事項証明書）など、重要な書証が添付されているか
手 数 料	④　「訴訟物の価額」が係争地の価格となっているか

解　説

① 「請求の趣旨」として、目的物を特定し、原告がその所有権を有することを確認する旨の記載がされているか

　確認請求では、所有権のような物権の場合、通常は権利の主体、対象及び権利の種類を明らかにすれば請求が特定されます。

　確認判決の既判力も給付判決と同じく当事者間に限られますので、その当事者を明確にする必要があります。当事者双方がいずれも1名の場合は特に明示は不要ですが、当事者の一方又は双方が複数の場合は、どの当事者間の権利関係を確認するのか明示する必要があります（「原告と被告らとの間において」、「原告と被告Aとの間において」）。また、確認の主体は裁判所になります。したがって、請求の趣旨では「被告は、原告に対し、……を確認する。」などといった表現はしません。

　確認対象である土地の一部の特定方法については、前掲【42】の①を参照してください。

請 求 の 趣 旨

1　原告が、別紙物件目録1記載の土地につき、所有権を有することを確認する。

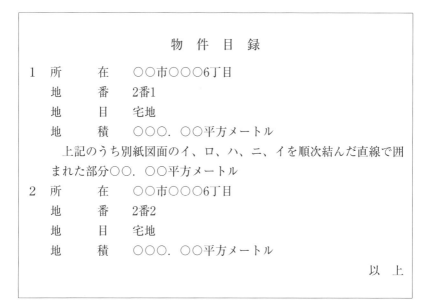

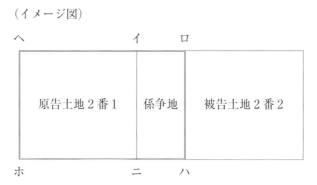

2　「請求の原因」として、原告が所有権を取得した原因事実が記載されているか。また、被告が原告の所有権を争っている旨（確認の利益を有する事実）が記載されているか

　原告が不動産を所有していることを記載しますが、その不動産の現在の所有権について争いが存する場合には、原告の前所有者等に所有

権が存したことを、争いのない段階まで遡って、その後の原告までの所有権移転原因事実を主張する必要があります。

　確認の利益は、原告の請求について、確認判決をすることが、原告の権利又は法律的地位に対する現実（過去や将来についてのものは許されないとされます。）の不安・危険を除去するために、必要かつ適切な場合に認められます。記載例では、所有権について争いがあり、その旨の記載があります。

　なお、原告の所有する不動産が被告の所有名義となっている場合（東京地判昭30・8・18下民6・8・1637）など、被告が原告の権利について明白に争っていないときでも確認の利益が認められる場合があります。

請　求　の　原　因

1　原告は、平成○年○月○日、訴外○○○○から、別紙物件目録1記載の土地（以下「本件土地」という。）を含む次の土地を、売買により取得した（甲第1号証）。

　　　所　在　　　○○市○○○6丁目
　　　地　番　　　2番1
　　　地　目　　　宅地
　　　地　積　　　○○○．○○平方メートル
　　　（別紙図面のイ、ロ、ハ、ニ、ホ、ヘ、イを順次結んだ直線で囲まれた部分）

2　原告は、平成○年○月○日、前記土地（地番2番1）上に建物を新築し、以後、同土地を同建物の敷地として利用してきた（甲第2号証）。

3　被告は、別紙物件目録2記載の土地（地番2番2。以下「被告所有地」という。）を所有しており（甲第3号証）、1項記載の土地と被告所有地は、隣接している（甲第4号証）。

4　しかるに、被告は、本件土地は、被告所有地に含まれるとして、原告の所有権を争っている（甲第5号証）。

5　よって、原告は、本件土地につき、原告が所有権を有することの確認を求める。

第2章　訴状審査と訴訟類型別のポイント　　291

```
                        証　拠　方　法
  1   甲第1号証         土地登記簿謄本（2番1）
  2   甲第2号証         建物登記簿謄本
  3   甲第3号証         土地登記簿謄本（2番2）
  4   甲第4号証         公図
  5   甲第5号証         被告が原告に宛てた手紙
```

③ 土地の登記簿謄本（登記事項証明書）など、重要な書証が添付されているか

　土地の所有権確認請求訴訟なので、原告及び被告双方の土地の登記簿謄本（登記事項証明書）を提出します（民訴規55①一）。また、公図や争っている土地の範囲を明らかにした図面（事案に応じて、測量士に依頼し、基点、方位、距離を正確に表示した図面）を提出します。

④ 「訴訟物の価額」が係争地の価格となっているか

　所有権の確認を求める訴えの訴額算定基準は、目的たる物の価格とします（昭31・12・12民甲412民事局長通知　1）。物の価格とは、地方税法349条の規定による固定資産税の課税標準となる価格のあるものについては、その価格とし、その他のものについては、取引価格とします。

　目的たる土地が一筆の土地の一部である場合は、固定資産評価額を地積で除して1平方メートル当たりの評価額を出し、それに係争部分（係争地）の面積を乗じて当該部分の評価額を算出します。

　さらに、土地については、軽減措置により2分の1にした額が訴額となります（平6・3・28民二79民事局長通知）。

【47】 敷金返還請求訴訟における訴状審査のポイントは

Q 賃貸借契約に基づく敷金返還請求訴訟の訴状を作成し、裁判所に提出しようと思いますが、訴状審査においてどのような審査（点検）がされるのでしょうか。

また、「賃料及び賃料相当損害金債務」の証拠につき、補正の促しを受けた場合には、どのような点に留意して対応すればよいでしょうか。

A まず、管轄があるか、訴状の記載に不備がないか、添付書類に漏れがないか、手数料の不納付がないか、などについて、各裁判所で定める「訴状審査票」に基づいて、裁判官（民訴137・140等）・裁判官の補佐事務を行う書記官が確認します。

賃貸借契約に基づく敷金返還請求訴訟においては、「賃貸借契約の成立」、「同契約に基づく賃貸人による目的物の引渡し」、「同契約に付随する敷金授受の合意」、「賃借人による敷金の交付」、「同契約の終了原因」、「賃借人による同契約の目的物の返還」、「原告の未払賃料及び契約解除後の賃料相当損害金がないこと（又はその弁済（提供）の事実）」は、請求を特定するために必要な事実ですので、請求の原因に必ず記載があるかを審査（点検）されます。

また、敷金から控除すべき債務の存否の立証責任について、通常は、その存否が被告の抗弁であり、それを履行したことが原告の再抗弁になりますが、敷金から控除すべき債務のうち賃料及び契約解除後の賃料相当損害金の各債務については、その存在が明らかであることから、これらを履行したことが請求原因にせりあがります（岡

口基一『要件事実マニュアル2（第5版）民法2』373頁（ぎょうせい、平成28年））。
そこで、原告としてはあらかじめ訴状の請求原因に記載しなければ
ならず、この証拠について補正の促しを受けた場合には、書証とし
て客観的に説明できる証拠、例えば原告が未払の賃料を被告の銀行
口座に振り込んで弁済したことを証明する銀行の発行する振込金受
取書（振込明細書）の写しを提出する必要があります（民訴規55②）。

訴状審査の着眼点

記載事項	① 「請求の趣旨」として、敷金の金額（残額）が記載されているか。附帯請求の起算日として賃貸借契約の目的物の返還日の翌日以降の日が記載されているか ② 「請求の原因」として、敷金返還請求権を特定するために必要な事実が記載されているか。また、訴訟物たる権利関係の存在を理由づける事実について具体的に記載されているか ③ 証拠として、請求の原因を証明することができる客観的事実（書証など）が提出されているか。また、証拠を記載するに当たって、請求の原因中に書証番号を記載しているか
手数料	④ 「訴訟物の価額」が、敷金残額元本となっているか ⑤ 「ちょう用印紙額」が、民事訴訟費用等に関する法律に基づき算出され、また、印紙が貼付されているか

294　　第2章　訴状審査と訴訟類型別のポイント

解　説

1　「請求の趣旨」として、敷金の金額（残額）が記載されているか。附帯請求の起算日として賃貸借契約の目的物の返還日の翌日以降の日が記載されているか

　「請求の趣旨」では、敷金全額又は敷金から控除されるべき債務（賃料・賃料相当損害金・原状回復費用などのその他一切の債務）を控除後の残額が記載されているかが確認されます。敷金返還請求権は、目的物の明渡し（又は引渡し）の日に発生し（最判昭48・2・2民集27・1・80、最判平11・1・21民集53・1・1）、直ちに期限が到来します。よって、附帯請求の起算日については、原告が賃貸借契約の目的物を返還した翌日から遅滞に陥ることになることから、目的物明渡し（又は引渡し）の日の翌日とするか、どの時点から遅延損害金が生じたか確定することが難しいような場合には「訴状送達日の翌日から〜」と記載します。

　法定利率につき、民法の一部を改正する法律（平成29年法律44号）により、現行の年5分から年3分に引き下げられ（民404②）、市中の金利の変動に合わせて3年ごとに見直されることになります（平成32年4月1日施行）。

請　求　の　趣　旨

1　被告は、原告に対し、○万円及びこれに対する平成○年○月○日から支払済みまで年5分の割合による金員を支払え。
2　訴訟費用は被告の負担とする。
3　この判決は、仮に執行することができる。

第2章　訴状審査と訴訟類型別のポイント　　295

2　「請求の原因」として、敷金返還請求権を特定するために必要な事実（狭義の「請求の原因」）が記載されているか。また、訴訟物たる権利関係の存在を理由づける事実（広義の「請求原因」）について具体的に記載されているか

　1　「請求の原因」は、請求の趣旨と相まって請求を特定するのに必要な事実をいいます（狭義の「請求の原因」（民訴規53①））ので、「請求の趣旨」の記載の請求を特定しているかが確認されます。つまり、実質的記載事項の判断基準は、「請求を基礎づける事実が当該判決をすることができる程度に記載されているか」です。そのため、文献を参照しながら、要件事実に漏れがないように心掛ける必要があります。

　2　この事実のほかに、請求を理由づける事実（広義の「請求原因」、「主要事実」ともいいます。）を具体的に記載するとともに、立証を要する事由（原告側において、争点となって立証を要することになると予想される事由）ごとに、当該事実に関連する事実で重要なもの（重要な間接事実）及び証拠（証拠方法）を記載しなければならないものとしています（民訴規53①）。この場合、請求を理由づける事実についての主張と当該事実との関連する事実についての主張とは、できる限り区別して記載しなければなりません（民訴規53②）。

　3　本設問の場合、要件事実として、「賃貸借契約の成立」、「同契約に基づく賃貸人による目的物の引渡し」、「同契約に付随する敷金授受の合意」、「賃借人による敷金の交付」、「同契約の終了原因」、「賃借人による同契約の目的物の返還」、「原告の未払賃料及び契約解除後の賃料相当損害金がないこと（又はその弁済（提供）により、原告に債務不履行がないこと）」、の記載が求められますので、次のような記載をする必要があります。

請 求 の 原 因

1　原告は、被告との間で、平成○年○月○日次のとおり建物（貸室）賃貸借契約を締結した上、同日引渡しを受けた（甲第1号証）。また、同日原告は被告に敷金を交付した（甲第2号証）。

　　　　物　件　　　○○県○○市○○町○丁目○番○号メゾン石割202号室
　　　　期　間　　　平成○年○月○日から平成○年○月○日まで
　　　　賃　料　　　月額70000円
　　　　敷　金　　　140000円（月額賃料の2か月分）
　　　　特　約　　　賃貸借契約の終了により、原告が本件建物を明け渡したときは、被告は原告に対し敷金を返還する。ただし、本件建物を原状に復するために要する費用を控除することができる。

2　上記賃貸借契約は、平成○年○月○日原告と被告との合意により契約が終了し、原告は平成○年○月○日本件建物を明け渡した。

3　また、原告は、被告に対し、平成○年○月から平成○年○月までの賃料を、いずれも各月末日まで遅滞なく支払った。

4　しかし、原告の本件建物の使用は、通常の使用の範囲であったにもかかわらず、被告は敷金の返還をしようとしない。被告の主張は、原状回復ではなく、新たな賃借人に対し内装をほぼ新築状態で提供するために、本来被告が賃貸人として負担すべき資金を旧賃借人である原告に不当に負担させようとするものである（甲第3号証の1〜10、甲第4号証の1〜10）。

5　よって、原告は、被告に対し、上記賃貸借契約の終了に基づき、敷金140000円及びこれに対する上記明渡しの日の翌日である平成○年○月○日から、支払済みまで年5分の割合による遅延損害金の支払を求める。

証 拠 方 法

1　甲第1号証　　　　　　　　建物（貸室）賃貸借契約書
2　甲第2号証　　　　　　　　敷金預り証

3	甲第3号証の1～10	入居時の写真	
4	甲第4号証の1～10	退去時の写真	

附 属 書 類

1	訴状副本	1通
2	甲第1号証ないし甲第4号証の10写し	各2通
3	証拠説明書	2通
4	訴訟委任状	1通

　4　敷金契約は要物契約であると考えられているため、敷金授受の合意と敷金の交付は、敷金契約の成立要件ですが、敷金の交付は必ずしも賃貸借契約の締結と同時に行われる必要はないと解されています（岡口基一『要件事実マニュアル2（第5版）民法2』373頁（ぎょうせい、平成28年））。

　5　さらに、敷金返還請求権の発生時期について、これを賃貸借契約終了時とする説と建物明渡時とする説がありますが、後者が判例（最判昭48・2・2民集27・1・80、最判平11・1・21民集53・1・1）・通説です。よって、賃貸人から、賃借人に対し、賃借物の返還を請求した場合に、賃借人が敷金返還と賃借物返還との同時履行を抗弁として主張することはできません。

　6　なお、簡易裁判所に提起する少額訴訟（民訴368以下）の訴状の場合、賃貸人である被告から、賃料及び賃料相当損害金以外に、修繕費用又は原状回復のための費用の控除（債務不履行によって発生する具体的な数額が控除されることは敷金契約の法的効果ですので、被告（賃貸人）による相殺の意思表示は不要です（最判昭48・2・2民集27・1・80、最判平14・3・28民集56・3・689)。）の抗弁等が主張・立証されることも予想されるため、請求原因に例えば「予想される被告の主張に対する反

論」などと項を立てて、賃貸人である被告が主張するであろう通常の使用により生ずる損傷・汚損（通常損耗）を超える損傷・汚損（特別損耗）に対する反論・反証についてもできるだけ記載します。もっとも、賃借人は、通常損耗を超える損傷・汚損であっても、賃借人に帰責事由がないものについては原状回復義務を負わないため（民法の一部を改正する法律（平成29年法律44号）による改正後の民621ただし書）、少額訴訟の場合にはできるだけその旨も、「予想される被告の主張に対する反論」の項目で、再抗弁としての反論・反証を訴状に記載します。

7　敷金の承継については、賃借人たる地位に承継があった場合、敷金に関する敷金交付者の権利義務関係は、特段の事情のない限り、新賃借人に承継されません。この場合、敷金は旧賃借人に返還されます（岡口基一『要件事実マニュアル2（第5版）民法2』370頁（ぎょうせい、平成28年）、最判昭53・12・22民集32・9・1768）。反対に、賃貸人たる地位に承継があった場合、旧賃貸人に差し入れられた敷金は、未払賃料債務があればこれに充当され、残額についてその権利義務関係が新賃貸人に承継されます（岡口基一『要件事実マニュアル2（第5版）民法2』371頁（ぎょうせい、平成28年）、最判昭39・6・19民集18・5・795、最判昭44・7・17民集23・8・1610）。

3　証拠として、請求の原因を証明することができる客観的事実（書証など）が提出されているか。また、証拠を記載するに当たって、請求の原因中に書証番号を記載しているか

請求の原因を証明することができる客観的事実として、証拠を記載するに当たって、請求の原因中に書証番号を記載するとともに、別途、「証拠方法」という欄を設けて、書証の内容を表示します。その際、相関関係が分かるようにします。賃貸借契約書などの基本的な書証や

第2章　訴状審査と訴訟類型別のポイント　　299

立証を要する事由ごとに重要な書証の写しを添付書類（民訴規55②）として提出します（「甲第○号証」と表示し写し2通を添付して、書証写し（民訴規137①）を兼ねて提出する例もあります。）。

4 「訴訟物の価額」が、敷金残額元本となっているか

訴訟物の価額は、目的物の価額を前提として算定されます（民訴費4①、民訴8①）。なお、敷金返還請求訴訟は不動産を目的とする訴えではなく、金銭支払の請求の訴えなので、請求金額（元本のみ・附帯請求不算入の原則）となります。具体的には、敷金から、控除されるべき債務を控除した後の敷金残額（元本）となります。

5 「ちょう用印紙額」が、民事訴訟費用等に関する法律に基づき算出され、また、印紙が貼付されているか

1　訴訟物の価額により、手数料の額が決まってきますので、4により算出した訴訟物の価額に対し、民事訴訟費用等に関する法律別表第1の1項により導き出される手数料額に相当する印紙（収入印紙）を貼付しなければなりません（民訴費3①・8本文）。納付する手数料の額が100万円を超える場合は現金納付も可能です（民訴費8ただし書、民訴費規4の2）。

2　訴額計算の誤り等により手数料を過大に納付してしまった場合には、当事者等は裁判所に過納手数料還付の申立てをすることができます（民訴費9①）。反対に、訴状に貼付した手数料が不足した場合には、事件番号や当事者の表示等を記載して事件を特定したちょう用印紙納付書に、不足分の手数料額に相当する印紙（収入印紙）を貼り納付者が記名押印して、裁判所に追納しなければなりません。

300　　　第2章　訴状審査と訴訟類型別のポイント

＜参考判例など＞

○敷金契約とは、授受された敷金をもって、賃料債権、賃貸借終了後目的
物の明渡しまでに生ずる賃料相当の損害金債権、その他賃貸借契約によ
り賃貸人が賃借人に対して取得すべきこととなるべき一切の債権を担保
することを目的とする賃貸借契約に付随する契約であるとした事例（最
判昭48・2・2民集27・1・80）

○敷金返還請求権は、目的物の返還時において、被担保債権を控除し、な
お残額があることを条件として、その残額につき発生するものであると
した事例（最判平11・1・21民集53・1・1）

【48】 不動産登記手続（移転登記）請求訴訟における訴状審査のポイントは

Q　時効取得を原因とした土地所有権移転登記手続請求の訴状を作成し、裁判所に提出しようと思いますが、訴状審査においてどのような審査（点検）がされるのでしょうか。

　また、訴訟物を明らかにして（特定）請求原因を記載するよう補正命令を受けた場合には、どのような点に留意して対応すればよいのでしょうか。

A　まず、管轄があるか、訴状の記載に不備がないか、添付書類に漏れがないか、手数料の不納付がないか、などについて、各裁判所で定める「訴状審査票」に基づいて、裁判官（民訴137・140等）・裁判官の補佐事務を行う書記官が確認します。

　訴訟物について、所有権移転登記手続請求権は、①契約の効力としての登記請求権（債権的登記請求権）、②所有権に基づく妨害排除請求権としての登記請求権（物権的登記請求権）、③登記が物権変動の過程や態様と一致していない場合に物権変動それ自体から発生する登記請求権（物権変動的登記請求権）の3形態がありますが、訴状の請求原因には、これらのいずれかが訴訟物として特定されて記載されているかが審査（点検）されます。

　時効取得を原因とする所有権移転登記請求は、前所有者から時効取得者への物権変動（ないしはそれに準じるもの）に伴って発生する請求であり、上記②の物権的登記請求権を訴訟物とするのが通常です。補正命令を受けた場合には、この旨を明らかにして訴状訂正申立書（正本1通及び被告の人数分の副本）を提出する必要があります。

302 　第２章　訴状審査と訴訟類型別のポイント

訴状審査の着眼点

記載事項	1 　「当事者の表示」につき、当事者の住所（所在地）及び氏名（名称）が、不動産登記記録上の住所・氏名と異なっていないか 2 　「請求の趣旨」として、目的不動産が別紙として物件目録を引用するなどして登記記録上の表示で特定し正確に記載されているか。仮執行宣言を求める旨の記載はないか 3 　「請求の原因」として、原告による目的不動産の所有権の時効取得の要件事実のほか、「目的不動産に被告名義の所有権移転登記があること」が記載されているか 4 　証拠として、請求の原因を証明することができる客観的事実（書証など）が提出されているか。また、証拠を記載するに当たって、請求の原因中に書証番号を記載しているか
手 数 料	5 　「訴訟物の価額」が、通知に基づき算定されているか 6 　「ちょう用印紙額」が、民事訴訟費用等に関する法律に基づき算出され、また、印紙が貼付されているか

第2章　訴状審査と訴訟類型別のポイント　　303

解　説

1　「当事者の表示」につき、当事者の住所（所在地）及び氏名（名称）が、不動産登記記録上の住所・氏名と異なっていないか

　1　不動産登記手続請求の訴状の場合、「当事者の表示」につき、当事者の現住所や氏名が不動産登記記録上の住所や氏名と異なっている場合、現住所の下に「（登記記録上の住所）　　○○県○○市○○○丁目○番○号」、現氏名の下に「（登記記録上の氏名）○○　　○○」などと併記します。

　2　また、被告の住所、居所が不明で、訴えの提起と公示送達の申立てを同時にする場合には、被告の普通裁判籍を明らかにするために「住居所不明　　（最後の住所）○○県○○市○○○丁目○番○号　　被告○○　　○○」などと記載し、公示送達申立書に公示送達の要件の証明資料（住民票又は戸籍の附票、所在調査報告書、民生委員等による居住していない旨の証明書など）を添付します。

　3　さらに、登記名義人の相続人が当事者の場合には、登記名義人（被相続人）の出生から死亡するまでの連続するすべての戸籍類（除籍、改製原戸籍類を含みます。）、相続人たる当事者全員の戸籍類、戸籍の附票（又は住民票）及び相続関係図（相続関係図は別紙として訴状に添付する例もあります。）を添付書類（民訴規55②）として提出します（「甲第○号証」と表示し写し2通を添付して、書証写し（民訴規137①）を兼ねて提出する例もあります。）。

　4　当事者が法人の場合、代表者の資格証明書（代表者事項証明書等）を訴状に添付します。

304　第2章　訴状審査と訴訟類型別のポイント

2　「請求の趣旨」として、目的不動産が別紙として物件目録を
　　引用するなどして登記記録上の表示で特定し正確に記載され
　　ているか。仮執行宣言を求める旨の記載はないか

　1　「請求の趣旨」としては、目的不動産を、所在、地番、地目、
地積など登記記録上の表示で特定し、例えば売買を取得原因とする場
合、「被告は、原告に対し、別紙物件目録記載の土地について、平成○
年○月○日売買を原因とする所有権移転登記手続をせよ。」などと記
載します。共有持分の全部移転の場合、「被告らは～共有者全員持分
全部移転登記手続をせよ。」、所有権の一部移転の場合、「被告は～所有
権の一部（持分○分の○）移転の登記手続をせよ。」などと記載します
（幸良秋夫『設問解説判決による登記（改訂補訂版）』112頁以下（日本加除出版、
平成29年））。時効による所有権取得は、原始取得ですが、登記は移転登
記によるとするのが登記実務です（明44・6・22民414民事局長回答）。また、
請求の趣旨には、真正な登記名義の回復を原因とする場合を除き、登
記原因を明示する必要があります。登記原因が時効取得の場合の登記
原因の日付は、時効の完成日ではなく、時効の起算日です。時効の起
算日が不明なときは、「・・・平成○年月日不詳時効取得」など」と記
載します（岡口基一『要件事実マニュアル1（第5版）総論・民法1』480頁以下（ぎ
ょうせい、平成28年））。

　2　また、「・・・平成○年○月○日時効取得又は平成○年○月○日
売買を原因とする所有権移転登記手続をせよ。」のように、複数の登記
原因を主張する場合、同一の所有権に基づく移転登記請求ですから、
訴訟物は同一であると考えるのが通説であり、請求原因の選択的主張
（主位的主張、予備的主張）として記載すべきです。

　3　法務省先例（昭25・7・6民甲1832民事局長通達）・判例（大判昭10・9・
27民集14・1650、最判昭41・6・2判時464・25）・通説では、登記手続を命じ
る判決には仮執行宣言を付すことを得ないとしているので、訴状の請
求の趣旨においても、仮執行宣言の申立ては記載しません。

第2章　訴状審査と訴訟類型別のポイント　　305

請　求　の　趣　旨

1　被告は、原告に対し、別紙物件目録記載の土地について、平成○年
　○月○日時効取得を原因とする所有権移転登記手続をせよ。
2　訴訟費用は被告の負担とする。

物　件　目　録

所　　　在　　○○市○○町○丁目
地　　　番　　2番1
地　　　目　　宅地
地　　　積　　○○○．○○平方メートル

以　上

　4　時効完成時の占有者が時効の援用をしないまま死亡した場合に
は、その一般承継人たる共同相続人の全員が時効を援用した場合、時
効の完成時に遡って生ずるので、前所有者から占有者に所有権が移転
し、それを相続人が相続します。ただし、相続人が直接前所有者に対
し、直接に時効取得を原因とする所有権移転登記請求をすることはで
きないと解されており、相続人は、前所有者から亡占有者への所有権
移転登記請求訴訟を提起しなければなりません。その場合の請求の趣
旨は、「被告は、亡○○○○（登記記録上の住所　○○県○○市・・・）
に対し、別紙物件目録記載の土地について、平成○年○月○日時効取
得を原因とする所有権移転登記手続をせよ。」などと記載します（岡口
基一『要件事実マニュアル1（第5版）総論・民法1』482頁（ぎょうせい、平成28
年））。なお、共同相続人の1人だけが時効の援用をする場合には、自己

の相続分の限度においてのみ時効を援用することができるにすぎません ので、遺産分割協議により共同相続人の1人が当該不動産を単独取 得することとした上で時効を援用するなどの特別な事情がない限り、 自己の相続分の割合による共有持分の取得についての所有権一部移転 登記手続を求めることができるにとどまります（幸良秋夫『設問解説判決 による登記（改訂補訂版）』161頁以下（日本加除出版、平成29年））。

5　取得時効が完成したため占有者が時効を援用した上、当該土地 を第三者に譲渡した場合、当該土地の譲受人は、①譲渡人たる占有者 に代位し、前所有者に対し、時効取得を原因とする前所有者から占有 者への所有権移転登記請求訴訟を提起し、②譲渡人たる占有者に対し、 売買を原因とする占有者から自己への所有権移転登記請求訴訟を提起 することができます。その場合の①の請求の趣旨は、「被告は、○○○ ○（○○県○○市・・・）に対し、別紙物件目録記載の土地について、 平成○年○月○日時効取得を原因とする所有権移転登記手続をせよ。」 などと記載します（岡口基一『要件事実マニュアル1（第5版）総論・民法1』482 頁（ぎょうせい、平成28年））。

6　時効完成時の前所有者が死亡した場合、時効取得者たる占有者 は前所有者の共同相続人らに対し、亡所有者から自己に対する時効取 得を原因とする所有権移転登記手続請求を提起することができます。 その場合、「被告らは、別紙物件目録記載の土地について、平成○年○ 月○日時効取得を原因とする亡○○○○（登記記録上の住所　○○県 ○○市・・・）から原告に対する所有権移転登記手続をせよ。」などと 記載します（岡口基一『要件事実マニュアル1（第5版）総論・民法1』483頁（ぎ ょうせい、平成28年））。

7　時効完成時の前所有者が、時効完成後に、当該不動産を第三者

第2章　訴状審査と訴訟類型別のポイント　　307

に譲渡した場合、譲受人と時効取得者たる占有者との優先関係は、対
抗要件の具備の先後によります。当該不動産の登記名義が前所有者の
ままである場合には、時効取得者たる占有者は前所有者を被告として、
自己に対する時効取得を原因とする所有権移転登記手続請求訴訟を提
起します。既に、当該不動産の登記名義が譲受人となっている場合に
は、時効取得者たる占有者は、原則として譲受人に対抗することはで
きませんが、譲受人が背信的悪意者である場合には、譲受人を被告と
して、その所有権移転登記の抹消登記手続請求を提起し、かつ、前所
有者を被告として、前所有者から自己に対する時効取得を原因とする
所有権移転登記請求を提起することができます（又は、これらに代え
て、時効取得者たる占有者は、譲受人に対し、真正な登記名義の回復
を原因とする所有権移転登記手続請求をすることができます。）（岡口
基一『要件事実マニュアル1（第5版）総論・民法1』484頁（ぎょうせい、平成28
年））。

3　「請求の原因」として、原告による目的不動産の所有権の時
　　効取得の要件事実のほか、「目的不動産に被告名義の所有権移
　　転登記があること」が記載されているか

　1　「請求の原因」の意義やその原則的記載方法は前掲【47】の2
記載のとおりです。

　2　本設問の場合、原告による目的不動産の所有権の時効取得の要
件事実（長期取得時効（民162①）又は短期取得時効（民162②））のほか要
件事実として、「目的不動産に被告名義の所有権移転登記が存在する
こと」の記載が求められますので、次のような記載をする必要があり
ます。

請 求 の 原 因

1　原告は、平成○年○月○日、別紙物件目録記載の土地（以下「本件土地」という。）を駐車場として占有していた（甲第1号証）。

2　原告は、平成○年○月○日経過時、駐車場として本件土地を占有していた。

3　原告は、被告に対し、平成○年○月○日、上記取得時効を援用するとの意思表示をした（甲第2号証の1、2）。

4　本件土地について、別紙登記目録記載の所有権移転登記がある（甲第3号証）。

5　よって、原告は、被告に対し、所有権に基づき、本件土地につき、平成○年○月○日時効取得を原因とする所有権移転登記手続をすることを求める。

証 拠 方 法

1　甲第1号証　　　　駐車場の写真（平成○年○月○日撮影）

2　甲第2号証の1　　通知書（内容証明郵便）

3　甲第2号証の2　　配達証明書

4　甲第3号証　　　　土地全部事項証明書（被告土地）

附 属 書 類

1	訴状副本	1通
2	甲第1号証ないし甲第3号証写し	各2通
3	証拠説明書	2通
4	固定資産評価証明書	1通
5	訴訟委任状	1通

第2章　訴状審査と訴訟類型別のポイント　　309

```
                  登 記 目 録

○○地方法務局○○支局平成○年○月○日受付
第○○○号所有権移転登記
    原    因    平成○年○月○日相続
    所 有 者    住所　○○県○○市○○町○番○号
                氏名　○○　○○（被告）
                                          以　上
```

　被告名義の登記については、上記のように登記目録に記載してこれ
を引用する方法が望ましいと考えられます（司法研修所編『民事判決起案
の手引（10訂）』14頁（法曹会、平成18年））。

　3　長期取得時効（民162①）の要件事実は、①ある時点で目的不動
産を占有していたこと、②①の時から20年経過した時点で目的不動産
を占有していたこと、③援用権者が相手方に対し時効の援用の意思表
示をしたこと、です。

　4　短期取得時効（民162②）の要件事実は、①ある時点で目的不動
産を占有していたこと、②①の時から10年経過した時点で目的不動産
を占有していたこと、③①の時点で自己の所有と信ずるにつき無過失
であること、④援用権者が相手方に対し時効の援用の意思表示をした
こと、です。

　5　占有者は、所有の意思をもって、善意で、平穏に、かつ、公然
と占有をする者と推定されます（民186①）ので、原告側において主張・
立証の必要はありません。

　6　20年間又は10年間の占有の継続については、前後両時点におけ
る占有の事実があれば、占有はその間継続したものと推定される（民

186②）ので、占有開始時と20年又は10年経過時の2つの時点の占有を主張立証すれば足ります。また、前主や前々主以前の占有も併せて主張することもできます（民187①）。もっとも、その場合には占有の瑕疵も承継する（民187②）ことになりますので、例えば、前主が悪意占有であれば、悪意占有を承継することになります（岡口基一『要件事実マニュアル1（第5版）総論・民法1』281頁（ぎょうせい、平成28年））。

7　原告が目的不動産を占有していたことの主張は、「原告は、平成○年○月○日、本件土地を占有していた。」などと記載します。また、20年又は10年経過時における占有についての主張は、「原告は、平成○年○月○日経過時、本件土地を占有していた。」などと記載します。占有に争いがある場合には、「本件土地を資材置き場として占有していた。」などと占有の態様も具体的に主張すべきです（岡口基一『要件事実マニュアル1（第5版）総論・民法1』279頁（ぎょうせい、平成28年））。

8　なお、初日不算入の原則（民140）から、時効期間は占有開始の翌日から計算することになりますが、時効の効果がさかのぼる起算日は占有の開始日となり、登記原因の日付も同日になります。

9　判例は、時効援用権者は時効起算点を任意に選択することが許されないとしています（最判昭42・7・21民集21・6・1643）が、占有開始時の占有を主張立証することは極めて困難なため、原告は占有開始時の占有として、任意の時点での占有を主張立証すれば足ります。この場合、「原告は、遅くとも平成○年○月○日に占有を開始した。」などと記載します。

10　時効の効果は、時効の完成だけでは確定せず（不確定効果説）、援用の意思表示をすることによって初めて確定的に生ずるとの見解（停止条件説）が判例（最判昭61・3・17民集40・2・420）・通説です。援用の意思表示は、訴訟外においても、口頭弁論期日においても、また、訴状等の主張書面においても、することができます。訴状の送達をも

って援用の意思表示をする場合、「原告は、被告に対し、本訴状の送達をもって、上記時効を援用する旨の意思表示をする。」などと記載します。

11 無過失とは、自己に所有権があると信じるにつき過失がないことをいいます（最判昭43・12・24民集22・13・3366）。占有開始時に無過失であれば足り、その後に悪意に変わっても、短期取得時効が援用されます。不動産の譲受人は、譲渡人が所有権登記名義者であれば、特段の事情がない限り無過失といえます（岡口基一『要件事実マニュアル1（第5版）総論・民法1』282頁（ぎょうせい、平成28年））。

12 被告名義の登記の存在は、占有以外の態様による妨害ですので、その性質は、所有権に基づく妨害排除請求であると解されています。被告の妨害を特定するために、請求原因では登記の内容を具体的に主張します。登記の特定事項としては、法務局、登記の名称、受付年月日、受付番号など不動産登記記録上の表示で特定して記載されていれば足ります。

4 証拠として、請求の原因を証明することができる客観的事実（書証など）が提出されているか。また、証拠を記載するに当たって、請求の原因中に書証番号を記載しているか

　請求の原因を証明することができる客観的事実として、証拠を記載するに当たって、請求の原因中に書証番号を記載するとともに、別途、「証拠方法」という欄を設けて、書証の内容を表示します。その際、相関関係が分かるようにします。

5 「訴訟物の価額」が、通知に基づき算定されているか

　1 訴訟物の価額は、目的物の価額を前提として算定されます（民訴費4①、民訴8①）。所有権移転登記の場合、通知（昭31・12・12民甲412民

事局長通知）の8により、目的物の価格の全額となります。ただし、土地に関する訴えの場合には、2分の1に減額されます（平6・3・28民二79民事局長通知）。具体的な算定方法は、「目的物の評価額（目的たる物の価格）×1／2（土地の場合）」となります。

2　固定資産評価額（地税349）のあるものは、固定資産評価証明書の評価額に基づいて算出します。固定資産評価額のないものは取引価格によります。そうでないものは、土地については、近隣土地又は類似の物の価額に準じて算定します。未評価建物の価額は、管轄法務局が作成する「新築建物課税標準価格認定基準表」及び「経年減価補正率表（減額限度表）」を利用して算出します。訴額認定のための証明資料は、必ず訴状にも添付します。

6　「ちょう用印紙額」が、民事訴訟費用等に関する法律に基づき算出され、また、印紙が貼付されているか
　この点についての留意事項は前掲【47】の5記載のとおりです。

＜参考判例など＞
○取得時効について、直接時効の利益を受ける者は、裁判上たると裁判外たるとを問わず、いつでも援用が可能であるとした事例（大判昭10・12・24民集14・2096）
○取得時効の対象物は自己の所有物であってもよいとした事例（最判昭35・7・27民集14・10・1871）

第2章　訴状審査と訴訟類型別のポイント　　313

【49】　不動産登記手続（抹消登記）請求訴訟における訴状審査のポイントは

Q 　被担保債権の消滅時効を原因とした土地建物抵当権設定登記の抹消登記手続請求の訴状を作成し、裁判所に提出しようと思いますが、訴状審査においてどのような審査（点検）がされるのでしょうか。

　また、訴訟物を明らかにして（特定）請求原因を記載するよう補正命令を受けた場合には、どのような点に留意して対応すればよいのでしょうか。

A 　まず、管轄があるか、訴状の記載に不備がないか、添付書類に漏れがないか、手数料の不納付がないか、などについて、各裁判所で定める「訴状審査票」に基づいて、裁判官（民訴137・140等）・裁判官の補佐事務を行う書記官が確認します。

　訴訟物について、担保権の設定登記の抹消登記手続請求権は、①金銭消費貸借契約や担保権設定契約を締結した事実がないにもかかわらず担保権者が登記の抹消に応じない場合など所有権に基づく妨害排除請求権としての登記請求権（物権的登記請求権）、②担保権設定契約の解除や被担保債権の弁済等の契約の効力としての登記請求権（債権的登記請求権）、の二つが考えられますが、訴状の請求原因には、これらのいずれかが訴訟物として特定されて記載されているかが審査（点検）されます。本設問の被担保債権の消滅時効を原因とする抵当権設定登記抹消登記手続請求の場合も二通りが考えられます。補正命令を受けた場合には、いずれかの訴訟物であるかを明らかにして訴状訂正申立書（正本1通及び被告の人数分の副本）を提出する必要があります。

314　　第2章　訴状審査と訴訟類型別のポイント

訴状審査の着眼点

記載事項	① 「当事者の表示」につき、当事者の住所（所在地）及び氏名（名称）が、不動産登記記録上の住所・氏名と異なっていないか ② 「請求の趣旨」として、目的不動産や抹消すべき登記が別紙として物件目録・登記目録を引用するなどして登記記録上の表示で特定し正確に記載されているか。仮執行宣言を求める旨の記載はないか ③ 「請求の原因」として、「原告が目的不動産を所有していること」、「目的不動産に被告名義の抵当権設定登記があること」、「抵当権の抹消原因が生じたこと」が記載されているか ④ 証拠として、請求の原因を証明することができる客観的事実（書証など）が提出されているか。また、証拠を記載するに当たって、請求の原因中に書証番号を記載しているか
手　数　料	⑤ 「訴訟物の価額」が、通知に基づき算定されているか ⑥ 「ちょう用印紙額」が、民事訴訟費用等に関する法律に基づき算出され、また、印紙が貼付されているか

第2章　訴状審査と訴訟類型別のポイント　　315

解　説

1　「当事者の表示」につき、当事者の住所（所在地）及び氏名
（名称）が、不動産登記記録上の住所・氏名と異なっていない
か

　1　不動産登記手続請求の訴状の場合、「当事者の表示」につき、当
事者の現住所や氏名が不動産登記記録上の住所や氏名と異なっている
場合、現住所の下に「（登記記録上の住所）　○○県○○市○○○丁目
○番○号」、現氏名の下に「（登記記録上の氏名）○○　○○」などと
併記します。

　2　また、被告の住所、居所が不明で、訴えの提起と公示送達の申
立てを同時にする場合には、被告の普通裁判籍を明らかにするために
「住居所不明　（最後の住所）○○県○○市○○○丁目○番○号被告
○○　○○」などと記載し、公示送達申立書に公示送達の要件の証明
資料（住民票又は戸籍の附票、所在調査報告書、民生委員等による居
住していない旨の証明書など）を添付します。

　3　さらに、登記名義人の相続人が当事者の場合には、登記名義人
（被相続人）の出生から死亡するまでの連続するすべての戸籍類（除
籍、改製原戸籍類を含みます。）、相続人たる当事者全員の戸籍類、戸
籍の附票（又は住民票）及び相続関係図（相続関係図は別紙として訴
状に添付する例もあります。）を添付書類（民訴規55②）として提出しま
す（「甲第○号証」と表示し写し2通を添付して、書証写し（民訴規137
①）を兼ねて提出する例もあります。）。

　4　なお、抵当権設定登記抹消登記手続請求は、必要的共同訴訟で
はないため、相続人全員を被告とする必要性はありませんので、抹消
登記手続に任意に協力しない相続人のみを被告とすれば足りますが、
判決後の登記申請手続の煩雑さを考慮すると抹消登記手続に任意に協

力する相続人を含めて相続人全員を被告とする例が多いです（この場合、原告は抹消登記手続に任意に協力する相続人に対しても訴え提起前に説明文書を送付するなどして、訴訟手続についての理解を深めておくことが、不要な争いを事前に防止することに繋がり望ましいでしょう。）。

5　当事者が法人の場合、代表者の資格証明書（代表者事項証明書等）を訴状に添付します。

2　「請求の趣旨」として、目的不動産や抹消すべき登記が別紙として物件目録・登記目録を引用するなどして登記記録上の表示で特定し正確に記載されているか。仮執行宣言を求める旨の記載はないか

1　「請求の趣旨」としては、目的不動産を、所在、地番、地目、地積など登記記録上の表示で特定し、「被告は、別紙物件目録記載1の土地及び同目録記載2の建物について、○○地方法務局○○支局平成○年○月○日第○○○号抵当権設定登記の平成○年○月○日時効消滅を原因とする抹消登記手続をせよ。」などと記載します。上記のとおり、「原告に対し」とは記載しない実務例もあります。また、抹消すべき登記については、これを別紙として登記目録に記載してこれを引用する方法が望ましいと考えられます（司法研修所編『民事判決起案の手引（10訂）』14頁（法曹会、平成18年））。被告に登記保持権原がない場合（例えば、不実登記や錯誤無効などの場合）には単に抹消を求めることで足り、解除や弁済等による消滅の場合には、例えば、「平成○年○月○日弁済を原因とする」などと日付と抹消する原因を記載しなければなりません。

主位的請求として被担保債権の「弁済」を、予備的請求として被担保債権の「消滅時効」を、それぞれ原因とする抵当権設定登記抹消登

第2章　訴状審査と訴訟類型別のポイント　　317

記手続請求を主張する場合（いわゆる予備的併合の場合）、主位的請求原因においては被担保債権を弁済（完済）した日を具体的に特定して記載し領収証などで立証します。請求の趣旨にも「（主位的請求）1　被告は、原告に対し、……平成○年○月○日弁済を原因とする……」などと登記原因と原因日付（弁済日（完済日））を記載します。一方、予備的請求原因においては、消滅時効の効力発生日（「権利を行使することができる時」（民法の一部を改正する法律（平成29年法律44号、平成32年4月1日施行）施行後は「権利を行使することができる時」又は「権利を行使することができることを知った時」）に遡ります（民166①・144)。）である消滅時効の起算点（初日不算入の原則により弁済日の翌日（民140））を具体的に特定し、かつ、時効期間の経過の主張を記載し、契約書や時効の援用の意思表示をした内容証明郵便及び配達証明書などで立証します。請求の趣旨にも「（予備的請求）1　被告は、原告に対し、……平成○年○月○日時効消滅を原因とする……」などと登記原因と原因日付（上記のとおり弁済日の翌日）を記載します。

　なお、消滅時効の進行（民166①）及び債権の消滅時効期間（民167①）につき、民法の一部を改正する法律（平成29年法律44号）により、「権利を行使することができる時」という客観的起算点から10年間とする従前の時効期間は維持しつつも（平成29年法律44号による改正後の民166①二)、「債権者が権利を行使することができることを知った時」という主観的起算点から5年間という時効期間（平成29年法律44号による改正後の民166①一）が新たに設けられました。いずれか早い方の期間が満了した時に時効が完成することになります。本設問のような消費貸借契約などの契約上の債権は、この主観的起算点と客観的起算点が一致するのが通常ですので、原則として5年間の消滅時効期間が適用されることになります（平成32年4月1日施行）。

　2　抹消登記について登記上利害関係を有する者（例えば、転抵当

318 第2章 訴状審査と訴訟類型別のポイント

権者など）がいて、その者が抹消登記に承諾しない場合には、承諾請求をしなければならず、その場合、「1　被告○○○○は、別紙物件目録記載の土地について、別紙登記目録記載の抵当権設定登記の抹消登記手続をせよ。2　被告○○○○は、原告に対し、前項の抹消登記手続を承諾せよ。」などと記載します。

　3　法務省先例（昭25・7・6民甲1832民事局長通達）・判例（大判昭10・9・27民集14・1650、最判昭41・6・2判時464・25）・通説では、登記手続を命じる判決には仮執行宣言を付すことを得ないとしているので、訴状の請求の趣旨においても、仮執行宣言の申立ては記載しません。訴状の「請求の趣旨」の訴訟費用に関する部分につき、「訴訟費用は原告の負担とする。」と記載し、被告の無用な争いを防ぐ例もあります。

請　求　の　趣　旨

1　被告らは、別紙物件目録記載1の土地及び同目録記載2の建物について、別紙登記目録記載の抵当権設定登記の平成○年○月○日時効消滅を原因とする抹消登記手続をせよ。
2　訴訟費用は被告らの負担とする。

物　件　目　録

1　所　　在　　○○市○○町○丁目
　　地　　番　　○番○
　　地　　目　　宅地
　　地　　積　　○○○．○○平方メートル
2　所　　在　　○○市○○町○丁目○番地
　　家 屋 番 号　　○番○
　　種　　類　　居宅

第2章　訴状審査と訴訟類型別のポイント　　319

```
構　　　造　　木造亜鉛メッキ鋼板ぶき2階建
床　面　積　　1階　○○．○○平方メートル
　　　　　　　2階　○○．○○平方メートル
　　　　　　　　　　　　　　　　　　　　　　　　　以　上
```

```
　　　　　　　　　　登　記　目　録

○○地方法務局○○支局平成○年○月○日受付
第○○○号抵当権設定登記
　　　原　　　因　　平成○年○月○日金銭消費貸借同日設定
　　　債　権　額　　金○○○万円
　　　利　　　息　　年○割○分
　　　損　害　金　　年○割
　　　債　務　者　　住所　○○県○○市○○町○番○号
　　　　　　　　　　氏名　○○○○　（原告）
　　　抵 当 権 者　　住所　○○県○○市○○町○番○号
　　　　　　　　　　氏名　○○○○
　　　共 同 担 保　　目録（あ）第○号
　　　　　　　　　　　　　　　　　　　　　　　　　以　上
```

3　「請求の原因」として、「原告が目的不動産を所有しているこ
　と」、「目的不動産に被告名義の抵当権設定登記があること」、
　「抵当権の抹消原因が生じたこと」が記載されているか

　　1　「請求の原因」の意義やその原則的記載方法については、前掲
【47】の2記載のとおりです。

　　2　本設問の場合、要件事実として、「原告が目的不動産を所有して
いること（抵当権設定者でないときは、目的不動産を取得した経過も

主張します。）」、「目的不動産に被告（又はその先代）を抵当権者とする抵当権設定登記があること」、「債務が消滅時効により消滅していること」、「消滅時効を援用すること」の記載が求められますので、次のような記載をする必要があります。

請 求 の 原 因

1　訴外○○○○（以下「訴外人」という。）は、原告に対し、平成○年○月○日、以下の約定で○○○万円を貸し付けた（以下「本件債務」という。）（甲第1号証）。
  (1)　利息　年○割
  (2)　遅延損害金　年○割
  (3)　弁済期　平成○年○月○
2　原告と訴外人は、上記同日、原告の本件債務を担保するため、別紙物件目録記載1の土地（以下「本件土地」という。）及び同目録記載2の建物（以下「本件建物」という。）に別紙登記目録記載の抵当権設定契約を締結した（甲第2号証の1ないし甲第3号証の2）。
3　原告は、上記抵当権設定契約当時、本件土地及び本件建物を所有し、現在も所有している（甲第2号証の1ないし甲第3号証の2）。
4　本件土地及び本件建物について、別紙登記目録記載の抵当権設定登記（以下「本件登記」という。）がある（甲第2号証の1ないし甲第3号証の2）。
5　訴外人は、弁済期後の平成○年○月○日死亡し、別紙相続関係図のとおり配偶者である被告○○○○及び長男である被告○○○○が訴外人の抵当権者たる地位を相続した。本件登記の移転登記はなされていないが、抵当権が消滅すれば被告らが登記義務者である。なお、前記抵当権者である訴外人の相続人は被告ら二人の他にはいない（甲第4号証ないし甲第6号証）。
6　前記抵当権の被担保債権は、本件債務の弁済期である平成○年○月○日の翌日から起算して10年を経過した平成○年○月○日の経過により時効消滅したことによりその効力を失ったものである。
7　原告は、被告らに対し、本訴状の送達をもって、上記消滅時効を援用するとの意思表示をする。

第2章　訴状審査と訴訟類型別のポイント　　321

8　よって、原告は、被告らに対し、本件土地及び本件建物の所有権に
基づき、平成○年○月○日消滅時効を原因とする本件登記の抹消登記
手続をすること求める。

証　拠　方　法

1	甲第1号証	金銭消費貸借契約証書兼抵当権設定契約書
2	甲第2号証の1	土地全部事項証明書（原告土地）
3	甲第2号証の2	閉鎖登記簿謄本（原告土地）
4	甲第3号証の1	建物全部事項証明書（原告建物）
5	甲第3号証の2	閉鎖登記簿謄本（原告建物）
6	甲第4号証	戸籍謄本（訴外人及び被告○○○○）
7	甲第5号証の1	改製原戸籍謄本（訴外人）
8	甲第5号証の2	同
9	甲第6号証	戸籍謄本（被告○○○○）

附　属　書　類

1	訴状副本	2通
2	甲第1号証ないし甲第6号証写し	各3通
3	証拠説明書	3通
4	固定資産評価証明書	1通
5	訴訟委任状	1通

　3　抵当権が消滅していることは、本来ならば再抗弁ですが、実務
上は最初から訴状に記載して主張する例が多いですし、請求の趣旨の
抹消登記の原因を示すことができるため、むしろ主張すべきでしょう。
抵当権は、債権又は所有権以外の財産権に該当するため、消滅時効の
期間は20年となります（民167②）。なお、債権又は所有権以外の財産権
の消滅時効期間（民167②）につき、民法の一部を改正する法律（平成29
年法律44号）により、債権又は所有権以外の財産権は、「権利を行使す
ることができる時から20年間行使しないときは」時効により消滅する

と改正になりました（平成29年法律44号による改正後の民166②）（平成32年4月1日施行）。

4　なお、被担保債権の消滅時効期間は、一般債権の場合10年で、商行為によって生じた債権（商事債権）の場合5年です（民法の一部を改正する法律（平成29年法律44号）により、契約による債権の消滅時効は原則5年となり、別途商事債権の消滅時効制度を維持する必要性がなくなったため、商事消滅時効の規定（商522）は削除されます（平成29年法律45号）。いずれも平成32年4月1日施行。）。被担保債権が消滅時効で消滅すると、附従性により抵当権も消滅します。

5　時効の援用権者について、債務者兼抵当権設定者（抵当不動産の所有者及びその一般承継人）は、上記のとおり、被担保債権の消滅時効は援用できますが、抵当権そのものの消滅時効を被担保債権とは別に単独では援用することはできません（民396）。物上保証人（及びその一般承継人）は、主債務の消滅時効を援用できます（最判昭43・9・26民集22・9・2002）。抵当不動産を売買等で譲渡を受けた第三取得者も、物上保証人と同様に主債務の消滅時効を援用することができます（最判昭48・12・14民集27・11・1586）。

6　消滅時効の起算点である「権利を行使することができる時」（民166①）（民法の一部を改正する法律（平成29年法律44号、平成32年4月1日施行）施行後は「権利を行使することができることを知った時」（民166①一）又は「権利を行使することができる時」（民166①二））について、期限の定めのある債権の場合は期限の到来時（弁済期）が起算点となります。不確定期限の定めがある債権の場合も期限の到来時が起算点となります。停止条件付債権の場合は条件成就の時が起算点となります。期限の定めのない債権の場合は、債権成立時が起算点となります（大判昭17・11・19民集21・1075）。弁済期について、昭和39年4月1日の不動産登記法改正施行前には、弁済期は登記事項となっていました

ので、これ以前に設定された抵当権の場合には閉鎖登記簿謄本を取得すると、一般的に弁済期の確認をすることができます（正影秀明『休眠担保権に関する登記手続と法律実務』137頁以下（日本加除出版、平成28年））。

7　時効の期間について、消滅時効の期間計算は初日を算入せずに翌日からとするのが判例です（大判大6・11・8民録23・1762、確定期限のある債権の場合、大判昭6・6・9新聞3292・14、不法行為に基づく損害賠償債権の場合、最判昭57・10・19民集36・10・2163）。具体的には、「時効期間の末日の経過」を主張すれば足ります。

8　担保権が消滅した後に担保権者が死亡した場合、担保権者には被告適格がないため、担保権者の登記義務者としての地位は相続人に承継されます。よって、請求原因には「被告は担保権登記名義人から抵当権の抹消義務を相続した」旨を記載します。なお、判決確定後の登記申請の際には、担保権が相続により移転していないため、直接担保権の抹消登記申請をすることができます（正影秀明『休眠担保権に関する登記手続と法律実務』437頁以下（日本加除出版、平成28年））。

9　これに対し、担保権者が死亡した後に担保権が消滅した場合には、相続人が抹消登記の登記義務者となります。よって、請求原因には「被告が担保権を相続により取得し、被告が担保権設定登記の抹消義務者である」旨を記載します。なお、判決確定後の登記申請の際には、担保権の相続による移転登記を申請した後に、担保権の相続人を登記義務者として抹消登記申請をすることになります（正影秀明『休眠担保権に関する登記手続と法律実務』438頁以下（日本加除出版、平成28年））。

4　証拠として、請求の原因を証明することができる客観的事実（書証など）が提出されているか。また、証拠を記載するに当たって、請求の原因中に書証番号を記載しているか

　請求の原因を証明することができる客観的事実として、証拠を記載

324 第2章 訴状審査と訴訟類型別のポイント

するに当たって、請求の原因中に書証番号を記載するとともに、別途、
「証拠方法」という欄を設けて、書証の内容を表示します（民訴規53①）。
その際、相関関係が分かるようにします。

5 「訴訟物の価額」が、通知に基づき算定されているか

1 訴訟物の価額は、目的物の価額を前提として算定されます（民
訴費4①、民訴8①）。担保物件の設定・移転登記の抹消を求める訴えは、
原告の所有権を妨害している状態の除去を目的とする訴えであり、実
体上は、すでに消滅し、形式的に登記記録に残っている担保権に関し
て抹消を求めるものですから、被担保債権というものが存在しません。
したがって、訴額の算定基準は原則として、所有権移転登記の抹消請
求と同様に目的物の価額の2分の1となります。しかし、登記の抹消に
よって設定者が得る利益は設定登記又は移転登記を受けることによっ
て担保権者が得る利益を超えることはないため、被担保債権の金額（抵
当権の場合は登記された債権額、確定前の根抵当権の場合は登記され
た極度額とします。）が目的物の価額の2分の1に満たない場合には、被
担保債権の金額を訴額とします。ただし、土地に関する訴えの場合に
は、さらに2分の1に減額されます（平6・3・28民二79民事局長通知）。具体
的な算定方法は、「目的物の評価額（目的たる物の価格）×1／2×1／
2（土地の場合）」となります。

2 固定資産評価額（地税349）のあるものは、固定資産評価証明書
の評価額に基づいて算出します。固定資産評価額のないものは取引価
格によります。そうでないものは、土地については、近隣土地又は類
似の物の価額に準じて算定します。未評価建物の価額は、管轄法務局
が作成する「新築建物課税標準価格認定基準表」及び「経年減価補正
率表（減額限度表）」を利用して算出します。訴額認定のための証明資
料は、必ず訴状に添付します。

第2章　訴状審査と訴訟類型別のポイント　　325

6　「ちょう用印紙額」が、民事訴訟費用等に関する法律に基づき算出され、また、印紙が貼付されているか

　この点についての留意事項は、前掲【47】の5記載のとおりです。

＜参考判例など＞

○時効の効果は、時効の完成だけでは確定せず、援用によって初めて確定的に生ずるとした事例（最判昭61・3・17民集40・2・420）

【50】 境界確定訴訟における訴状審査のポイントは

Q 境界確定訴訟の訴状を作成し、裁判所に提出しようと思いますが、訴状審査においてどのような審査（点検）がされるのでしょうか。

また、隣接する土地が単独所有ではなく共有の場合にはどのような点に注意すべきでしょうか。

A まず、管轄があるか、訴状の記載に不備がないか、添付書類に漏れがないか、手数料の不納付がないか、などについて、各裁判所で定める「訴状審査票」に基づいて、裁判官（民訴137・140等）・裁判官の補佐事務を行う書記官が確認します。

境界確定訴訟においては、「原告所有の土地の特定」、「被告所有の土地の特定」、「双方土地が隣接地である事実」、「双方土地の境界が不明又は境界について争いがあること」、が請求を特定するために必要な事実ですので、必ず記載があるかを審査（点検）されます。

また、境界確定訴訟は、不動産に関する訴訟事件ですので、訴状に登記事項証明書が添付されているかも審査されますが（民訴規55①一）、このほかに公図や現地復元性のある測量図面など立証を要する事由につき重要な書証の写しとしてできるだけ訴状に添付します（民訴規55②）。

隣接する土地の一方又は双方が共有の場合には境界確定訴訟は固有必要的共同訴訟となりますので、共有者全員を表示しなければならないので、その点を特に注意する必要があります。

第2章　訴状審査と訴訟類型別のポイント　　327

訴状審査の着眼点

記載事項	1　「当事者の表示」として、原告又は被告として、登記記録上の所有者ではなく実質的な所有者を記載しているか。共有の場合、共有地の共有者全員を記載しているか
	2　「請求の趣旨」として、「原告所有の土地の特定」、「被告所有の土地の特定」が別紙として物件目録を引用するなどして記載されているか。原告が自己の主張する境界線を積極的に請求原因に記載する場合、別紙として図面を引用するなどして「原告主張の境界線の特定」が記載されているか
	3　「請求の原因」として、原告と被告が相隣接地の所有者であること、境界が不明であること又は境界につき争いがあることが物件目録及び図面を引用して記載されているか
	4　証拠として、請求の原因を証明することができる客観的事実（書証など）が提出されているか。また、証拠を記載するに当たって、請求の原因中に書証番号を記載しているか
手 数 料	5　「訴訟物の価額」が、係争地の価額となっているか
	6　「ちょう用印紙額」が、民事訴訟費用等に関する法律に基づき算出され、また、印紙が貼付されているか

328 第2章　訴状審査と訴訟類型別のポイント

解　説

1　「当事者の表示」として、原告又は被告として登記記録上の
所有者ではなく実質的な所有者を記載しているか。共有の場
合、共有地の共有者全員を記載しているか

　相隣地の実質的な所有者が当事者適格を有します。また、共有地に
関する境界確定訴訟では、共有者全員を当事者としなければなりませ
ん（固有必要的共同訴訟）。共有者の中に訴え提起に同調しない者が
いる場合、その者も二次被告として訴えることができると解されてい
ます。この場合、境界確定訴訟の性質上、「三面訴訟」となります（岡
口基一『要件事実マニュアル2（第5版）民法2』666頁（ぎょうせい、平成28年）、
最判昭46・12・9民集25・9・1457、最判平11・11・9民集53・8・1421）。

2　「請求の趣旨」として、「原告所有の土地の特定」、「被告所有
の土地の特定」が訴状の別紙として物件目録を引用するなどし
て記載されているか。原告が自己の主張する境界線を積極的
に請求原因に記載する場合、訴状の別紙として図面を引用する
などして「原告主張の境界線の特定」が記載されているか

　「請求の趣旨」としては、所在、地番、地目、地積など登記記録上
の表示で特定し、原告所有の土地と被告所有の土地との境界の確定を
求める旨が記載されていれば足ります（通常は、土地については他の
不動産に関する訴訟と同様に、訴状の別紙として物件目録を利用し、
これを引用する形で特定します。）が、訴額を算定する必要性から、原
告が自己の主張する自己に有利な境界線を積極的に「請求の趣旨」に
記載するのが通例です。この場合、訴状の別紙として図面を利用し、
これを引用する形で図面上の境界点にA、B、C……やイ、ロ、ハ……
などの符号等を用いて原告主張の境界線を特定します。

第２章　訴状審査と訴訟類型別のポイント　　329

請　求　の　趣　旨

1　別紙物件目録1記載の土地と同目録2記載の土地との境界（筆界）を、別紙図面のＡ、Ｂ、Ｃ、Ｄの各点を直線で結ぶ線であることを確定する。

2　訴訟費用は被告の負担とする。

物　件　目　録

1　所　　在　　○○市○丁目
　　地　　番　　2番1
　　地　　目　　山林
　　地　　積　　1231平方メートル
　　　　　　　　（所有者　原告）
2　所　　在　　○○市○丁目
　　地　　番　　2番2
　　地　　目　　山林
　　地　　積　　1189平方メートル
　　　　　　　　（所有者　被告）

以　上

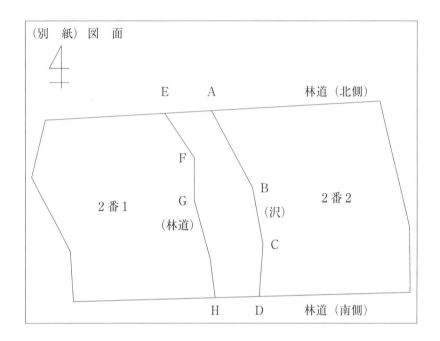

(別紙)図面

3　「請求の原因」として、原告と被告が相隣接地の所有者であること、境界が不明であること又は境界につき争いがあることが物件目録及び図面を引用して記載されているか

1　「請求の原因」の意義やその原則的記載方法は前掲【47】の2記載のとおりです。

2　本設問の場合、請求原因としては、「境界確定を求める2つの土地が隣接していること」、「原告と被告が相隣接地の所有者であること」、「境界が不明であること又は境界につき争いがあること」が物件目録及び図面を引用して記載されているかが求められますので、次のような記載をする必要があります。

第2章　訴状審査と訴訟類型別のポイント　　331

請 求 の 原 因

1　別紙物件目録1記載の土地（以下「原告土地」という。）は原告の所有であり（甲第1号証）、隣接地である同目録2記載の土地（以下「被告土地」という。また、原告土地及び被告土地を併せて、「本件両土地」という。）は被告の所有である（甲第2号証）。

2　本件両土地は、いずれも元訴外甲野一郎の所有であったが、原告は平成○年○月○日同人から代金200万円で原告土地を買い受けた（甲第3号証）。

3　原告は、原告土地を買い受けるにあたり、平成○年○月○日訴外人の案内により現地を確認したが、原告土地と隣接地である被告土地との境界は別紙図面のA、B、C、Dの各点を直線で結ぶ線（沢）である旨、同人から指示・説明を受け、以来同沢の西側部分を自己の土地として占有管理してきた（甲第4号証）。

4　なお、訴外人は平成○年○月○日死亡し、訴外人の長男である被告が、相続により被告土地の所有権を取得した（甲第2号証）。

5　被告は、平成○年○月○日別紙図面のA、B、C、Dの各点を直線で結ぶ線（沢）の西側部分である原告土地上の立木を原告に無断で伐採し、同所に物置小屋を建てた（甲第5号証の1～5）。

6　原告は、被告に対し、平成○年○月○日境界線を越境して被告が物置小屋を建てたことを口頭により抗議したところ、被告は本件両土地の境界線は、別紙図面のE、F、G、Hの各点を直線で結ぶ線（林道）である旨主張した（甲第6号証）。その後も、数回原被告間で協議を重ねたが、現在まで両者の主張は平行線のままである。

7　よって、原告は本件両土地の境界の確定を求める。

証 拠 方 法

1　甲第1号証　　　　　土地全部事項証明書（原告土地）
2　甲第2号証　　　　　土地全部事項証明書（被告土地）
3　甲第3号証　　　　　土地売買契約書

4	甲第4号証	公図（旧土地台帳附属地図）
5	甲第5号証の1〜5	写真（被告が建てた小屋の状況）
6	甲第6号証	航空写真（林野庁）

附　属　書　類

1	訴状副本	1通
2	甲第1号証〜甲第6号証写し	各2通
3	証拠説明書	2通
4	固定資産評価証明書	1通
5	訴訟委任状	1通
6	訴額算定に関する計算書	1通

　3　土地の境界には、法務局に登記されている土地とその隣の土地を区画する線（地番と地番の境界）を意味する公法上の境界（筆界）と、所有権の及ぶ範囲を区画する線を意味する私法上の境界（所有権界）の二つがありますが、境界確定訴訟の対象は、前者の筆界を確定するものであるとするのが判例（最判平7・3・7民集49・3・919）・通説です。

　4　また、判例（最判昭42・12・26民集21・10・2627）・通説では、境界確定訴訟は形式的形成訴訟と解されており（処分権主義が適用しないため、請求の放棄・認諾や、境界特定を内容とする訴訟上の和解・民事調停は認められません。）、その本質は公法上の境界を定める非訟事件ですが、形式上、民事訴訟として扱われています。そのため、原告は境界線を具体的に主張する必要はなく、主張したとしても裁判所はこれに拘束されません。よって、請求の趣旨としては、原告所有の土地と被告所有の土地との境界の確定を求める旨が記載されていれば足り、請求原因も原告と被告が相隣接地の所有者であること（当事者適

第2章　訴状審査と訴訟類型別のポイント　　333

格）、境界が不明であること又は境界につき争いがあること（訴えの利
益）の二つが記載されていれば足ります。

　5　しかし、実際の訴訟では、原告主張の境界線と被告主張の境界
線とを請求原因として積極的に記載し、係争地の範囲を明らかにして
いることが通常です。また、本訴を提起すると係争地の所有権の取得
時効の中断が認められるので、係争地部分の所有権確認請求が併合提
起されることもあります。なお、確定判決の効力は第三者にも及びま
す（岡口基一『要件事実マニュアル2（第5版）民法2』668頁（ぎょうせい、平成
28年）、東京高判昭59・8・8訟月31・5・979）。

　6　なお、平成17年の不動産登記法の改正（平成17年4月13日法律29
号、平成18年1月20日施行）により、法務局による筆界特定制度（不登
123以下）が創設され、土地の所有者として登記されている者などの申
請により、対象の所有地を管轄する法務局の筆界特定登記官が、外部
専門家である筆界調査委員（弁護士、司法書士、土地家屋調査士等の
専門知識及び経験を有する者から任命されます。）の意見を参考にし
たり、現地において必要な事実の調査（測量、実地調査、申請人や関
係人からの事情聴取や資料の提出の求め、関係行政機関や関係地方公
共団体の長や関係する公私の団体に対して資料の提出を求める協力依
頼など）を行い、対象土地の筆界の位置を特定します。これにより、
境界確定訴訟を裁判所に提起しなくても、筆界を特定することができ
るようになりました。ただし、筆界特定制度は公的な判断のため事実
上の通用力はありますが、裁判のような法的拘束力はありません。ま
た、筆界特定制度には不服申立制度はありません。

　7　筆界特定制度と境界確定訴訟の両者の関係については、境界確
定訴訟が提起された場合には、筆界特定手続記録を送付嘱託すること
ができ（不登147）、境界確定訴訟の判決が確定したときは、筆界特定は
確定判決に抵触する範囲で効力を失います（不登148）。

334　　第２章　訴状審査と訴訟類型別のポイント

4　証拠として、請求の原因を証明することができる客観的事実
　（書証など）が提出されているか。また、証拠を記載するに当
　たって、請求の原因中に書証番号を記載しているか

　1　請求の原因を証明することができる客観的事実として、証拠を
記載するに当たって、請求の原因中に書証番号を記載するとともに、
別途、「証拠方法」という欄を設けて、書証の内容を表示します。その
際、相関関係が分かるようにします。

　2　証拠の例としては、登記事項証明書（民訴規55①一）のほか、不動
産登記法14条地図、公図（旧土地台帳附属地図）、地積測量図、市区町
村の税務課等の備付の図面、古地図、境界標（民223）が写っている写
真、国土地理院や林野庁で保管している空中写真、近隣に古くから居
住している者等の証人尋問、検証、鑑定などが考えられます。

5　「訴訟物の価額」が、係争地の価額となっているか

　1　訴訟物の価額は、目的物の価額を前提として算出されます（民
訴費4①、民訴8①）。境界確定の場合、通知（昭31・12・12民甲412民事局長通
知）の10により、係争地域（原告主張の境界線と被告主張の境界線に囲
まれた部分）の物の価格となります。ただし、土地に関する訴えなの
で、2分の1に減額されます（平6・3・28民二79民事局長通知）。具体的な算
定方法は、「原告土地の評価額（目的たる物の価額）×係争地の面積÷
原告土地の全体の面積×1／2」となります。

　2　係争地の面積は、本設問の場合、別紙図面のＡ、Ｂ、Ｃ、Ｄの
各点を直線で結ぶ線と別紙図面のＥ、Ｆ、Ｇ、Ｈの各点を直線で結ぶ
線で囲まれた部分の面積です。正式な測量を実施しているのであれ
ば、地積測量図などから簡単に判明しますが、そうでない場合には、
概測で計算した面積であっても構いません（後で、鑑定等により係争

第2章　訴状審査と訴訟類型別のポイント　　335

地の面積が明らかになった際に、裁判所から不足分の手数料の追納を求められる場合や過納手数料の還付を受けられる場合があります。）。

3　訴え提起時において被告が明確な境界線の主張をしていないために係争地部分の面積が不明な場合などには、訴額の最低基準額である10万円を訴え提起時の訴額と算定し、審理の途中で被告の主張が明確になり係争地の面積が明確になった時点で訴額の再計算をする実務例が多いです（この場合にも裁判所から不足分の手数料の追納を求められる場合や過納手数料の還付を受けられる場合があります。）。

4　また、境界確定の訴えに併合して、同一被告に対し、係争地部分の流木を伐採したとして損害賠償を請求する場合には、境界確定訴訟の訴額と損害賠償請求の訴額を合算して得た金額が訴額となります。また、境界確定の訴えに併合して、同一被告に対し、係争地部分に被告が工作物を設置したとして所有権に基づく工作物の収去及び係争地部分の明渡しを求める場合には、各請求の経済的利益は共通するとみるのが相当であり、境界確定訴訟の訴額と係争地部分の明渡請求の訴額とを比較し、多額の一方が訴額となります（裁判所書記官研修所編『訴額算定に関する書記官事務の研究（補訂版）』266～268頁（法曹会、平成14年）、小川英明・宗宮英俊・佐藤裕義『事例からみる訴額算定の手引（3訂版）』170頁以下（新日本法規出版、平成27年））。

5　固定資産評価額（地税349）のあるものは、固定資産評価証明書の評価額に基づいて算出します。固定資産評価額のないものは取引価格によります。そうでないものは、土地については、近隣土地又は類似の物の価額に準じて算定します。訴額認定のための疎明資料は、必ず訴状にも添付します。

336 第2章 訴状審査と訴訟類型別のポイント

6 「ちょう用印紙額」が、民事訴訟費用等に関する法律に基づき算出され、また、印紙が貼付されているか

この点についての留意事項は前掲【47】の5記載のとおりです。

＜参考判例など＞

○境界確定訴訟においては、相互に隣接する土地の各所有者がこの訴えの当事者適格を有する者であるとした事例（最判昭58・10・18民集37・8・1121）

○境界確定訴訟は、登記記録上の所有者ではなく、実質的所有者が当事者適格を有するとした事例（最判昭59・2・16判タ523・150）

訴訟類型別　訴状審査をめぐる実務

平成30年10月25日　初版発行

編　著　佐　藤　裕　義

発行者　新日本法規出版株式会社
代表者　服　部　昭　三

発 行 所　新日本法規出版株式会社

本　　社	(460-8455)	名古屋市中区栄１－23－20
総轄本部		電話　代表　052(211)1525
東京本社	(162-8407)	東京都新宿区市谷砂土原町２－６
		電話　代表　03(3269)2220
支　　社		札幌・仙台・東京・関東・名古屋・大阪・広島
		高松・福岡
ホームページ		http://www.sn-hoki.co.jp/

※本書の無断転載・複製は、著作権法上の例外を除き禁じられています。
※落丁・乱丁本はお取替えします。
5100035　訴状審査実務　　　　　　　　　ISBN978-4-7882-8469-2
ⓒ佐藤裕義 2018 Printed in Japan